colección
BFV ■ Biblioteca de la Filosofía Venidera

dirigida por Fabián Ludueña Romandini

colección
BFV ■ Biblioteca de la Filosofía Venidera

Esta colección quiere abarcar en su espíritu obras que, como quería Walter Benjamin, intenten reflejar no tanto a su autor sino más bien a la dinastía a la cual éstas pertenecen. Dinastías que otorguen los instrumentos para una filosofía por-venir donde lo venidero no sea sólo una categoría de lo futuro sino que también abarque lo pasado, suspendiendo la concepción moderna del tiempo cronológico a favor de una impureza temporal en cuyo caudal pueda tener lugar la emergencia de un pensamiento inactual e intempestivo, capaz de mostrar la potencia filosófica oculta en todas las tradiciones del conocimiento. Filosofía, entonces, como el arte de la fabricación de nuevos conceptos, donde la novedad es siempre entendida tomando en cuenta su anacronismo fundamental y su perpetua inclinación a la polémica.

Ilustración de portada: Javi Codina (@javicodina)

Diseño y composición: Gerardo Miño

Edición: Enero de 2019

Código IBIC: HPS (Filosofía social y política), HPJ (Metafísica y ontología)

ISBN: 978-84-17133-31-3

MIÑO y DÁVILA
◆ E D I T O R E S ◆

Página web: www.minoydavila.com

Facebook: http://www.facebook.com/MinoyDavila

Mail producción: produccion@minoydavila.com

Mail administración: info@minoydavila.com

Oficinas: Tacuarí 540
(C1071AAL), Buenos Aires.
tel-fax: (54 11) 4331-1565

BFV ■ Biblioteca de la Filosofía Venidera

JUAN ACERBI

Metapolítica

Enemigo público, poder y muerte civil en la tradición republicana

MIÑO y DÁVILA
◆ E D I T O R E S ◆

Juan Carlos Acerbi
y
Graciela Acerbi
in memoriam

Índice ■

Parte II: Usos retóricos y discurso político

Parte III: El mundo se ha movido

— I —

¿Qué puede significar hoy, ya entrado el siglo XXI, leer a un filósofo antiguo? La pregunta supone el hecho de que quien intente adentrarse en ese camino no pretenderá seguir el patrón de una lectura únicamente historicista. Y no debemos confundir la historia con el historicismo puesto que, a su modo, la filosofía antigua fue, al menos desde Aristóteles, el punto de confluencia de un delicado equilibrio entre la reconstrucción del pasado del pensamiento (con fines y resultados diversos) y la proyección especulativa de su futuro anclado en las formas atléticas de la vida filosófica. El historicismo, en cambio, es el espíritu triunfante de un tiempo que considera al pasado como el Museo de lo exótico, vale decir, de lo reducible a los encantos efímeros del turismo de masas enriquecido por las Humanidades extraviadas del sentido de su tarea.

El luciente libro de Juan Acerbi se modula exactamente como la negación del historicismo y sus realizaciones pragmáticas. Al fin y a la postre, el pensador que es objeto de una lectura es nada menos que Marco Tulio Cicerón, genio y figura de la filosofía romana de la época republicana. Justamente por ello surge una aparente paradoja que merece un par de consideraciones: este libro trata y no trata sobre Cicerón. Trata sobre Cicerón puesto que asume, con todo rigor historiográfico, la hermenéutica del pensamiento político del Arpinate. No trata sobre Cicerón porque versa, en el fondo, sobre el sentido de la política en el mundo contemporáneo.

La paradoja sólo puede encontrar su solución por medio de un dispositivo conceptual que deshaga las veleidades de los binarismos excluyentes. Walter Benjamin, cuyo pensamiento ha inspirado el sentido de la colección de la Biblioteca de la Filosofía Venidera, pudo escribir hacia 1921 que, habiendo distintas formas del saber, la más enigmática es la que desafía el ámbito del tiempo y, por lo tanto, toma su puesto en la «transición más allá de toda ponderación (*unfaßbaren Übergang*)». Esto implica una filosofía del «entre» que señala en la dirección de un pensamiento consagrado al incierto lugar que se abre, inocupable, entre el «presentimiento (*Ahnung*)» y el «saber de la verdad (*Wissen der Wahrheit*)».[1] En los términos que nos ocupan, la figura de Cicerón no se hace profundamente inteligible sino, precisamente, en un «entre» que se ubica entre el pasado y su actualización diagonal en nuestra época, entre el presentir de lo acontecido y el saber que el tiempo redime en su cognoscibilidad presente. ¿De qué forma podríamos, entonces, captar esta «transición» que le interesa a Benjamin como forma de saber y que pone en cuestión el estatuto tradicional de la comprensión temporal?

Giorgio Agamben ha dado un nuevo estatuto histórico a la noción de «paradigma» cuando ha propuesto que «la historicidad del paradigma no está en la diacronía ni en la sincronía sino en el entrecruzamiento de ambas».[2] Desde esta perspectiva, los diversos paradigmas de los que trata este libro, como por ejemplo el «republicanismo», son figuras históricas precisas cuyos rasgos distintivos se desprenden de su acontecer histórico para dotar de sentido a un conjunto de elementos que, en la contemporaneidad, rigen el modo de funcionamiento político de nuestras sociedades. En este sentido, el nombre de «Cicerón» no designa, por ejemplo,

---

1   BENJAMIN, Walter. "Arten des Wissens". In: *Gesammelte Schriften*, volumen VI. Edición de Rolf Tiedemann y Hermann Schweppenhäuser. Frankfurt am Main: Suhrkamp Verlag, 1985, p. 49.

2   AGAMBEN, Giorgio. *Signatura rerum. Sul metodo.* Torino: Bollati Boringhieri, 2008, p. 33.

Fabián Ludueña Romandini

el origen de una comprensión de la política por medio del *hostis* sino, más precisamente, un conjunto fluido de cualidades distintivas que la metapolítica clásica ha legado a la Modernidad bajo la forma del republicanismo (entre las que la excepción ocupa un sitio preponderante). De esta manera, la paradoja del sesudo estudio que ahora el lector tiene en sus manos, se resuelve asumiendo su desafiante carácter paradigmático: este libro no trata sobre Cicerón sino, para expresarlo con exactitud, sobre lo que el nombre «Cicerón» cifra como un paradigma político cuyos rasgos salientes no dejan de cubrir, como una sombra, nuestro presente.

— II —

Ingo Gildenhard ha señalado un punto crucial de la concepción ciceroniana: la superioridad que el Arpinate otorgaba a Roma por sobre Grecia en el terreno político.[3] Podríamos decir que el erudito libro de Acerbi da cuenta de las consecuencias inmensas que la persuasión de Cicerón ha tenido a la hora de delinear los rasgos característicos del republicanismo moderno y, más allá, de nuestra política contemporánea. Sería posible leer las diversas estaciones que van escandiendo el ritmo de la argumentación de Acerbi como la narrativa, de duración secular, que ha cambiado los dioses en los que la Humanidad ha depositado sus creencias. Ciertamente, los filólogos han establecido la importancia determinante de los dioses en la delimitación del poder público romano.[4] El libro de Acerbi, en su admirable análisis, se adentra en mostrar cómo los antiguos dioses romanos fueron reemplazados, en nuestro mundo actual, por los dioses de la religión capitalista.

---

3   GILDENHARD, Ingo. *Paideia Romana. Cicero's* Tusculan Disputations. *Cambridge Classical Journal. Proceedings of the Cambridge Philological Society. Supplementary Volume 30.* Cambridge: Cambridge University Press, 2007, p. 119.

4   Cf. por su pertinencia respecto de la investigación llevada adelante por Acerbi, el trabajo de BLICKEN, Jochen. "Zum Begriff der römischen Amtsgewalt: *auspicium - potestas – imperium*". In: *Nachrichten von der Gesellschaft der Wissenschaften zu Göttingen. Philologisch-Historische Klasse,* IX, 1981, pp. 257-300.

En los tiempos de la meta(im)política «el único virtuosismo que el hombre conoce es el de un pseudo bienestar individual incluso a expensas del bien común y del propio».[5] Entre ambos tiempos, el antiguo y el contemporáneo, sin embargo, un paradigma permanece y la excepción política lo refleja con toda precisión. Que el «estado de excepción» encuentre su forma arqueológica en el republicanismo político de Cicerón podría parecer sorprendente a los ojos de nosotros, los Modernos. Sin embargo, la valoración que los Antiguos tenían de la institución republicana era por completo diferente.

Un caso elocuente resulta ser el de Polibio, otro clásico a menudo olvidado en la Teoría Política a pesar de su incalculable pregnancia en la historia del pensamiento. El historiador griego, fino conocedor de las instituciones romanas, ya señalaba en palabras que resultarían de impensado valor profético, que ni siquiera un romano podría distinguir si su República era, en verdad, aristocrática, democrática o monárquica. La consabida doctrina del equilibrio de poderes escondía en realidad una verdad más inquietante: los polos convergentes en la forma republicana eran tales sólo en función de su carácter relativo.

Según las necesidades, la República podía acentuar los rasgos que deseara y, como señala Polibio, a través de la potestad de los cónsules, devenir un poder monárquico bajo ropajes republicanos.[6] De esta forma, la excepción es una especie de resorte que permite el funcionamiento de un sistema republicano que no es tanto una forma sustancial como una asociación precaria cuya finalidad parece permitir la articulación de polos divergentes en el ejercicio del poder. Esta capacidad desustancializadora del republicanismo clásico que obra en beneficio de sus funciones articuladoras en la excepción es, precisamente, lo que le ha permitido su migración

---

5   Cf. ACERBI, Juan, *Metapolítica...*, p. 232.
6   POLIBIO, *Historias,* VI, 10. [Edición utilizada: POLIBIO. *Histoires.* Tomo VI: Livre VI. Texto establecido y traducido por Raymond Weil con la contribución de C. Nicolet. Paris: Les Belles Lettres, 2003].

Fabián Ludueña Romandini

histórica como paradigma que aún actúa sobre el suelo de nuestra política contemporánea.

Si, como el autor de este libro sostiene, la tradición política occidental ha tejido una ruinosa continuidad entre republicanismo, totalitarismo y democracia, una arqueología del republicanismo clásico se torna una tarea impostergable para la comprensión de nuestra actual situación política. El dilema se vuelve particularmente acuciante cuando, como ocurre hoy en día, debemos preguntarnos nuevamente «qué sentido puede tener *la cosa pública* y el bien común si aceptamos la imposibilidad que los humanos tienen para relacionarse con otros y consigo mismo».[7] Cuando el interrogante acerca de lo político toca su vértice extremo en el punto de unión imposible entre lo común y lo subjetivo, el binarismo necesita nuevamente ser cuestionado. Este camino implica encontrarse, inevitablemente, con una metafísica política del tiempo, pues deshacer un paradigma mortífero demanda un nuevo *kairós* de la política. ¿No es, acaso, la mayor instigación de este libro, el que salgamos más pronto que tarde a la inmediatez de su encuentro?

---

7   Cf. ACERBI, Juan, *Metapolítica...*, p. 208.

Testigos me son los dioses y tú, querida hermana,
tú, a quien tanto quiero,
de que muy a pesar mío recurro a artes mágicas.

Virgilio, Eneida, IV.

Las cosas que dependen de nosotros son por naturaleza libres;
pero las que no dependen de nosotros son débiles, serviles,
están sujetas a restricciones impuestas por la voluntad de otros.

Epicteto, Enquiridión.

Mueren riqueza, mueren parientes, también uno mismo muere;
tan sólo una cosa sé que no muere: la fama que deja un muerto.

Hávamál, 77.

Sophia the robot was given the gift of legal personhood.
Her reward? An eternity working in marketing.

Emily Reynolds, Wired.

A quebra dos limites entre o mundo físico (impressão 3D, robótica avançada), o digital (internet das coisas, plataforma digitais) e o biológico (tecnologia digital aplicada à genética) é a principal característica da quarta Revolução Industrial, que, acredite, já está em curso.

Valéria Dias. Journal da USP.

PARTE I

Metapolítica

1. Origen divino

Al menos en Occidente, han sido frecuentes los intentos de legitimar un determinado orden político por medio de su vínculo con la divinidad. De las diversas formas en las que el poder puede justificarse, su relación con lo divino ha demostrado ser de gran efectividad y, en este sentido, Roma no fue la excepción. Tanto el origen de la *Urbs* como su gloria se relacionan con la divinidad por medio del linaje de su fundador. Es así que ya Tito Livio daba cuenta de la implicancia política que tenía para los hombres la intervención divina en los eventos humanos. Aun más, el gran historiador romano no dejó de hacer notar que la historia recurre a la divinidad con fines estéticos, morales y políticos. En este sentido, y en relación a la veracidad de los hechos que rodearon la fundación de Roma, Livio afirma que lejos se encuentra él de discernir los hechos realmente sucedidos de los ficticios ya que «es ésta una concesión que se hace a la antigüedad: magnificar, entremezclando lo humano y lo maravilloso...».[1] Y sobre la concepción de Rómulo agrega:

---

1   LIVIO, I 6. Las citas a la obra de Livio corresponde a su *Historia de Roma desde su fundación*. Libros I-III (traducción de José Antonio Villar Vidal, Madrid: Gredos, 1990). Cicerón refiere al mismo pasaje en el libro II 10,17 de *República* (de la que citaremos la traducción de Álvaro d´Ors, Madrid: Gredos, 1984).

Pero tenía que ser, en mi opinión, cosa del destino el nacimiento de tan gran comienzo [...]. La vestal fue forzada, dio a luz dos gemelos y, bien por creerlo así, bien por cohonestar la falta remitiendo su responsabilidad a un dios, proclama a Marte padre de esta dudosa descendencia.[2]

Hay dos aspectos importantes que se desprenden de la cita de Livio ya que los mismos nos brindan un «estado de la cuestión» sobre los imaginarios que oficiaban de mediadores en la relación entre hombres y dioses en la Roma clásica. En primer lugar, nos encontramos con la existencia e influencia del destino en los asuntos humanos y particularmente en los asuntos de Estado («tenía que ser [...] cosa del destino...»). Luego encontramos un uso criterioso de la divinidad («...por cohonestar la falta remitiendo su responsabilidad a un dios»), lo cual evidencia, sino un uso desprovisto de religiosidad sí, al menos, una evocación instrumental de la divinidad con fines, y consecuencias, sociales y políticas concretas como lo es, en este caso, el eludir el castigo de las leyes humanas ante una falta cometida. Desde una perspectiva política, el pasaje citado anticipa la forma en la que oficiaría la pretendida ascendencia divina de Rómulo, en tanto ficción política, en pos de justificar el prestigio y el poder de Roma. Evidencia de ello encontramos en el orador y político Marco Tulio Cicerón quien se hace eco de lo afirmado por Livio cuando, en su obra política más importante, pregunta por boca de Escipión: «¿qué otro comienzo tenemos de una república existente tan claro y universalmente conocido como el principio de la fundación de nuestra Urbe, con Rómulo? –al que llama inmediatamente– Hijo de Marte».[3] Para el Arpinate, la importancia de Rómulo, como parte del mito de origen, no radica exclusivamente en su proximidad con la divinidad sino que la grandeza de Roma se explica, en mayor medida, por los recaudos de los que se muñó al momento de fundar la ciudad. Así leemos que la forma por la cual la capacidad de un hombre se aproxima más a la divinidad

---

2   LIVIO, I 16,1 y ss.

3   Rep. II 2,4. Algunos años después de la muerte de Cicerón, y en un contexto político radicalmente distinto, Virgilio se referirá en su *Eneida* (VI 775) en iguales términos a Rómulo, aunque ya bajo la égida de Augusto.

Juan Acerbi

es por medio de la fundación de ciudades y la conservación de las mismas[4] y esto se debe a que «nada hay, de lo que se hace en la tierra, que tenga mayor favor cerca de aquel dios sumo que gobierna el mundo entero».[5] Sin embargo, Cicerón acentúa con énfasis el accionar de Rómulo por sobre su ascendencia, es decir, tendrá en mucha mayor estima la capacidad y la virtud del hombre político antes que su linaje. Como es de esperarse, dicha valoración resulta comprensible si consideramos el propio estatus de Cicerón como «hombre nuevo»,[6] a pesar de ello no debemos perder de vista el hecho de que la acción política cobra inmediatamente consecuencias divinas ya que es por medio de su desempeño político que Rómulo se vuelve un ser digno de la divinidad debido a que:

> después de haber reinado treinta y siete años y de haber creado estos dos egregios puntales de la república, los auspicios y el senado, fue considerado tan digno de mérito que, al desaparecer, en un súbito eclipse de sol, se vino a pensar que había sido llevado entre los dioses.[7]

Este es, sin dudas, un pasaje de gran importancia no solo porque allí se hace explícita la relación entre la acción política y la divina, sino también porque dichas palabras se encuentran en su tratado *De re publica* el cual, como sabemos, ha signado el pensamiento y la tradición republicana de Occidente. Pero la importancia de dicho pasaje también radica en la elección que hace el orador sobre la forma en la que han ocurrido los hechos en torno a la desaparición del fundador de la *Urbs*. Por motivos que quedarán debidamente explicitados, y que se centran tanto en los ideales ciceronianos sobre la República como en la función que deben desempeñar en la *societas* la historia, las costumbres de los antepasados (*mos maiorum*) y la mutua concordia entre los distintos estamentos (*consensus bonorum*), se comprende la necesidad de obviar toda mención a la

---

4   Cf. Rep. I 7,12 y I 29,45.

5   Rep. VI 13,13.

6   Recordemos que por no contar con antepasados que hayan alcanzado el consulado, Cicerón, por intermedio del *cursus honorum*, accede a la máxima magistratura en el año 63; de allí la denominación de *homo nouus* (hombre nuevo).

7   Rep. II 10,17. En el mismo sentido, cf. Rep. I 16,25 y N.D. III 2,5 y LIVIO I 15,6 y ss.

otra versión de los hechos, la cual atribuía la desaparición de Rómulo a la acción de los patricios quienes, habiéndolo asesinado, «dividieron el cuerpo en partes para que no apareciera el cadáver, luego salieron ocultando bajo sus mantos el trozo que cada uno podía, y después de esto lo escondieron en secreto en la tierra».[8] El silencio sobre la versión del descuartizamiento terrenal y la preferencia por la desaparición celestial –que parece encontrar sus ecos en el sexto libro del tratado *Sobre la República*, el *Sueño de Escipión*– debe comprenderse por sus consecuencias sociales. En otras palabras, si un mito fundante es uno de los hitos que sienta el antecedente sobre el que se inscribirán las tradiciones, las costumbres y los valores de un pueblo, parece evidente que la mutua concordia, la *pax deorum* y, fundamentalmente, el *mos maiorum* al que apelará constantemente Cicerón a lo largo de su vida política se encontrarían en contradicción con el mensaje, y el precedente, que transmite un hito como el asesinato, y posterior descuartizamiento, del prócer a manos de sus conciudadanos. Así, todo sugiere que nos encontramos ante el tópico de instituir una forma de concebir y justificar el orden que los hombres ocupan en el mundo por medio de la tradición y es en este sentido que los aspectos formales que han pervivido, desde Roma hasta nuestros días, parecen obvios a la luz de las propias instituciones (y su correspondiente liturgia) que caracterizan hoy a nuestras propias repúblicas. Sin embargo, nuestro interés no se centra en mostrar dicha continuidad sino en develar el entramado que ha permitido sostener la primacía de dichas instituciones a lo largo del tiempo. Es en este sentido que entendemos que la mención a los auspicios y al senado no debe ser pasada por alto, ya que si deseamos comprender la esencia del poder político republicano deberemos indagar sobre sus propios fundamentos como así también sobre los mecanismos institucionales sobre los que se ha sustentado. Comenzaremos entonces por los dos egregios pilares de la República romana.

---

8   HALICARNASO, II 56,4. La cita corresponde a *Historia Antigua de Roma II* (traducción de Elvira Jiménez y Ester Sánchez. Madrid: Gredos, 1984.

1.1 El Senado

De acuerdo con el canon tradicional, los hechos que rodearon la creación del Senado, y la elección de los primeros senadores, se fundaron en una decisión de Rómulo, quien

> satisfecho ya de sus fuerzas, dispone a continuación una organización para ellas. Crea cien senadores, bien por ser suficiente este número, o bien por haber sólo cien que pudiesen ser creados senadores. En cualquier caso, recibieron la denominación honorífica de Padres, y patricios sus descendientes.[9]

La conformación, competencia y autoridad del Senado se vio afectada por los cambios que sufrió Roma a lo largo de los siglos y de los regímenes políticos que signaban la forma bajo la que se desarrollaba la vida del pueblo romano. Testigo de dichos devenires es el término Padres (*patres*) con el que originalmente se aludía a los senadores designados por Rómulo y que luego fue modificado a *patres conscripti* debido a sucesivas reformas políticas gracias a las que se fue expandiendo el número de integrantes, lo cual significó, por otra parte, el acceso al orden senatorial de un grupo de ciudadanos ajenos al estatus patricio.[10]

Como institución, el Senado llegó a ser sinónimo de la vida republicana. En términos políticos podría afirmarse que se trataba de una de las instituciones que posibilitaban ese delicado equilibrio entre derecho, deber y poder con el que se caracterizaría a la república ya que, como recomendaba el Arpinate, «[...] conviene que haya en la república algo superior y regio, algo impartido y atribuido a la autoridad de los jefes, y otras cosas reservadas al arbitrio y voluntad de la muchedumbre».[11] Con todo, el Senado es

---

9   LIVIO, I 8,7. Halicarnaso utiliza palabras similares para describir la creación del Senado, aunque también detalla el mecanismo bajo el cual se realizó dicha selección. Al respecto cf. HALICARNASO, II 12,1 y ss.

10   El término *conscripti* (inscriptos) se incorpora a partir del 510 a.C. cuando se inscribe, en el orden senatorial, a ciudadanos plebeyos. En este aspecto, la variación de la composición senatorial será una cuestión a la que aludirá recurrentemente Cicerón; por ejemplo, cf. Fam. 218 (VI 18); Fam. 319 (XIII 5).

11   Rep. I 45,69. En el mismo sentido cf. Rep. II 33,57 y ss.

susceptible de recibir críticas que abarcan cuestiones tan diversas como la dignidad de quienes lo integran o la tibieza con la que era capaz de actuar en momentos de peligro inminente, sin olvidar el poco respeto que guarda, por momentos, hacia el *mos maiorum* el cual, como veremos, conformaba en sí mismo una institución sustancial de la vida social y política de la Republica. Sin embargo, al analizar las críticas dirigidas al Senado surge un hecho que no parece haber sido notado por los especialistas; es posible identificar en el *corpus* ciceroniano una distinción que permitiría conceptualizar al Senado como una institución cuya existencia se desdobla, a su vez, en dos instituciones muy diferentes aunque superpuestas. Es decir, es posible encontrar referencias al Senado en tanto institución y, por otro lado, referencias que aluden al Senado como el conjunto de hombres que lo integran. De esta manera, podemos afirmar que coexisten dos senados: el Senado (*templum*) y el senado (*senex*).[12] Esta distinción parece aflorar de manera explícita en la misma obra ciceroniana cuando le escribe a Servio Sulpicio para comentarle sobre la inutilidad de acudir «a la sesión del Senado o, mejor dicho, a la reunión de unos senadores».[13] El origen de dicha división parece estar contenida en los orígenes mismos del Senado el cual, en su relación con lo divino y como espacio consagrado, se constituyó en sí mismo como un recinto santo (*sanctum*).[14] Debido a sus implicancias, resulta necesario tomar la precaución de abordar, con el mayor grado de precisión posible, el sentido que posee el término «santo», ya que del mismo se desprenderán importantes consecuencias.

---

12 Al igual que la *gerousía* griega, el Senado romano adopta su nombre por la composición etaria de los senadores, quienes se encontraban en el rango de edad comprendido como la vejez (*senex*). De acuerdo a la clasificación de Varrón, dentro del rango de los *senex* se encontraban aquellos hombres mayores a 60 años. Sobre el carácter de aquellos que componían el orden senatorial y sobre la propia denominación del Senado ver VARRÓN, *La lengua latina V-VI*, V 156.

13 Fam. 150 (IV 1). Citamos aquí la edición de CICERÓN, Marco Tulio. *Cartas III. Cartas a los familiares (Cartas 1 173)*, (traducción de José Beltrán, Madrid: Gredos, 2008).

14 Seguimos aquí la definición de *sacra* sugerida por Isidro de Sevilla en sus *Etimologías* XV 4,1. En el mismo apartado de las *Etimologías* se distingue el lugar consagrado (*sacra*) de aquello que está sancionado (*sanctum*).

Siguiendo tanto al canon tradicional como a los estudios lingüísticos y filológicos del pasado siglo, encontramos importantes diferencias entre dos términos que parecen utilizarse de manera indistinta y que, sin embargo, guardan sensibles diferencias entre sí. Nos referimos a los términos que se encuentran comprendidos bajo nuestro campo semántico de lo sagrado y que no son otros que los términos latinos *sacer* y *sanctus*. Mientras que en el término *sacer* «es donde mejor se manifiesta la división entre lo profano y lo sagrado [...] es también en latín donde se descubre el carácter ambiguo de lo sagrado: consagrado a los dioses y cargado de una mancilla imborrable, augusto y maldito...» (Benveniste, 1983: 350). A su vez, la raíz *sac* nos permite comprender la relación entre *sacer*, *sacrificare* y *sacerdos*; tres términos vinculados específicamente con el acto sacrificial. Por su parte, el término *sanctus* se encuentra relacionado con *sancta*, como se lee en el *Digesto*:

> Se designa propiamente como *sancta* las cosas que no son ni sagradas ni profanas, sino que están confirmadas por cierta sanción, como, por ejemplo, las leyes son *sanctae;* lo que está sometido a una sanción, eso es *sanctum*, aunque no consagrado a los dioses. (*Digesto* I, I, 8 cit. en Benveniste, 1983: 351)

Sobre dicho pasaje Emile Benveniste explica que «estas definiciones son circulares: es *sanctum* lo que está apoyado por una *sanctio*, forma abstracta de la palabra *sanctum*» (*ibídem*) pero lo más interesante viene a continuación: *sanctum* «es lo que [...] está establecido, afirmado por una *sanctio*, lo que está prohibido por una pena contra cualquier agresión» y es por esto que *sanctus* puede ser comprendido como aquello que es preservado al estar «rodeado por una defensa» y es, precisamente, la relación entre esa defensa y la noción de *sanctio* la cual resulta central, ya que la *sanctio* «es propiamente la parte de la ley que enuncia el castigo que recaerá sobre quien la contravenga; *sanctio* es asociado frecuentemente a *poena*». En el mismo sentido, el *Digesto* explica que

> llamamos santas (*sanctos*) a las murallas, porque hay establecida pena capital contra los que en algo hubieran delinquido contra las mura-

llas. Y por lo mismo llamamos sanciones (*sanctiones*) a aquellas partes de las leyes, en las que fijamos penas (*poenas*) contra los que hubieran obrado contra las leyes.[15]

De esta manera, podemos comprender el vinculo que mantiene la ley con lo sagrado y, a partir del mismo, vislumbrar la relación existente entre las nociones jurídicas de pena, sanción y castigo.

Ahora resultará más clara la relación subyacente en los frecuentes pasajes de las fuentes clásicas en las que se vincula tanto la esfera de lo divino con un lugar sagrado y el acto mismo mediante el cual se realiza la formulación de las leyes que deben regir a los hombres. Es que detrás de lo que puede parecer un mero procedimiento institucional se esconde un fin político muy preciso: el brindarle a las leyes de los hombres el respaldo que el miedo a los dioses infunde a los mortales. Grandes nombres que precedieron a los tiempos republicanos (como el de Numa o Minos de Creta y Licurgo) ya habían recurrido a entremezclar lo divino, lo sagrado y la ley «para facilitar que la gente, que temía a los dioses, le obedeciese y aceptase las leyes establecidas».[16] Es decir que aquello en lo que la ley se sustenta para cumplir con su función reguladora de la sociedad es la divinidad o, para ser más específicos, el miedo a la divinidad. Este hecho, a pesar de que hoy pueda parecernos evidente, nos permitirá comprender algunos aspectos sensibles de la mecánica del poder en el contexto tardorrepublicano. Aclarado, ahora, con mayor precisión el sentido de aquello que es pertinente denominar como *sanctum*, y el uso político que de allí se deriva, podemos continuar con nuestra argumentación.

Si tenemos en cuenta que bajo la denominación de «Senado» es posible distinguir la superposición de dos instituciones dife-

---

15 Digesto II, I, 10. Se trata de la edición bilingüe del *Digesto* publicada bajo el título *Cuerpo del Derecho Civil Romano. Primera Parte Instituta–Digesto* (traducción de Ildefonso García del Corral, Barcelona: Jaime Molinas, Editor, 1889).

16 HALICARNASO, II 61,1. Recordemos también otros casos, como la admirada legislación cretense, que encontraba, ya entre los griegos, un origen de carácter divino como bien lo testimonia Homero en su *Odisea* XIX 178, o el *Sísifo* de Crítias (DK 88 B25) en el que se afirma que los hombres inventaron a los dioses para que aquellos respetaran las leyes por temor a la divinidad.

Juan Acerbi

rentes, será posible comprobar que de las muchas críticas y ala-
banzas que ha recibido la institución senatorial,[17] las mismas se
orientan unívocamente de dos maneras: unas van dirigidas a los
senadores mientras que las otras se dirigen a la institución. Es decir, si atendemos a las críticas y los elogios realizados a la institución encontraremos que no existen críticas dirigidas al Senado en
tanto institución de origen divino. Por otra parte, todas las críticas
se encuentran dirigidas al componente humano de aquellos que
integran el orden senatorial; en este sentido las críticas se suelen
concentrar en aquellos hombres que pueden incurrir en vicios, ser
corrompidos o perseguir fines nefastos, aunque también pueden
centrarse en hombres laudables, virtuosos y encomiables velado-
res de la *res publica* que se encuentran dubitativos sobre el curso
que deben tomar los hechos en momentos sensibles o de crisis. En
todo caso, este hecho resulta representativo de la forma en la que
Cicerón conjugaba los elementos de sus críticas al Senado cuando
manifiesta fervientemente la necesidad de preservar la institución,
al tiempo que insiste en que los senadores no debían «caer o des-
fallecer por un solo golpe»;[18] o cuando, durante el proceso contra
Marco Antonio, urge al Senado a tomar una decisión ya que «la
autoridad del Senado necesita del honor, la honestidad, el reconocimiento y la dignidad, cosas de las que este estamento ha carecido
desde hace demasiado tiempo».[19] Por supuesto, existen numerosos
elogios dirigidos al senado en su conjunto o dirigidos a un sector
particular del estamento senatorial y no resultan pocos los casos en
los que incluso se pronuncia una *laudatio* dirigida a algún senador
en particular, lo cual estaba relacionado con las necesidades y los
objetivos políticos que perseguía el Arpinate en cada momento. De
esta manera, mientras que los elogios dirigidos al Senado buscan
realzar la injerencia y, por su intermedio, la autoridad de aquello

---

17   Cf. por ejemplo Har. 28,60; Dom. 28,73; Rep. II 32,56; Rep. II 40,67; Att. XVI 5,7 y ss.; Att. XVI I 16; Phil. VII 4,14.

18   Att. 16 (I 16).

19   Phil. VII 5,14.

que allí se decida por medio del carácter perenne de lo divino sobre los asuntos humanos, los elogios dirigidos a los senadores se adecuan a la conveniencia y las necesidades que el orador de Arpino tiene en cada momento. Es así que Cicerón adecua su discurso a las necesidades que impone la coyuntura política y es por ello que no deben sorprendernos los giros que pueden tomar sus elogios o sus críticas sobre una misma persona en cuestión de días.[20] Es así que, en resumen, podemos afirmar que lo que comúnmente se denomina con el mote de «el Senado» encubre bajo esa singularidad la superposición de dos instituciones, una de carácter divina y la otra de naturaleza humana, que se entremezclan discursivamente para así lograr un mejor efecto sobre los hombres en el sentido en el que Halicarnaso se refería a la confusión oficiada convenientemente entre ley y divinidad.

No hay dudas que la mística divina de la que se nutrió el Senado ha resultado por demás propicia para favorecer su constitución como signo del orden republicano. De esta manera, la presencia del Senado –a pesar de los vicios de quienes lo integran– fue progresivamente identificada como sinónimo de la *salus rei publicae*,[21] por lo que su ausencia se equiparaba con el malestar, la enfermedad y hasta con la propia ausencia de la República. Es en este sentido que Cicerón insistía sobre la necesidad de advertir al estamento senatorial que «no puede ocurrirle a la República ninguna desgracia sin culpa del Senado».[22] Y es por esto que puede afirmarse lo que es una opinión común entre los romanistas: que el Senado resultó ser sinónimo no solo de la *salus rei publicae* sino de la *res publica* misma (cf. Kunkel, 1972). Es por esto que resultan comunes expresiones como

---

20   Por ejemplo, uno de los casos más emblemáticos es la forma en la que es presentada la figura de Marco Antonio en el contexto de la primera *Filípica* y el giro que presentará a partir del segundo discurso en el que ya es presentado como *hostis.*

21   Al respecto, resultan ilustrativos los *Post reditum* que comprenden: *En agradecimiento al senado, En agradecimiento al pueblo, Sobre la casa, Sobre la respuesta de los arúspices, En defensa de P. Sestio, Contra P. Vatinio, En defensa de T. Anio Milón.* Sobre la referencia a la *salus rei publicae*, cf. Sen. 4,8; 13,33; 14,34, Pueb. 6,14, Casa 5,12; 7,17; 10,24; 24,64; 53,137, Arusp. 3,5.

22   Phil. VII 7,20. En el mismo sentido, cf. Cat. IV 2,4; 8,18, Phil. II 15,37; 19,47; III 15,38; IV 6,14; V 4,11; IX 7,15; XIII 20,47; XIV 3,8, Sen. 4,8; 7,17; 10,25.

las que lanza el hábil orador, en su invectiva contra Marco Antonio, cuando le advierte a los senadores que «este enemigo vuestro ataca vuestra República [...] intenta destruir el Senado, es decir, el Consejo de toda la tierra»[23] o cuando le expresa a su amigo Ático que «[Clodio]...ha tirado por tierra los dos fundamentos del gobierno [...] destruyó la autoridad del Senado y deshizo la concordia de los órdenes».[24] Sin embargo, la complejidad que envuelve al Senado y lo instituye como esencia misma de la República es aun mayor y no se agota en su carácter dual o su identificación con la *res publica*.

Como es sabido, la función originaria del Senado consistía en aconsejar a los gobernantes sobre los asuntos públicos de índole más variada. Fue, entonces, su carácter consultivo lo que forjó la convicción de que eran los ancianos quienes mejor se encontraban capacitados, por su experiencia y su sabiduría, para llevar a cabo dicha tarea. Con el paso de los siglos, y las adecuaciones institucionales a los cambios sociales, económicos y políticos, el Senado se fue convirtiendo en la institución que se ocupaba exclusivamente de los asuntos públicos y donde se concentraban los hombres más relevantes de la vida política romana. Al mismo tiempo, ese era el lugar donde se dirimían todas las cuestiones sensibles de la vida de Roma y de toda Italia. Es por todo esto que resulta comprensible el que esta institución se constituyera en el órgano más poderoso e influyente al momento de determinar el curso que tomarían los asuntos públicos de la *Urbs*.

1.1.1 *Senado,* auctoritas *y religión*

Tradicionalmente el Senado fue definido en relación al término *auctoritas* el cual, como ha sido ampliamente testimoniado por los especialistas, es un término esquivo ya que se trata de «una palabra indefinida, que evade una definición estricta» (Mommsen citado por BALSDON, 1960: 43). Sin embargo, una aproximación desde las

---

23   Phil. IV 6,14.
24   Att. 18, I 18. En el mismo sentido Cf. Sen. 15,34; Pop. 6,14; At. XVI 7.

propias palabras de Cicerón podría permitirnos dilucidar, aunque sea en parte, la esencia de la relación entre *auctoritas* y Senado.

En términos ciceronianos, se ha vuelto canónico su *dictum* en el que se afirma que el poder (*potestas*) debe recaer en el pueblo y la *auctoritas* en el Senado.[25] Ahora bien, si entendemos que la *auctoritas* podría conceptualizarse como «la expresión de la dignidad de un hombre» (BALSDON, 1960: 45) y que, a su vez, la *dignitas* es definida por el mismo Cicerón como «la autoridad de una persona basada en el honor, el homenaje y el respeto»,[26] podemos afirmar que la *auctoritas* del Senado no es otra cosa que una personificación de la egregia institución republicana en la que se incurre al atribuirle una característica que es propia de las personas. Ahora, esto no concluye aquí sino que, una vez instituida dicha personificación, se realiza una nueva transferencia, esta vez desde la institución hacia los hombres. Es decir, si la «*auctoritas* del Senado» debía guardar una estrecha relación con la calidad de los hombres que lo componen, es de esperarse que la *dignitas* de los senadores fuese percibida por la sociedad romana como superior a la del promedio de los ciudadanos no solo por su relación con la *auctoritas* del Senado sino también porque dicha superioridad coincidía con el lugar simbólico que ocupaban aquellos sectores de la aristocracia que tradicionalmente tenían la posibilidad de acceder al foro romano (cf. ALFÖLDY, 1996). Ahora bien, teniendo en cuenta la personificación del Senado a la que acabamos de hacer referencia y si atendemos a los sucesivos vaivenes sociales y políticos que provocaron, entre otros, un cambio en la composición del orden senatorial, es posible aseverar que se inicia una dinámica mediante la cual la *auctoritas* del Senado parece independizarse del carácter de los hombres que lo componen siendo el Senado (*templum*) el que transmite su *auctoritas* y su *dignitas* a los integrantes del Senado. Aquí pareciera producirse una inversión que se centra en la

---

25 Leg. III 12,28. Asimismo se pronunciará respecto al Senado pero en relación al pueblo, quien es depositario de la libertad, cf. Fam. 370 (X 6).

26 De inv. II 55,166.

Juan Acerbi

autoridad y la dignidad que proyectan las instituciones hacia –y sobre– los hombres; no son ellos por su *dignitas* los que le brindan a las instituciones su *auctoritas* sino que, independientemente de si un hombre posee *dignitas*, quienes acceden a dichas instituciones adquieren un carácter casi místico que tiende a preservarlos de su propio pasado, lo cual parece adquirir algunos de sus tintes más evidentes en el actual concepto de «fuero» del que gozan en nuestros días los magistrados y los altos funcionarios gubernamentales. En este sentido, uno de los casos paradigmáticos que tenemos frente a nosotros es, como bien señala Giorgio Agamben, aquella «huella secularizada de la insacrificabilidad del soberano, en el principio según el cual el jefe de Estado no puede ser sometido a un proceso judicial ordinario» (AGAMBEN, 2006b: 133). En todo caso, también podemos observar esto en la liturgia y el protocolo que acompaña a las principales figuras políticas de nuestros días y que, al igual que como lo hacían las togas y las *fasces* romanas, son signos del poder. Pero, centrándonos nuevamente en Roma, encontramos que el acceso al Senado significaba algo más que el hecho de *acceder* al foro político por excelencia; detrás de esa posibilidad se esconde el acceso a algunos de los enigmáticos mecanismos que posibilitaban el funcionamiento del Estado romano.

Si atendemos a las cuestiones que se encontraban involucradas en el hecho de «acceder» al Senado notaremos que existe allí una doble implicancia semántica: por un lado, se trata de la obvia posibilidad de que al convertirse en senador se puede ingresar físicamente al foro. Por otro lado, y este es el aspecto más sensible, también significaba la posibilidad de conocer los procedimientos detrás de los que se desarrollaba la práctica senatorial. Esta posibilidad de acceder a los mecanismos que ponían en funcionamiento a la institución más poderosa de la república romana no era menor, y no lo era porque, a pesar de lo que podemos creer hoy cuando pensamos en términos de «republicanismo», se trataba de un conocimiento vedado. No olvidemos que cuando se alude a la tradición republicana y sus prácticas de gobierno, se suele pasar por alto el hecho de que las cuestiones procesales que ponían en movimiento al Senado romano, sin llegar a ser secretas, eran confidenciales (cf. COWELL, 1961: 141). De esta manera, encontramos que una práctica y un saber vuelven al senador romano una figura que se aleja de la transparencia con la que comúnmente suelen caracterizarse a las formas republicanas de gobierno y no podemos dejar de observar el hecho de que el carácter enigmático de los mecanismos del poder tiende a reforzar los imaginarios que los sostienen. A esta conclusión ya había llegado el mismo Cicerón cuando parece recomendar que se mantengan los enigmas en torno a las prácticas políticas ya que, como lo muestra el caso del derecho, la revelación de los misterios que lo envolvían perjudicó tanto a la disciplina como a los jurisconsultos debido a que

> si bien hubo alguna admiración, entre nuestros antepasados, por ese estudio, una vez que se han divulgado vuestros misterios, todo él es tenido por despreciable y trivial y agrega que en otro tiempo eran pocos los que sabían si se podía o no entablar un proceso según la ley, porque, por lo general, no conocían los días fastos.[27]

Este pasaje revela lo abstrusa e imbricada que era la relación entre lo que aquí podemos sintetizar como lo político, lo religioso y lo jurídico que, a su vez, se encontraba reforzada por el enigma en el que se mantenían las prácticas políticas y que nos aproximan a un hecho al que recurriremos con frecuencia y que se centra en los fundamentos que permiten transparentar u opacar, convenientemente, diferentes aspectos de la relación que las instituciones políticas republicanas mantenían con la esfera religiosa.

Por otra parte, puede parecer paradójico que la institución que por excelencia identificaba a la república romana y al republicanismo mismo coincida con la institución que mejor transparenta la mutua implicancia entre política y religión. Efectivamente, en la búsqueda por hacer explícitas la relación entre política y religión, pocos

---

27   Mur. 11,25. Citamos aquí CICERÓN, Marco Tulio. *En defensa de Lucio Murena* en *Discursos III* (traducción de Jesús Aspa Cereza, Madrid: Gredos, 2007). Es oportuno recordar el sentido estrictamente religioso que poseía el término *fasto* y su vínculo con lo divino y el derecho, como bien se desprende de la célula *fas*. Sobre dicha relación volveremos luego.

ámbitos resultan tan propicios para ello como el Senado romano, ya que es allí donde dicha relación se hace más evidente (cf. BEARD, NORTH y PRICE, 1996). Si todo aspecto de la vida pública o privada se encontraba regulada por la relación que mantenían dioses y hombres, es de esperarse que los asuntos que involucraban los destinos de la *Urbs* se encontrasen inmersos en una liturgia que volviese sensible los procesos decisionales al presunto parecer de la divinidad. La correcta observancia de los rituales religiosos brindaba la doble posibilidad de, por una parte, controlar el proceso político al prevenirse cualquier exceso o transgresión de los valores tradicionales. Por otra parte, volvía válidas las decisiones políticas ya que, a los ojos de los hombres, se trascendían los intereses políticos que estuviesen en pugna en ese momento por su relación respetuosa con la liturgia religiosa y, por su intermedio, con la divinidad. Es por esto que no existía práctica política que se encontrase exenta de algún ritual de carácter religioso ya que era la forma de contribuir con la validez de la acción política, la cual se volvía, en el mismo acto, vinculante para todo el pueblo romano en el sentido de la mencionada relación existente entre ley y pena. En este sentido, y para actuar conforme a la ley, toda acción senatorial debía contar con la administración de los auspicios por parte de los augures. Para comprender de manera cabal lo determinante que resultaba para el Senado el contar con la intervención de los miembros del Colegio augural podemos recordar el hecho de que el recinto mismo del Senado, como ya hemos dicho, era, en su sentido más técnico, considerado un *templum* debiendo ser, al inicio de cada sesión, consagrado mediante la formula *effatum et liberatum*. Sin intentar dilucidar aquí dicha formulación, la cual si resulta abstrusa para nosotros debería, al menos, consolarnos el saber que también lo fuera para sus contemporáneos (*ibídem*), no podemos dejar de hacer notar lo que parecería ser la existencia de un elemento relacionado con la sacralidad que demarca (*effatum*) y posibilita que se lleve adelante, en el lugar correcto y sin intromisiones ajenas (liberado), la labor política. En este sentido parece formularse la definición que nos brinda Varrón de *templum*: «En la tierra recibió la denominación de *templum* un lugar delimitado mediante ciertas palabras formularias con destino al augurio o al auspicio».[28]

Además de lo dicho respecto a la mutua yuxtaposición entre la esfera de lo religioso y lo político, hay un aspecto que resulta ilustrador sobre el grado de mutua imbricación que poseían ambas jurisdicciones y que nos permitirá comprender el carácter laxo de sus límites; es decir, no se trataba únicamente del colegio augural pronunciándose a través de los designios sobre cuestiones políticas sino que muchas acciones religiosas como las ceremonias y los rituales que presidían a las sesiones del Senado no eran incumbencia exclusiva de la figura de los sacerdotes sino que las mismas podían ser llevadas a cabo por un magistrado (cf. Tellegen-Couperus, 2012), es decir, por un integrante de lo que comúnmente se definiría como parte del poder político. Encontramos una excelente síntesis de esta superposición de jurisdicciones en las propias palabras de Cicerón cuando exclama:

> Muchas son, pontífices, las innovaciones e instituciones de nuestros antepasados realizadas por inspiración divina, pero nada más admirable que su voluntad de que *unos mismos hombres se encargaran del culto a los dioses inmortales y de los asuntos públicos más importantes*, con el fin de que los ciudadanos más influyentes y distinguidos *mantuvieran los cultos divinos con una buena administración del Estado y al Estado con una sabia interpretación de los cultos divinos.*[29]

La cita no deja lugar a dudas: lo encomiable que encuentra Cicerón dicha superposición se sustenta, en última instancia, en la propia inspiración divina. Llegados a este punto, y en pos de profundizar las consecuencias políticas que tuvo para Roma, y para el mundo contemporáneo, la estrecha relación entre lo religioso y lo político, deberemos ocuparnos de la otra egregia institución creada por Rómulo.

---

28 VII,8. Seguimos la edición de VARRÓN. *La lengua latina. Libros VII-X* (traducción de Luis Alfonso Hernández Miguel, Madrid: Gredos, 1998).

29 Dom. 1,1. El énfasis nos pertenece.

1.2 Los auspicios

Lo determinante que resultaron los auspicios para los romanos puede apreciarse en el trascendente papel que tuvieron en el momento mismo de la fundación de la *Urbs* y sobre el cual nos dice Livio que Rómulo, mirando al cielo, gritó: «Júpiter, impulsado por tus auspicios asenté aquí en el Palatino los primeros cimientos de Roma».[30] De la cita de Livio se desprende que Rómulo se comporta como un augur, ya que no actúa según su parecer sino que mira al cielo e interpreta el designio divino al cual transforma en una acción política concreta. Aun más, la acción de Rómulo evidencia, de manera explícita, el propio sentido etimológico del término «augur», el cual se revela como «la "promoción" otorgada por los dioses a una empresa y manifestada por un presagio» (BENVENISTE, 1983: 327). En lo que respecta al proceder de Rómulo, Cicerón no dejará pasar oportunidad para afirmar que la grandeza de Roma encontraba sustento en el hecho de que su fundador actuó no sólo consultando permanentemente los auspicios sino en el hecho de que él mismo era augur, tal como lo testimonia cuando recuerda que «en un principio, Rómulo, el padre de esta ciudad, no sólo la fundó contando con los auspicios, sino que incluso fue un excelente augur él mismo».[31] Es oportuno observar que las palabras de Cicerón en relación a los augurios y al divino proceder de Rómulo resultan, como veremos, mucho más que una alabanza formal dirigida a lanzar loas a un prócer o a reconocer, solo de palabra, la importancia de una institución religiosa en el momento fundante de la *Urbs*.

La importancia que el Arpinate le otorga tanto a la debida observancia de los presagios como a los preceptos religiosos en general, encuentra una primera explicación en lo favorables que han resultado los mismos para el bienestar de Roma, cuestión que se refleja en su grandeza y en su superioridad respecto a los demás

---

30   LIVIO, I 12,4. Por su parte, Dionisio de Halicarnaso se refiere a este hecho en su *Historia Antigua de Roma,* XIV 2,2.

31   Div. I 2,1; 48,107. Cf. también Rep. II 9,16; Cat. I 13,33.

pueblos. Por otra parte, en su propio origen divino se encontraría signada la religiosidad del pueblo romano. Sin embargo, el carácter sobre el que giran todas las referencias a Rómulo –y al origen mismo del Senado y los auspicios– se centra, fundamentalmente, en hacer explícito el vínculo que guarda la observancia religiosa con la subsistencia de la República como cuando, al examinar la vida de una serie de hombres ilustres, concluye que «cabe entender que nuestro Estado se ha engrandecido gracias al mando de aquellos que cumplían con las obligaciones religiosas».[32] De esta manera es posible comprobar, tanto en sus discursos políticos como en sus tratados filosóficos, que nuestro autor, al tiempo que mostraba una indudable admiración y apego por la correcta observancia de las prácticas propias del ámbito religioso, no dudaba en equiparar la falta de *pietas*[33] como el rasgo que, por excelencia, caracteriza no solo al criminal o al hombre que amenaza al Estado sino como aquello que denota al hombre falto de humanidad. En este sentido dirá, por ejemplo, en referencia a Gayo Verres, que «nunca hubo en ti ningún sentimiento de humanidad, ninguna consideración religiosa» e inmediatamente le pregunta «¿Puedes vislumbrar alguna esperanza sólida de salvación, cuando recuerdas cuán impío, cuán criminal, cuán sacrílego has sido para con los dioses inmortales?».[34] Encontramos así un concepto perteneciente a la esfera de lo religioso pero con profundas implicancias sociales y políticas debido a que la *pietas* ostentaba la poderosa capacidad de discernir el límite entre aquellos que se encontraban comprendidos dentro de la humanidad y los que eran ajenos a ella. Para comprender el funcionamiento de

---

32   N.D. II 3,8. La edición que aquí seguimos corresponde a CICERÓN, Marco Tulio. *Sobre la naturaleza de los dioses* (traducción de Ángel Escobar, Madrid: Gredos, 1999). En el mismo sentido, también cf. Div. I 43,95; 47,105 y, de manera tangencial, Cat. I 5,11.

33   La *pietas* es definida por el mismo Cicerón como el acto de «ser justos en relación con los dioses» (Fin. 41,116). En un sentido aparentemente ajeno a la esfera religiosa también leemos, en Inv. II 66, que la *pietas* es aquello que «nos exhorta a observar nuestros deberes con respecto a la patria, los padres y los parientes de sangre»; sin embargo el término es cercano a la *fides* que involucra tanto la esfera familiar como la religiosa. Al respecto ver HELLEGOUARC´H, 1963.

34   Ver. I 18,47. La cita se corresponde a la edición de CICERÓN, Marco Tulio. *Discursos I. Verrinas* (traducción de José María Requejo Prieto, Madrid: Gredos, 1990). En el mismo sentido cf. Leg, II 17,42.

tan sutil dispositivo de poder será necesario indagar sobre la forma en la que se instala y adquiere su propia dinámica la idea de que existe una estrecha relación entre la falta de observancia religiosa con la caída de Roma y especialmente, en la época del Arpinate, con la corrupción de la *salus rei publicae*. Para esto debemos ahondar en las implicancias que poseía la religión romana como ficción política en tanto reguladora de la vida social de la *Urbs*.

1.3 Religión, derecho y observancia

A pesar de haber hecho alusión a ello, debemos insistir en un aspecto de los auspicios que se encuentra íntimamente ligado con los conceptos e instituciones tratadas hasta aquí; se trata de comprender que los auspicios no deben ser reducidos a la práctica de una mera observación sino que deben ser conceptualizadas como la búsqueda, por medio del acto de escrutar el cielo, de señales divinas que permitan develar la efectividad que tuvo sobre los dioses la observancia religiosa practicada por los ciudadanos. Esto se plasma en la creencia de que tanto el orden social como el político y hasta el equilibrio de la naturaleza se mantenía gracias a la *pax deorum*. Este concepto implicaba que la religiosidad romana era entendida como una forma de mediación entre dioses y hombres para obtener de los primeros algún favor[35] en un universo en el que los dioses han establecido un orden y en el que los hombres, por medio de plegarias, sacrificios y una correcta observancia del culto, podían congraciarse con aquellos para sostener el orden dado y, eventualmente, hacerse de algún favor particular. Esta relación, definida como del tipo contractual, en la que el hombre cumple con sus ofrendas y los dioses mantienen las condiciones dadas a éstos, era la que regulaba la vida social y política en Roma. Sin embargo, dicho vínculo dejaba abierta la posibilidad de apelar a los dioses buscando favores particulares sin que exista la obligación por parte de los mismos de acceder a la súplica. En este sentido, resulta

---

35 Cf. *A Companion to Roman Religion* (RUPKE, 2007), especialmente los aportes realizados por Eric Orlin y por Veit Rosenberger en los capítulos 5 y 21, respectivamente.

ilustrador el rol que desempeñaba en dicha relación la *supplicatio*. Si bien se la suele conceptualizar como «un voto de agradecimiento por parte del Senado a un magistrado (normalmente un *imperator*) por sus victorias contra los enemigos de Roma» (cf. TEMPEST, 2011: 221), su sentido primario se encuentra relacionado con una acción de gracias dirigida a los dioses debido al éxito obtenido en las mencionadas campañas militares pero también para apaciguar la ira de los seres inmortales (cf. HALKIN, 1953) que rigen los destinos del hombre y del Estado. Esta relación entre la divinidad, los hombres y los asuntos de Estado queda perfectamente explicitada en el siguiente fragmento de un discurso ciceroniano en el que leemos:

> Esto lo decidió *el senado* cuando, en una convocatoria muy concurrida, denegó a Gabinio el honor de declarar las preces públicas (*supplicatio*); en primer lugar, porque a un hombre impurísimo por todos sus crímenes e infamias no se le podía creer; en segundo lugar, porque un Estado no lo podía gobernar bien un traidor que, mientras estaba en Roma, se le había considerado un enemigo del Estado; finalmente, porque *los mismos dioses inmortales* ni siquiera querían que se abriesen sus templos para recibir las súplicas en nombre de un individuo tan sumamente impuro y criminal.[36]

En lo que respecta al hecho de que el mundo completo, incluida la *Urbs,* se encontrase gobernado por los dioses fue una cuestión que, desde una perspectiva filosófica, ha sido debidamente abordada por nuestro autor y que se cierne en torno a la clásica disputa entre estoicos y epicúreos. Cicerón se mostrará inclinado, con sus debidos matices y diferentes críticas, hacia la postura de los primeros sin perjuicio de la simpatía que guardaba hacia los peripatéticos y los neo académicos.[37] Es por esto que, considerando las opiniones de nuestro autor, no debemos perder de vista el hecho de que los dioses no limitaban su intervención sobre los asuntos humanos a cuestiones fundacionales o de conservación de la ciudad; sino que son ellos quienes gobernaban a la totalidad de las cosas –humanas

---

36 Prov. 6,14. La edición corresponde a CICERÓN, Marco Tulio. *Discursos VIII* (traducción de Elena Cuadrado Ramos, Madrid: Gredos, 2013). El énfasis es nuestro.

37 Al respecto, pueden ser ilustrativas sus *Disputaciones Tusculanas.*

Juan Acerbi

o no– del universo. En un sentido retórico pero dicho, sin lugar a dudas, en un contexto social en el que dichas palabras resonarían en las consciencias de los ciudadanos, Cicerón pregunta: «¿quién puede ser tan enemigo de la verdad, tan precipitado, tan insensato que niegue que todo este mundo que vemos y, de un modo especial, esta ciudad están gobernados por la voluntad y el poder de los dioses inmortales?».[38]

Como podemos presuponer, la cuestión del gobierno del universo por parte de los dioses no se agota en su dimensión filosófica ya que posee profundas implicancias políticas. Una de dichas implicancias es la concepción que nuestro autor tenía sobre los *optimates*, sobre aquellos hombres que, por ser los mejores, cargan sobre sus espaldas con la responsabilidad de ser garantes de la seguridad del Estado.[39] Es por tal condición de superioridad, unida a una concepción del universo en la que los hombres deben esforzarse por mantener el orden prefijado por los dioses, que el lugar de privilegio del que gozan los *optimates*, en la concepción ciceroniana, se vuelve clave para comprender la propia concepción que el Arpinate tiene de sí mismo en relación al resto de los hombres. Ahora bien, y como ocurre con todos los aspectos sensibles de la vida política romana, la posición de los *optimates* se encontraba refrendada por las instituciones políticas así también como las del derecho y las del ámbito religioso. No olvidemos que, como veremos a continuación, el derecho que regulaba las relaciones entre los hombres debía considerar con especial atención a esa otra esfera del derecho, sobre la que recaía el peso de regular la relación entre hombres y dioses.

1.4 Jurisdicciones de lo divino

Como sabemos, existían dos formas de religión aceptadas por el poder político en Roma: una forma pública (*sacra publica*) y una privada (*sacra privata*). La religión privada era la que se practicaba

---

38   Cat. III 9,21.
39   Cf. Rep. I 34,51. También SMETHRUST, 1955: 111-121.

en el interior de los hogares y comprendía todas las cuestiones referentes al bienestar de quienes habitaban en él. Es por esto que en cada hogar se disponía de un lugar específico para realizar rituales relacionados con cuestiones tan variadas como el matrimonio, el nacimiento de los hijos u otros ritos de iniciación como así también todo lo relacionado con la prosperidad doméstica.[40] Además se construía un pequeño santuario (*sacraria*) que estaba dedicado a una deidad particular, la cual era considerada protectora del hogar. Por otro lado, la religión en su forma pública abarcaba todos los asuntos referentes a Roma y, por lo tanto, formaba parte de la política estatal. Es por esto que resulta difícil establecer claramente la división entre religión y política debido a que en asuntos públicos tan variados como el declarar la guerra, comenzar una gran empresa o llamar a elecciones, las decisiones últimas debían ser avaladas o refrendadas por autoridades religiosas que no eran otros que los ya mencionados *augures*. El mismo Cicerón prescribía que los *augures* «hagan conocer previamente el auspicio a los que dirigen los negocios de la guerra o del pueblo y que se conformen con ellos; que predigan el enojo de los dioses y se les obedezca».[41]

En principio no existían lo que hoy denominaríamos incompatibilidades entre ambas formas de religión. Tanto los *sacra publica* como los *sacra privata* se entendían como complementarios y no entraban en contradicción entre sí salvo en los casos en los que se sospechara que se hacía un uso indebido de la religión. Es decir, casos en los que los individuos utilizaran la religión privada con fines opuestos a los intereses públicos que no eran otros, en el discurso oficial, que los intereses de Roma y de todos los romanos. De esta manera, y con el devenir de los hechos que acompañaron el fortalecimiento de la República y luego su decadencia, se explica la creciente identificación que se fue cimentando entre todo aquello que era conceptualizado como una contribución al «bienestar de la República» con el buen uso de la religión por parte de los

---

40 Sobre los aspectos generales aquí tratados cf. RUPKE, 2006.
41 Leg. II 8,21.

ciudadanos. En otras palabras, comenzó a vincularse el uso privado de la religión con la dicha de la ciudad, de Italia y de toda empresa llevada a cabo por el Estado romano. En este sentido, se entendía que mientras el culto religioso fuera practicado por los buenos ciudadanos, el resultado de dicha práctica coincidiría con los intereses del Estado ya que ambos aspirarían a la grandeza de Roma por encima de cualquier otro anhelo.

Es así como a partir de este momento, y hasta bien entrada la Modernidad, se conforma un nuevo tipo de relación entre tres elementos que no se encontraban unidos a la manera en la que lo estarían a partir de allí: la religión de los hombres (*sacra privata*), la religión del Estado (*sacra publica*) y la noción de buen ciudadano (*boni*) confluirían en una malla de relaciones, preceptivas y observancias que buscará transformarse en garante del bienestar general de la República. Es en este sentido que podemos interpretar la forma en la que se fueron instituyendo leyes que reforzaban la interrelación, y hasta la superposición, de los elementos propios de cada una de dichas esferas: como una forma de coordinar y reforzar la influencia de los dispositivos que regulaban las acciones y las conciencias de los hombres. Consecuencia de esto será, en el Imperio y, mucho más, en época cristiana, el hecho de que los actos religiosos realizados por los hombres en el ámbito privado fueran considerados un asunto de Estado.

Recordemos aquí lo mencionado anteriormente acerca de la función que cumplía, en la sociedad romana, la práctica religiosa en tanto mediadora de la relación entre hombres y dioses. En el equilibrio impuesto por la divinidad, el hombre debía esforzarse por conservar el orden establecido al tiempo que procuraba ganarse, mediante plegarias y sacrificios, el favor divino. Es por esta vía que se creía que era posible influir sobre la divinidad en pos de ganar favores particulares que podían, en los casos que aquí nos interesan, no tener en cuenta la armonía entre los intereses privados con la *cosa pública* provocando, en consecuencia, un riesgo para el bienestar general. Con la creciente crisis que comenzó a vivir la República, el poder político comenzó a observar con resquemor las prácticas sagradas realizadas en el contexto doméstico. Es decir, la religión de los particulares se constituía, al menos en el discurso oficial, como un factor amenazante del orden establecido, ya que la intervención divina podría ser clamada para producir un cambio sobre la realidad de los hombres provocando, por su intermedio, una perturbación social y política. En otros términos, el hombre, sin mediar intervención estatal alguna, podía apelar a las deidades para alterar el orden establecido. Esto fue lo que posibilitó, una vez instalada la amenaza en el discurso oficial, justificar la fuerte reacción del Estado plasmada en medidas adoptadas en nombre de la seguridad y del bienestar general y que, a su vez, se fueron radicalizando conforme los tiempos de inestabilidad política se hacían más intensos, llegando a identificar a los *sacra privata* como una práctica que atentaba contra la buena salud de la República convirtiendo, así, a cualquiera que los practicara en una amenaza para todo el pueblo romano.

La manera en la que el poder político justificaba su creciente control sobre las prácticas religiosas se centraba en el núcleo constitutivo de la esencia de lo humano, la ya mencionada *pietas*. Desde una perspectiva sociopolítica, la falta de observancia religiosa representaba una amenaza integral no solo a la propia *civitas* romana sino también a Roma y a la propia humanidad, ya que sin observancia religiosa no habría *pietas* y al eliminarla «se elimina también la lealtad, la cohesión entre el género humano y una virtud de suma excelencia: la justicia».[42] Así, desaparecida la justa relación con los dioses, desaparece también toda posibilidad de contar con una justicia entre los hombres y aquello que los constituye en pueblo, una ley común que sirve a todos por igual.[43] Encontramos numerosos pasajes en los que se suele aludir a esta situación, especialmente en los discursos donde se despliega la «retórica de la crisis», en los que se le alude no solo a los aspectos fundacionales de la *Urbs* en

---

42   N.D. I 2,4.
43   Cf. Rep. I 25,39.

torno a los designios divinos sino también, y especialmente, a la relación de la divinidad con la conservación de la *salus rei publicae*. De esta manera, no se deja de recordarle al auditorio,[44] en pos del *mouere*,[45] que los bienes privados, los templos de los dioses y hasta la ciudad y la vida de todos sus habitantes han sido preservados gracias a la voluntad de los dioses inmortales. Así nos encontramos ante una doble implicancia de la divinidad para la vida de la *Urbs*: por un lado, la posibilidad misma de la existencia del *populus* romano al posibilitar, por medio de la *pietas*, que los hombres lleguen a ser seres sociales; por otro, que por medio de la relación entre dioses y hombres se preserve la subsistencia de Roma. Es así que, en forma de pregunta retórica, el orador le arroja al pueblo la siguiente interpelación:

> ¿Qué hay [...] más divino que la razón? [...] Como no hay nada mejor que la razón y ella existe tanto en el hombre como en la divinidad, el primer vínculo del hombre con la divinidad es el de la razón. Y puesto que ella es la ley, también se nos ha de considerar a los hombres vinculados con los dioses por la ley.[46]

La importancia otorgada a la debida observancia de los preceptos religiosos se comprende más cabalmente si se tienen en cuenta las implicancias sociales y políticas que los mismos tenían para los romanos. Al asumirse que el uso de la religión podía afectar los asuntos públicos, el control sobre la religión se volverá un poderoso justificativo para la intromisión del Estado en la esfera privada de los ciudadanos justificando así desde censuras a monumentos e imágenes hasta el allanamiento de casas particulares con el fin de recabar pruebas sobre el uso de los *sacra privata* de manera indebida, esto es, contraria a los intereses del Estado. Los testimonios sobre estas costumbres y la legislación que se ha preservado hasta nuestros días nos permiten aseverar que se trataba de medidas con

---

44 Seguimos aquí la definición de «auditorio» como «el conjunto de aquellos en quienes el orador quiere influir con su argumentación» tomada de PERELMAN y OLBRECHTS-TYTECA, 2006: 55.

45 El fin último de la argumentación, de todo discurso político, es el de conmover al auditorio. Es decir, movilizar sus sentimientos para así lograr su apoyo. Al respecto ver WISSE, 1989: 212 y ss.

46 Leg. I 7,22.

fines políticos encubiertas detrás del halo divino de lo religioso y la necesidad de preservar a la República de su decadencia. La religión, y todos los elementos asociados a ella, se fueron constituyendo como amenazas al orden político conforme la República comenzó a vivir los violentos tiempos que anunciaban su decadencia y es en este sentido que hacia finales de la República algunas tradiciones ampliamente admitidas por siglos comenzaron a ser objeto de censura ante la posibilidad de que suscitaran algún ánimo de rebelión en el pueblo. Sobre esto nos arroja luz un caso que fue particularmente sensible: el de las imágenes y las estatuas.

En la Roma tardorrepublicana las estatuas se habían vuelto una cuestión sensible en términos políticos ya que, como bien lo explica Francisco Pina Polo, representaban un *exemplum* permanente, que no perecía en el tiempo. A la vez, la forma en la que eran erigidas –sobre altares– hacía que las mismas fueran fácilmente asociadas a una religiosidad popular en tanto «servían para la autoidentificación de la plebe urbana como grupo y de impulso para su movilización» (cf. PINA POLO y MARCO SIMÓN, 2000: 159), por lo que era perfectamente comprensible que la oligarquía romana las concibiera como elementos que podían despertar tumultos políticos entre los sectores populares. En este sentido, ya en el año 179 a.C., las estatuas e imágenes comenzaron a ser eliminadas, bajo supervisión de los censores, de acuerdo a si contaban o no con autorización oficial y en el año 158 sólo se permitían imágenes autorizadas por el Senado o los tribunos de la plebe. En el año 98 a.C. se llevó a cabo el primer proceso judicial contra un ciudadano, cuya acusación consistía en la posesión de imágenes con fines políticos y cuya sentencia consistió en el exilio del condenado (*ibíd*: 157). El fiel reflejo de la inestabilidad política que se vivía en aquellos días, particularmente en torno a las cuestiones religiosas, nos la puede brindar el mismo Cicerón, quien años después de escribir sus *Leyes* y en las que, como hemos visto, refrendaba la autoridad de la religión e incluso su primacía por sobre lo político, adoptó una postura crítica hacia las distintas formas de adivinación.[47] El clima de tensión que se vivía en torno a los temas religiosos queda perfectamente reflejado cuando Cicerón le dice a su hermano Quinto, interlocutor del diálogo, «pero estamos a solas…, nos es lícito investigar la verdad sin que nos miren mal, y más aun que lo haga yo que dudo de todas las cosas».[48] Ahora, a pesar de que pueda parecer una cuestión superflua, entendemos que resultará clave preguntarnos si Cicerón era, o no, un hombre de fe religiosa. Es decir, ¿creía, efectivamente, en los dioses inmortales y en los augurios que tan enfáticamente ordenaba obedecer? La respuesta parece evidente a la luz de los testimonios recogidos hasta aquí pudiéndose incluso, con un carácter presumiblemente concluyente, citar las palabras que el Arpinate le dedica a su hijo Marco y que, en relación al orden de los deberes que un hombre debe asumir a lo largo de su vida, afirman que:

> En la misma comunidad hay grados entre los deberes, por los cuales podemos ver cuál debemos preferir en cada caso: nuestros primeros deberes se refieren a los dioses inmortales; los segundos, a la patria; los terceros, a nuestros padres.[49]

Sin embargo, la estima que nuestro autor profesa por la observancia religiosa no debe hacernos pensar que se trata de un hombre de fe ya que, tal como él mismo confiesa, es un hombre que duda sobre casi todas las cosas. Sin embargo, es en su tratado *Sobre los deberes* donde mejor expresará el Arpinate su punto de vista al respecto y es por ello que nos permitimos citar el pasaje en toda su extensión:

> Se me objeta, y ahora por parte de gente docta y erudita, preguntándome si creo dar bastante prueba de coherencia, ya que, por una parte, digo que nada se puede conocer exactamente y, por otra, suelo dar mi opinión sobre otros argumentos […]. Yo quisiera que estos tales conocieran bien mi modo de pensar. No soy yo de los que sienten la duda y la incertidumbre en su alma, como quien ha perdido el camino seguro

---

47   Cf. Div., especialmente el libro II.

48   Div. II 12,28.

49   Off. I 45,160. La edición utilizada corresponde a *Sobre los deberes* (traducción de José Guillén Cabañero, Madrid: Tecnos, 1989).

y no tiene un principio cierto que seguir. ¿Qué sería, en efecto, nuestra inteligencia, o mejor nuestra vida, si no sólo se viera privada de un método de raciocinio, sino que incluso le faltara una norma de conducta de la vida? Pero éste no es mi caso, porque, mientras los demás dicen que unas cosas son ciertas y otras inciertas, yo disiento de ellos, digo que unas cosas son probables y otras improbables. ¿Qué puede impedirme a mí el seguir lo que me parece probable y que deje lo contrario, y huir de la arrogancia temeraria de afirmar las cosas resueltamente, lo que es tan contrario a la verdadera sabiduría?[50]

También encontramos en Cicerón la negación a concebir como cierta toda forma de predestinación sobre los asuntos de los hombres, la cual se hace explícita a lo largo de su obra siendo, de manera particular, en sus escritos teológicos donde mejor queda plasmado su pensamiento. Por citar solo uno de los posibles argumentos en contra de la noción de destino, podemos recordar lo cara que resulta al pensamiento ciceroniano la necesidad que el hombre tiene de gozar de la libertad, una libertad que quedaría anulada ante cualquier tipo de predeterminación que anteceda «a nuestra voluntad o deseo, pues, si la realidad fuera así, no quedaría nada a nuestro arbitrio».[51] En este sentido, también podemos verificar que, tanto en su obra *Sobre el destino* como en *Sobre la naturaleza de los dioses*, además de dejar asentada su posición en tantos otros pasajes, se hacen manifiestos los esfuerzos por parte del autor por evitar el ser tildado de ateo moderando sus aserciones y hasta finalizando de manera imprevista una de sus obras sobre la divinidad.[52]

Ahora bien, parece evidente el hecho de que nos encontramos frente a una cuestión cuya lógica no admite ambivalencias como lo es la fe religiosa de un hombre. Todo suele reducirse, simplificando la cuestión, a la dicotomía creyente-no creyente. Sin embargo, Cicerón parece navegar indistintamente entre las aguas del más

---

50   Off. II 2,7.

51   Fat. 5,9. Seguimos la edición correspondiente a CICERÓN, Marco Tulio. *Sobre la adivinación. Sobre el destino. Timeo* (traducción de Ángel Escobar, Madrid: Gredos, 1999).

52   PEASE, 1913: 25-37. Es de la misma opinión que Pease el traductor y comentarista del N.D., quien observa que el abrupto final del tratado podría deberse a un esfuerzo, por parte del autor, para disimular una posición «demasiado agnóstica».

Juan Acerbi

recalcitrante ateísmo y de la más ferviente religiosidad plasmada ésta en el énfasis puesto hacia la observancia del culto a los dioses inmortales. La cuestión es que los intentos por dilucidar el grado de fe con el que Cicerón profesaba sus recomendaciones en torno a la observancia religiosa son una muestra del error en el enfoque con el que comúnmente se busca tratar el tema en Cicerón. Dicho de otra manera, evidencia la falta de un abordaje que se interrogue (prescindiendo de una lectura moral empeñada en dilucidar si el orador cree o engaña) por la forma en la que la religión era utilizada como un mecanismo de poder y de control social. Es por esto que las lecturas que lo sitúan como un hombre de dubitativa fe o rayano a un comportamiento obsecuente o interesado en lograr su propio beneficio antes que preocupado por los principios morales reflejan exactamente la forma en la que se ha leído al orador y que resultan insuficientes en pos de comprender la forma en la que un dispositivo de control social ha sido capaz de estructurar y sostener a uno de los imperios más importantes de los que tengamos memoria y cuya vigencia se propaga hasta nuestros días.

Si contraponemos, desde el punto de vista de la fe, los actos y dichos de Cicerón, claramente nos situaremos en el plano de las contradicciones en el que no se comprenderán los motivos que llevan a un escéptico a predicar la más rigurosa observancia religiosa, así como a estar pendientes y a obedecer, bajo las más duras amenazas, las señales que emanan de los designios divinos. Pero si, por el contrario, nos aproximamos a esta ambivalencia dejando a un lado la preocupación por salvar o acusar a un hombre de sus aparentes contradicciones y nos interrogamos sobre las posibles implicancias políticas que dicho accionar tuvo sobre los hombres y las instituciones es que podremos comprender un aspecto clave del mecanismo del poder en Roma. En consecuencia, resulta necesario considerar la posibilidad de que las posiciones adoptadas por Cicerón no resulten mutuamente excluyentes sino que las mismas evidencian que deben analizarse los hechos y los dichos del Arpinate estableciendo previamente una distinción: si se trata del Cicerón *hombre* o del Cicerón político, hombre de Estado. En tanto hombre, podemos aseverar que Cicerón no cree, es un ateo o, por lo menos, un escéptico que gusta de las cosas que resultan más probables en lugar de los dogmatismos propios de la acción religiosa.[53] Sus observaciones sobre los relatos y las creencias religiosas rozan, en muchos casos, la ironía hiriente de reducir a los creyentes a poco menos que a un cúmulo de viejas y supersticiosos.[54] Sin embargo, su opinión cambia cuando se trata de la religión al servicio del Estado romano, y es allí donde es posible observar que su parecer respecto al lugar que debe ocupar la religión en torno a los asuntos de Estado, y a la ciudadanía en general, lo sitúan discursivamente en la posición del férreo creyente. Y esto por un hecho que, siglos después, sintetizará magistralmente un lúcido observador de la historia romana como lo fue Nicolás Maquiavelo, y que no es otro que el hecho de que la religiosidad de un pueblo resulta esencial para mantenerlo unido y estable, tanto social como políticamente.[55] En este aspecto se centraba, como es de esperarse, gran parte de la preocupación que mostraba la élite romana por preservar lo que en términos latinos se denominaba el *consensus omnium bonorum*[56] y la *salus rei publicae*, instituciones de las que Cicerón resultaba su más fiel defensor.

Entonces, si sintetizamos la cuestión que aquí hemos abordado acerca del lugar que ocupa la religión en nuestro autor, podríamos decir que Cicerón comprende la utilidad pública de la religión y es por ello que, a pesar de su escepticismo, recomienda enfáticamente la observancia estricta de sus prácticas y condena tanto a los impíos como a los que las desoyen entendiendo que ponen en riesgo la estabilidad política de la *Urbs*. Teniendo en cuenta este aspecto, entendemos que nos encontramos ante un hecho clave para Occidente y que descansa en la dinámica de manipular conveniente-

---

53 Cf. Tusc. II 2,5; II 3,8; IV 4,7 y, en un sentido similar, Tusc. V 1,2.

54 Cf. Div. II 7,19; II 33,70.

55 Cf. *Discursos sobre la primera década de Tito Livio* I,11; 12; 13; 14 y *El Príncipe*, XI.

56 Recordemos que Cicerón define de esa manera al acuerdo entre *optimates* y *populares*. Al respecto cf. Sest. 45,97.

Juan Acerbi

mente a la religión, y a sus prácticas asociadas, con fines políticos aprovechando su halo sagrado. La cuestión no parece ser original si tenemos en cuenta los importantes antecedentes que encontramos en la tradición griega[57] mucho antes, incluso, del ilustre caso de Platón, quien manifiesta una clara intencionalidad de utilizar a la divinidad para, por su intermedio, justificar acciones de naturaleza evidentemente política.[58] Sin embargo, la cuestión sobre la que aquí queremos llamar la atención es la capacidad de establecer un dispositivo de control, o antropotécnico en el sentido dado por Ludueña Romandini, como lo es la religión, con dos cualidades que resultarán paradigmáticas de las formas en las que el poder buscará volverse más eficaz: por un lado, la de no dejar ningún ámbito de la vida (pública o privada) librada de la jurisdicción del poder político y, por otro lado, pero de manera simultánea, presentarse y ser percibido como una práctica y un poder ajeno e independiente del poder político. Es decir, la religión, sus prácticas y sus dictámenes obedecen a la esfera de los dioses, ajena a las miserias y los intereses de los hombres y, por ende, se encuentra jurisdiccionalmente por encima de la esfera política, a la cual supedita en sus prácticas cotidianas. La mejor forma de comprender cómo operaba dicha relación es través de los auspicios y de la preeminencia de la que gozaban sus intérpretes (los augures) y no resulta menor para los objetivos que aquí nos hemos propuesto resaltar la diferencia con los antecedentes griegos a los que hemos aludido, tanto por el hecho de que en Roma la religión sí se encontraba concentrada en manos del Estado como así también por tratarse, a diferencia de Homero o Platón, de una realidad concreta y no de ficciones literarias o de disquisiciones filosóficas.

---

57 Homero y Hesíodo ya habían sido acusados de manipular a los dioses para librar a los hombres de las culpas de sus actos. Al respecto, consultar el interesante estudio de Emilio Crespo Güemes que precede a su traducción de *Ilíada* (Madrid: Gredos, 1996).

58 Resultan conocidos los pasajes de *República* en los que se utiliza el nombre y la voluntad divina en pos de hacer posible el proyecto político de Sócrates, así como las manipulaciones que se realizan en los libros II y III cuando se establecen las pautas para hablar de los dioses. Al respecto, cf., por ejemplo, Rep. 415a; 416e.

Por lo tanto, si consideramos esta perspectiva, la contradicción desaparece y el proceder de Cicerón se vuelve esclarecedor. Si tenemos en cuenta sus recomendaciones acerca de la observancia religiosa y, especialmente, de todo lo referente a los auspicios y a la autoridad de los augures, caeremos en la cuenta de que su escepticismo religioso no le impide comprender la utilidad política de la religión. Utilidad que se debe a que en la religión romana encontramos un saber y una institución que actúan, por su relación con lo divino, con reglas ajenas a las de la política pero que, al mismo tiempo, son capaces de producir un discurso eminentemente político. De esta manera nos encontramos ante una institución de origen divino y que, por lo tanto, obedece únicamente a los dioses que la instituyeron y cuya correcta observancia se garantiza por la cuidadosa conservación y escrupulosa aplicación de las reglas que la misma divinidad le comunicó a los hombres. Es así que el ámbito religioso posee reglas y ministros propios y se encuentra situada por fuera de la esfera política pero, sin embargo, su discurso posee el enorme poder de revertir o dejar sin efecto decisiones políticas por medio de un discurso que denominamos, por las particularidades mencionadas, *metapolítico*. Es en esta clave que debemos leer las palabras de Cicerón: «¿qué hay más importante, si investigamos sobre el derecho, que poder disolver las comisiones y las reuniones que hayan sido convocadas por los más altos cargos y las más altas autoridades, o bien anular las que ya hayan tenido lugar?».[59] Es necesario detenerse sobre estas palabras porque las mismas revelan el centro de la importancia que la institución religiosa posee para nuestro autor en términos de poder y que se expresa en su capacidad de *disolver* o *anular* lo que los *más altos cargos* y *las más altas autoridades* políticas hayan resuelto.

El poder del augur, entonces, radicaba en un saber que lo constituía en intérprete válido de la voluntad de los dioses y cuya interpretación poseía un carácter determinante sobre las cuestiones

---

59   Leg. II 12,31. La edición citada corresponde a CICERÓN, Marco Tulio. *La Leyes* (traducción de Carmen Teresa Pabón de Acuña, Madrid: Gredos, 2009).

más sensibles de la política. Por lo tanto, debemos considerar las prescripciones ciceronianas sobre auspicios y augures no como palabras provenientes de un hombre de fe sino como palabras propias de un hombre de Estado que comprende el poder de un saber que es capaz de dejar sin efecto las decisiones tomadas por los más altos magistrados sin olvidar, por otro lado, la influencia que posee sobre la ciudadanía.[60] En este sentido, y ante la diversidad de intereses de los distintos estamentos de Roma, encontramos que la *rei publicae causa* es, discursiva y simbólicamente, lo suficientemente amplia para lograr que hombres y mujeres, de distintos estamentos sociales, se sientan comprometidos ante ella a pesar de las diferencias que al interior de la sociedad operan dividiéndola. Y algo no menor, que refuerza la dimensión metapolítica del discurso religioso, es el hecho de que contamos con suficientes indicios que nos permiten afirmar que la misma clase política (o, al menos, su mayoría) creía efectivamente en la relación existente entre una correcta observancia religiosa y el bienestar de Roma (cf. DAVIDSON, 1999: 203-216). En este sentido resulta sumamente ilustrador el pasaje en el que Cicerón explica la función disciplinadora que los sabios romanos le atribuían a la religión para contener los ánimos:

> El mismo Pompilio, al introducir los auspicios mayores, añadió al número antiguo de los ya existentes dos nuevos augures, encargó de las ceremonias religiosas a cinco pontífices nombrados entre los nobles, mitigó con los ritos religiosos, mediante leyes que conservamos en los archivos, los ánimos exaltados por las costumbres y el ansia de guerrear.[61]

A su vez, el pasaje evidencia una relación que abordaremos inmediatamente y que consiste en el interesante vínculo de subordinación que se establece entre la religión y las costumbres. Pero, considerando la traza de nuestros argumentos, es necesario observar que mucho de lo que hemos dicho hasta aquí se relaciona con instituciones o conceptos sumamente caros a nuestra tradición política como, por ejemplo, la *necesidad de Estado* (cf. FOUCAULT, 2006:

---

60   Cf. Div. II 18,42; 3370; Rep. II 14,26; Leg. III 12,27.
61   Rep. II 14,26.

305 y ss.) o la *razón de Estado* (*ibíd*.: 330), los cuales han mostrados ser poderosos dispositivos de control ya que por su intermedio se logra afectar a la totalidad de la población pero, además, permiten actuar *sobre* la política y no ya como su razón oculta, sino como la razón que, justamente, por medio de su exhibición se convierte en la *razón soberana*.

La importancia que poseía la divinidad para la vida pública y privada de Roma se refleja en la atención que los romanos le dedicaban a los *sacra publica* y *privata* y a la relación de éstos, a su vez, con el *ius* y el *fas*. Por lo tanto, existía un saber sobre la divinidad que circulaba abiertamente por medio de las costumbres, los rituales y las prácticas religiosas y era, por decirlo así, un saber popular. Sin embargo, todo saber circula por medio de un discurso que, como tal, posee una parte de sí que permanece inaccesible al auditorio (cf. FOUCAULT, 2008a). Esto nos conduce a dos cuestiones nada superfluas como lo es la necesidad de mantener el carácter enigmático de los mecanismos que son relativos a los asuntos de Estado y, por otra parte, a la necesidad que tiene el poder de contar con el monopolio del decir autorizado sobre todo aquello que pueda ser materia de interpretación o, en el lenguaje de los juristas, de una laguna del derecho. Sobre el primer aspecto, el mismo Cicerón advertía que revelar los misterios que rodean a una profesión o a una magistratura puede provocar la pérdida de interés en la misma[62] de lo que se desprende la conveniencia de mantener los principios detrás de los que se ocultan los *arcana imperii*. Sobre la segunda cuestión, basta con reflexionar sobre lo conveniente que resulta para todo Estado ser el único poseedor de *la voz autorizada* para llenar aquellas lagunas de lo no dicho o de aquello que, aun siendo dicho, encierra un mensaje abstruso para los no iniciados en los secretos del poder. De esta manera, el Estado se convierte en garante de aquel decir que se enuncia como la voz autorizada para transmitir al común de los hombres los designios de la voluntad divina.

---

62   Cf. Mur. 11,25.

Es en el sentido de lo expresado anteriormente en el que debe entenderse el enfado que muestra Cicerón por el uso cada vez más explícito de la religión por parte del poder político hacia los últimos años de vida que le quedarían a la República. En este signo de cambio de época se ha hecho evidente que la religión dejó de ser entendida como la mediadora entre dioses y hombres para ir convirtiéndose, poco a poco, en una obscena herramienta de manipulación de estos últimos en manos de la clase política. Lejos de haberse tratado de manera prudente, entendiendo la sensibilidad de sus implicancias, se ha utilizado la religión de manera explícita y es en este sentido –y siempre entendiendo que para Cicerón la religión es un valor en sí– que en algunos de sus pasajes se lee su enfado y decepción con la clase política y militar que ha realizado empresas contando con la reprobación de los auspicios. Resulta ejemplificador el pasaje siguiente en el que comenta que:

> El rey Prusias en una ocasión, cuando le parecía bien a Aníbal [...] que se iniciase la lucha, dijo no atreverse a hacerlo ya que se lo desaconsejaban las entrañas. «Acaso estás diciendo –le respondió– que prefieres dar crédito a un pedacito de carne que a un viejo general». Y bien, cuando el propio César fue advertido por el sumo arúspice de que no pasase a África antes del solsticio de invierno, ¿acaso no lo hizo? De no hacerlo, todas las tropas de sus enemigos habrían logrado agruparse en un solo lugar. ¿Para qué voy a recordar yo la respuestas de los arúspices –y podría, sin dudas, recordar innumerables– que no tuvieron desenlace alguno, o bien el desenlace contrario?[63]

La religión se fue convirtiendo, con el fin de la república y la llegada del Principado, en un elemento cada vez más sensible en la vida política de los romanos hasta llegar a ser una de las principales herramientas de exclusión y condena social. La idea de que toda práctica religiosa contraria a los intereses romanos se encontraba ligada a creencias y prácticas de los bárbaros fue ganando cada vez más terreno en el ámbito político y social. Se tornó una cuestión prioritaria identificar cualquier intromisión extranjera en el ámbito

---

63   Div. II, 2452.

religioso para preservar así a la religión romana, responsable, en última instancia, del bienestar general.

1.5 *Alteridad religiosa, alteridad política*

La necesidad de distinguir a la verdadera religión, transmisora del *mos maiorum*, de las prácticas ajenas al ser romano encontró su forma de irrumpir en la escena política por medio de una palabra, derivada del griego, que tendría una amplia trascendencia en la historia occidental. Nos referimos a la magia (*mageia*). Como sabemos, no suele estar libre de imprecisiones aquello que permite discernir –en una época determinada– al conjunto de creencias y prácticas a las que se denomina *religión* de aquello comprendido bajo el nombre de *magia*, siendo una de sus distinciones características el hecho de que con el mote de religión se designa al conjunto de prácticas que establecen un vínculo entre hombres y dioses y que se encuentran oficialmente aceptadas oponiéndose así a toda otra forma de práctica religiosa que se encuentre censurada o mal vista en una sociedad determinada. Sobre las personas que practicaban magia, los primeros testimonios que nos llegan sobre el uso del término *magus* se encuentran asociados a los nombres de Catulo[64] y Cicerón.[65] Y si bien hasta ese momento se solía utilizar el término *magus* para referirse a las prácticas religiosas de los persas, no hay que perder de vista que el término (en sí negativo por su relación con el mundo persa) se iría identificando progresivamente con todo aquello que se quería designar como perjudicial para la vida de Roma. Esto, por otra parte, favorecía a delinear con mayor precisión la imagen de aquello que anidaba detrás de la inestabilidad propia de los tiempos que anticipaban el fin de la Repúbli-

---

64 Dice Catulo en su poema XC: «Que nazca un mago de la nefanda unión de Gelio y su madre y aprenda el arte adivinatoria persa: pues es forzoso que se engendre un mago de una madre y su hijo, si es verdad la sacrílega religión de los persas, para que ese hijo venere a los dioses con plegarias rituales mientras derrite en las llamas un grasiento redaño». La cita corresponde a *Catulli Carmina* (traducción de Rosario González Galicia, Madrid: Babab, 2001).

65 Cf. Div. I 41,90.

ca y que remitía inexorablemente a la figura del enemigo externo que ahora pasaba desapercibido como un romano más. Es así que no debe extrañarnos que un término asociado con una identidad tan fuertemente opuesta a la romana fuese utilizada por el Estado romano, de forma cada vez más recurrente, para constituir a todo enemigo político en un enemigo religioso y, por su intermedio, en un enemigo público.

La figura de Cicerón guarda aquí, nuevamente, particular interés. Como hemos visto, el Arpinate siempre se encontró a favor de la preservación del *mos maiorum*, el cual significaba políticamente mucho más que «la voz de los antepasados» o «las buenas costumbres». Es decir, el *mos maiorum*, mantenía vigente la tradición y se relacionaba estrechamente con la religión romana en tanto servía como «elemento de cohesión de la elite social en aras del mantenimiento del orden establecido» (cf. Pina Polo, 2011: 53-77). Es, precisamente, debido a su relación con la religión que la *voz de los antepasados* cobra una importancia política inusitada. Para comprenderla de manera cabal, será necesaria una pequeña disquisición en torno al concepto de religión.

El término *religión* llega a nosotros fuertemente influido por la tradición cristiana, la cual, a partir de una presunta etimología realizada en el siglo III d.C. por Lactancio, le atribuía a la religión un vínculo con el término latino *religio* en el sentido de religar.[66] La *religio* cobraba así una fuerte trascendencia que venía a significar el reencuentro, la re-ligazón de la comunidad cristiana con Dios o, en términos de Isidro de Sevilla, *religio* «porque, mediante ella (la religión), "religamos" nuestras almas al único Dios para rendirle culto».[67] A pesar de la autoridad de aquellos que forjaron la larga tradición que vinculó al término «religión» con la raíz etimológica «*religare*»,[68] es gracias a Benveniste que parece recordarse

---

66 Lactancio (c. 250-325 d.C.) es quien adopta esta acepción. Cf. Lactancio, *Divinae Institutiones*, 4, 28, 2.

67 Isidro de Sevilla, *Etimologías* VIII, 2,2. La cita corresponde a la edición bilingüe traducida por José Oroz Reta y Manuel A. Marcos Casquero (Madrid: Biblioteca de Autores Cristianos, 2004).

68 Arendt, por ejemplo, adopta esta etimología. Cf. ARENDT, 1996: 132 .

el hecho de que el sentido primario del término fue establecido siglos antes, con una claridad meridiana, por Cicerón. Si bien la palabra religión sí deriva de la palabra latina *religio*, ésta proviene, etimológicamente, de dos posibles raíces: por un lado, al ya aludido *religare* (unir) y al término *relegere* (releer, apartar). Sin embargo, los orígenes de la palabra se encontrarían en el griego y su sentido se ajusta al «seguir minuciosamente prescripciones religiosas» (cf. BENVENISTE, 1983: 398) lo cual guarda una estrecha relación con el acto de preservar el *mos maiorum* (*ibídem*).[69] Pero para comprender su sentido cabal resulta insoslayable recurrir a la famosa cita de Cicerón en la que él mismo nos explica el sentido del término *religio*, el cual era empleado para designar «a quienes volvían a tratar con diligencia y –por así decirlo– "releían" todo lo referente al culto a los dioses, se les llamó «religiosos», de "releer"».[70]

Como bien lo indica Benveniste, *religio* adopta en Cicerón el sentido propio del «escrúpulo»[71], es decir, la religión es un escrúpulo porque es algo que impide, algo que paraliza y no algo que convoca a la acción[72]. Al mismo tiempo, la observancia permite la separación, el alejamiento del objeto portador de *sanctitas* (*ibídem*: 400) de los hombres. Para Benveniste no hay dudas de que el uso original dado al término *religio* era el adoptado por Cicerón y que sólo en la era cristiana podría pensarse en *religio* en el sentido dado por Lactancio como *religare,* es decir, en el sentido de volver a unir a la comunidad con Dios. Considerando, entonces, el sentido primario del término *religio* y su esencia ligada al escrúpulo como aquello que «retiene» y «aparta» es que podemos volver a centrarnos en su uso, y sus implicancias políticas, en el contexto de la obra del orador.

Será la declinación ciceroniana de religión la que mejor explique cómo lo religioso se constituyó en el elemento que permite separar de la comunidad a aquellos que no son dignos de la misma.

---

69 Es decir, como forma de «hacer recordar» las voces de los antepasados.

70 N.D. II 28,72.

71 Cf. N.D. II 4,10.

72 Al respecto conviene recordar la cita «*Religio id est metus, ab eo quod mentem religet dicta religio*». Serv. Aen. 8,349 (La religión, esto es, el miedo, llamada *religio* porque retiene el pensamiento).

Juan Acerbi

En este sentido, no es menor el hecho de que la *religio* se encuentre como término opuesto al de «supersticioso» (*superstitio*). Recordemos que mientras los «religiosos» son diligentes y observantes en su relación con los dioses, los supersticiosos son aquellos que «durante días enteros hacían preces e inmolaciones para que sus hijos sobrevivieran»,[73] es decir, se denomina así a aquellos que practican una forma de religión con fines inmediatos y personales y sin la debida observancia propia del *relegere*.[74]

La evolución del uso del término supersticioso se fue encontrando cada vez más asociado no sólo a prácticas religiosas extranjeras, sino que comenzó a vincularse lo supersticioso con prácticas cada vez más bestiales y criminales. Es por ello que se fue emparentando cada vez más el término *superstitio* con el de *hariolus* («presencia», en el sentido de lo mágico; cf. BENVENISTE, 1983: 400) y es allí donde comenzó a forjarse el vínculo indisoluble entre lo supersticioso y lo mágico y la connotación profundamente negativa de ambos arraigada, en ultima instancia, en su origen extranjero y, por ende, contrario a los intereses romanos; así, lo supersticioso se convierte en asunto de Estado y de esa manera se justificó la creciente persecución y la represión de todo aquel sospechado de incurrir en actos de magia o de prácticas supersticiosas. De esta manera, y conforme los tiempos se tornaban más inestables políticamente, los actos de represión por parte del Estado romano debido a la sospecha de un uso indebido de la practica religiosa se fueron extremando y haciéndose cada vez más frecuentes.

Con las vicisitudes del período tardorrepublicano y el nacimiento de la época del Imperio, la religión (escrupulosa) se fue identificando no sólo con la romanidad sino que también se fue impregnando de nociones como virtud (*virtus*) y fidelidad (*fides*), las cuales, integradas al lenguaje político, serán los presupuestos jurídicos que servirán de base al pensamiento cristiano de los siglos posteriores (cf. PRODI, 2008).

---

73 N.D. II 28,72.
74 Sobre la diferencia entre superstición y religión, cf. Div. 72,148.

1.6 Religión y derecho

Hablar de religión y de derecho en Roma es hablar, de alguna manera, de una misma cosa. Todo en Roma estaba impregnado de religión y el derecho no era la excepción. Es que, como bien lo explica Agamben,

> cuando se contraponen el derecho y la religión, es necesario recordar que los romanos consideraban la esfera de lo sagrado como parte integrante del derecho. El Digesto se abre con la distinción entre el *ius publicum* [...] y el *ius privatum* [...] el *ius publicum* se define como aquel derecho «que consiste en las cosas y en los rituales sagrados, en los sacerdotes y en los magistrados». (2010a: 33)

Por otra parte, sabemos que el latín poseía dos palabras para lo que nosotros –apresuradamente– llamamos derecho: *ius* y *fas* (cf. Schiavone, 2012: 74). Mientras la célula *fas* se corresponde con la noción griega de ley (*thémis*) en el sentido de «la regla establecida por los dioses» (Benveniste, 1983: 297), *ius* es el correspondiente a la *diké* griega en tanto es el que regula el derecho entre familias (*ibíd.*: 301). Es decir, el derecho –relacionado con la raíz *ius*– actúa como la red mediante la cual se producen, y se regulan, las relaciones entre los ciudadanos romanos. En el mismo sentido, es el *ius* el que establece no sólo el lugar que ocupa cada uno en la sociedad sino que también es el encargado de prescribir cuáles son sus deberes y obligaciones de acuerdo a la posición que en ella se ocupa. Esa posición, no obstante, quedaba establecida por una combinación de factores, como pueden ser la fortuna o el honor familiar, aunque era algo que no se limitaba en absoluto a la esfera de lo privado. El ciudadano romano, en tanto miembro de la *civitas*, obtiene, junto al reconocimiento de su estatus social, una importante responsabilidad en lo que respecta al bienestar de Roma. El sentido propio del *ius*, y el de su función social, se comprende más cabalmente gracias al uso de la fórmula jurídica *ius dicere*, cuyo significado es lo que «prescribe a qué hay que conformarse» (*ibíd.*: 305) y que será el sentido dado por los romanos al derecho. Siguiendo, una vez más, a Benveniste, la relación entre derecho y religión se hace evidente en términos jurídicos como *divare* (jurar) cuyo significado es la acción de «tomar a los dioses por testigo» y, a su vez, la relación del juramento (*sacramentum*) era entendida como un acto de «consagración a los dioses» (*ibíd.*: 306).

Por otro lado, la relación del *fas* con lo divino queda en evidencia por el significado de su negación, *nefas*, es decir, «pecado contra la religión» (*ibíd.*: 319), o por la fórmula jurídica *fas est*, como forma de expresar «lo que es querido por los dioses». Sin embargo, no hay que olvidar que *ius* y *fas* son dos aspectos de un mismo fenómeno al que Occidente denominó *derecho* aunque tampoco debemos perder de vista que será la combinación de ambos órdenes –el de los hombres con lo divino y el de los hombres entre sí– lo que garantizará la efectividad del control y el disciplinamiento social para posibilitar el funcionamiento de la sociedad romana.

La relación entre *ius* y *fas* puede ser comprendida como el punto de intersección entre una forma de interacción ascendente-descendente que oficia de mediador entre hombres y dioses, con otra forma –horizontal– que regula las relaciones entre familias. En este sentido, fue desde el ámbito del *ius* que el Estado romano pudo permear «las relaciones de reciprocidad paritaria entre los jefes de familia» (SCHIAVONE, 2012: 72) y lograr de esta manera la intrusión en el ámbito privado para, desde allí, disciplinar a la sociedad. Se entiende así por qué lo privado fue, de manera progresiva, motivo de sospecha e identificándose, poco a poco, con prácticas condenadas no solo por el Estado sino también socialmente. Era necesario que lo privado fuese expuesto a los ojos del poder y así, como hemos mencionado, durante este período se reforzaron los mecanismos que condenaban los actos religiosos realizados en el ámbito privado o apartados de la vista de la ciudadanía. Comenzó a cristalizarse la asimilación de prácticas nocturnas o en ámbitos rurales con actos perniciosos para el poder político y para la sociedad romana en general. La conexión entre la esfera privada de los hombres, así como su proceder político, encontraba en su relación con el ámbito religioso un pretexto que le permitía al poder político actuar en nombre de algo superior a sí mismo –la voluntad de los dioses, el *mos maiorum* y el bienestar común– permitiéndole arrogarse funciones, y una libertad de acción, que se adecuaban a derecho de acuerdo y en la medida de sus necesidades.

La intersección de las dos expresiones del derecho a la que hemos hecho referencia, y en la que el hombre se encontraba posicionado, era la forma mediante la que se interpretaba, y representaba, el delicado equilibrio del orden social romano y es por ello que *ius* y *fas* se encontraban en una clara relación jerárquica. Es decir, las mutuas relaciones y dependencias entre los hombres debían adecuarse a las prescripciones del *ius*, pero sin perder de vista la supeditación hacia aquellos que dispusieron el orden dado a los hombres: los dioses. Es por esto que el *ius* debía encontrarse en armonía con el *fas*, ya que este último respondía a la voluntad de los dioses de la cual debían mostrarse respetuosos los buenos ciudadanos. Dicha relación se encuentra atestiguada por el mismo Cicerón quien dictaminaba así la supeditación del *ius* al *fas* cuando decía:

> veo, pues, que es común sentencia de los más sabios que la ley no es invención del ingenio humano ni voluntad de los pueblos, sino algo eterno que debe regir el mundo entero por la sabiduría de sus mandatos y prohibiciones. Esto es lo que les ha hecho decir que la primera y la última ley era el espíritu de Dios, cuya razón soberana obliga y prohíbe.[75]

De acuerdo a lo dicho por Cicerón, las leyes son algo eterno y deben regir al mundo y es aquí donde surge el proceso que dará origen a la concepción de «derecho natural», el cual «confluiría en la definición de Gayo y en la célebre tripartición de Ulpiano en derecho natural, derecho de gentes y derecho civil que más tarde se encontrará en la base [...] de toda la trayectoria del derecho occidental» (PRODI, 2008: 28). A partir de la concepción que los estoicos sostenían de naturaleza, y de su relación con lo divino, será de donde surgirá algunos siglos más tarde el concepto de pecado *contra natura*, entendido éste como los actos llevados a cabo contra las

---

75   Leg. II 4,8.

autoridades (*ibíd.*: 87). De esta manera el nacimiento de la matriz jurídica de Occidente llevaba ya, en su seno mismo, algunas de las categorías que marcarían a fuego la historia de los siglos posteriores.

1.7 *Religión y política: Metapolítica*

Como hemos visto, la efectividad del dispositivo metapolítico radicaba, al menos en parte, en el hecho de que un amplio sector de la ciudadanía romana resultaba interpelada ideológicamente por sus discursos, sus prácticas y sus prohibiciones. En este sentido, ya hemos resaltado el hecho nada menor de que la propia clase política, al menos en su mayoría, era sensible a sus influjos. Es decir, que la propia clase dirigente se encontraba afectada por el entramado jurídico-político-religioso que buscaba asegurar el apoyo que los dioses pudieran brindarles en la enorme tarea pública que suponía conducir los destinos de Roma. Es por esto que la religión ocupaba un lugar de privilegio en las estrategias del poder convirtiéndose en el elemento más sensible de los dispositivos metapolíticos, ya que por su intermedio se podía predisponer y controlar, de una manera que no encontrará parangón hasta épocas recientes, los ánimos y las acciones de la propia clase política romana. La historia nos muestra que dicha forma de poder ha encontrado en la figura del líder su forma consumada. Ahondaremos, entonces, en la forma en la que la religión oficiaba como el instrumento que posibilitaba la concentración de poder en la figura del líder.

1.7.1 *Las costumbres*

Sobre la ya mencionada relación entre la observancia de las costumbres de los antepasados y lo divino, es el mismo Cicerón quien explica esta relación cuando prescribe «conservar los ritos de la familia y de los antepasados, puesto que la antigüedad se aproxima más a los dioses, es lo mismo que proteger un culto, por así decirlo, transmitido por los dioses».[76] Y él mismo se encarga

---

76　Leg. 11,27.

de advertir que lo relacionado con la religión afecta directamente no sólo a la grandeza de Roma sino a la propia subsistencia de la *Urbs*.[77] En este sentido, resulta pertinente recordar la propia definición que el Arpinate nos brinda de la *res publica* cuando afirma que «la cosa pública (*res publica*) es lo que pertenece al pueblo (*res populi*) –y agrega– pero pueblo no es todo conjunto de hombres reunido de cualquier manera, sino el conjunto de una multitud asociada por un mismo derecho, que sirve a todos por igual».[78] Es decir, no hay pueblo, ni república, si no hay un derecho común y éste derecho no es otro que aquel transmitido por los antepasados que, siguiendo el canon tradicional, es considerado como proveniente de los mismos dioses. Es por esto que Cicerón prescribe la observancia del culto religioso como si de una cuestión de Estado se tratase, lo cual debe considerarse literalmente de esta manera ya que, efectivamente, lo era. Es al tratar esa delicada relación entre observancia religiosa y asuntos de Estado cuando se nos hace necesario hacer una mención particular acerca de la figura de los augures, pero no ya en su relación con lo divino y con el ámbito de lo religioso, sino en su vinculación directa con la política y con los mecanismos ideológicos que hacían efectivo el influjo de la religión sobre el pueblo y la propia clase política romana.

El augur era una figura de particular importancia política ya que por su intermedio se preservaba la forma en la que los hombres indagaban con sus preguntas a los dioses por medio de los auspicios. El poder religioso que tenía el augur se traducía inmediatamente en poder político y es por ello que consciente de este poder, Cicerón insistirá en que aquellos que se encargan de la guerra o de los asuntos oficiales consulten y obedezcan los auspicios[79] y no duda en ordenar la pena capital para aquel que no obedeciere al augur en todo lo referente a lo «injusto, impío, defectuoso o siniestro».[80] Sin

---

77   Cf. N.D. 3,8 y Leg. 12,30.

78   Rep. I 25,39.

79   Cf. Leg. II 8,20.

80   Leg. II 8,21.

embargo, no olvidemos que la importancia que Cicerón le atribuye a los auspicios, y a los miembros del colegio augural, tiene una decidida intencionalidad política antes que religiosa.

Ahora bien, la mencionada supremacía de la religión sobre la política resulta aún difusa en sus mecanismos si no tenemos presentes algunos aspectos sociales y políticos que caracterizaron al período tardorrepublicano y a la relación de éstos con el *mos maiorum*. Recordemos que la crisis en la que se vio envuelta la República puede ser explicada como una incapacidad de la élite romana para sostener o adecuar «el horizonte ideológico y moral del *mos maiorum*» (ALFÖLDY, 1996: 128) a la nueva realidad romana de aquellos años. Esto no pasó inadvertido para algunos testigos como Salustio,[81] aunque es nuevamente Cicerón a quien puede atribuirse el hecho de haber comprendido en los términos más cabales el hecho de que con la crisis del *mos maiorum* se perdía uno de los componentes más sensibles del lazo social romano. Sus palabras son claras cuando, rememorando un dicho de Ennio, afirma que «la república romana se funda en la moralidad tradicional de sus hombres» y agrega que éstas le parecen proferidas

> como por [un] oráculo, tanto por su brevedad como por su veracidad. Porque ni los hombres sin tales costumbres ciudadanas, ni las costumbres sin el gobierno de tales hombres, hubieran podido fundar ni mantener por tan largo tiempo una república tan grande.[82]

Llegados a este punto, podemos afirmar que en el *mos maiorum* se visualizan lo entretejidas que se encontraban las esferas del derecho, lo religioso y lo político y es por esto que se trataba de uno de los dispositivos esenciales del poder romano. En el nivel de la persuasión, el *mos maiorum* se muestra efectivo en tanto alude a un pasado común y, especialmente, a valores comunes que permiten interpelar a un auditorio sumamente amplio consumando la comunión del mismo a pesar de las diferencias sociales, políticas y

---

81 Cf. el pasaje 411 y ss. de su propio relato sobre la conjuración de Catilina en SALUSTIO. *Conjuración de Catilina - Guerra de Jugurta* (Madrid: Gredos, 2000).

82 Rep. V 1,1.

económicas que pudieran existir en él (cf. Perelman y Olbrechts-Tyteca, 2006: 282). Como es de esperarse, la existencia de una herramienta que posibilita el dominio de un estamento sobre los otros sectores de la sociedad conlleva la posibilidad de que una determinada élite pueda controlarla y así disponerla a su favor. Cicerón confiaba en que los verdaderos custodios del *mos maiorum* fueran los miembros de la aristocracia romana (cf. Pina Polo, 2011: 75), es decir, aquellos encargados de llenar las filas de los que ocuparían los más importantes cargos buscando asegurar por su intermedio la reproducción de una ideología acorde a sus intereses de clase (cf. Mommsen, 1905: 355).

Uno de los aspectos fundamentales que hacía del *mos maiorum* un efectivo dispositivo de control social descansaba en el hecho de que mientras se remitía el origen de todo el orden social, jurídico y político de Roma a la misma divinidad, otorgándole así un carácter que lo hacía inapelable en su razón, la esfera religiosa, por su parte, se mostraba ajena a los influjos de la política y por lo tanto independiente del poder político e incluso, si tenemos en cuenta lo dicho por Cicerón, superior a éste. Es de suponer que una parte de aquellos que colaboraron en mantener dicha apariencia formasen parte de la élite que, conscientes de ello, podía ejercer su influencia sobre el ámbito religioso y, en este sentido, el Arpinate es una figura de características excepcionales ya que se trata de un miembro del que no podemos dudar sobre su acción consciente en todo lo referente a la esfera política, religiosa y jurídica –no olvidemos que el gran orador formaba parte de una élite particular de funcionarios–. Eximio jurista, y uno de los abogados más brillantes de su época, alcanzó, mediante el *cursus honorum,* el consulado del año 63 y fue luego proclamado padre de la patria[83] por haber salvado a la República de la conjura encabezada por Lucio Catilina. A todo esto debemos agregar que, previamente, en el año 53, había sido

---

83 Es conveniente recordar aquí la relación que, como bien nos recuerda Agamben, estableciera Yan Thomas entre la *patria potestas,* el *parens patriae* y el poder soberano. Al respecto, cf. AGAMBEN, 2006b: 115.

Juan Acerbi

designado augur[84] pasando a integrar el exclusivo Colegio augural. Por lo tanto, podemos concluir que si el *mos maiorum* condensaba las esferas del derecho, de la política y la religión, en Cicerón hallamos a un miembro sumamente particular de la élite, ya que en su sola persona encontramos a un representante de cada una de ellas. Habiendo dado cuenta de las profundas implicancias que poseían no ya la superposición de la esfera de lo religioso y lo político sino de la confluencia de ambas en una misma persona, se trata ahora de avanzar hacia el propio concepto de Poder.

1.7.2 Poder único, poder oculto

Resulta conveniente recordar aquí la concepción ciceroniana de poder, la cual se encuentra resumida en el famoso *dictum* «no puede haber poder si no es único».[85] Ahora, de acuerdo a sus propias palabras, podemos considerar que, dado que para Cicerón no existe poder si el mismo se encuentra dividido, pareciera vislumbrarse aquí una nueva contradicción en la preceptiva con la que nuestro autor nos alecciona. Es decir, si adoptamos las recomendaciones que Cicerón, hombre de la filosofía[86] y de la política, nos brinda sobre el lugar que debe ocupar la religión en los asuntos de Estado, ¿cómo debemos entender el que le otorgara tal primacía a la esfera religiosa por sobre la política? Solo por mencionar algunas cuestiones ya tratadas aquí, podemos considerar por caso sus prescripciones a favor de otorgarles a los augures un poder tal para dejar sin efecto las decisiones llevadas a cabo por los representantes del poder político, lo cual parece encontrarse en abierta contradicción con su concepción de la política como la aspiración máxima que debe inspirar a todo hombre virtuoso que, como tal, se encuentra entregado, antes que nada, a su patria. Sin embargo pensamos que,

---

84   Fam. 67 (III 4); 93 (II 13).

85   Rep. I 38,60.

86   Pensadores como Nietzsche sostenían que los romanos no han sido verdaderos filósofos sino que la rondaban sin nunca convertirse verdaderamente en filósofos. Al respecto cf. NIETZSCHE, 2003.

una vez más, nos encontramos ante una contradicción que es solo aparente y cuyo debido abordaje se nos impone.

Proclamar al poder como indivisible encuentra, ciertamente, algunos inconvenientes si tenemos en cuenta que quien reivindica dicho principio es el mismo que prescribiera la conveniencia del orden republicano y del respeto por sus instituciones. Las contradicciones parecen, nuevamente, profundizarse si recordamos la propia prescripción que Cicerón hace sobre la forma más conveniente de organizar una república, ya que allí resulta propicio que exista un orden en el que se encuentren incluidos los sectores sociales más sensibles para la estabilidad social y política de Roma. Para comprender el sentido del parecer de Cicerón puede resultar útil recordar sus palabras cuando, en un diálogo con su hermano Quinto y tras la queja de éste por lo impropio que le resultaba el hecho de que la muchedumbre pueda participar de la vida política por medio de los tribunos de la plebe, le responde: «No es así Quinto. ¿No era inevitable que aquel poder único *pareciese* al pueblo soberbio y violento en exceso?»,[87] y agrega que el tribunado es un «contrapeso moderado y sensato». Huelga decir que la alabanza al tribunado plebeyo no debe confundirse con una inclinación en favor de lo popular en Cicerón pero sí debe comprenderse como una medida tendiente, por un lado, a servir de *contrapeso* al senado[88] y, por otro, como una forma de someter a la muchedumbre al orden institucional por medio de su inclusión en el mismo. Con una claridad meridiana lo explica él mismo cuando afirma que

> sin ese mal no tendríamos el bien que se ha pretendido con él. "Es excesivo el poder de los tribunos de la plebe." ¿Quién lo niega? Pero la violencia del pueblo es mucho más cruel y mucho más impetuosa, sólo que cuando tiene un jefe, suele ser más moderada que si no lo tiene[89].

---

87 Leg. III 7,17. El énfasis es nuestro.

88 Como hemos visto, si bien para Cicerón se trata de una institución egregia, los senadores suelen no estar a la altura de la misma.

89 Leg. III 10,23.

Juan Acerbi

Por otra parte, y esto muestra el carácter pragmático de nuestro autor, esta toma de posición no se ha quedado solo en palabras y el muy conservador orador de Arpino ha llegado incluso a oficiar como abogado defensor en causas judiciales llevadas contra tribunos de la plebe como, por ejemplo, el caso de Tito Anio Milón, quien había desempeñado un papel esencial tanto en el regreso del exilio del Arpinate como en el enfrentamiento con las bandas callejeras que respondían al mando de Clodio, el gran enemigo del orador.

Respecto a las ventajas prácticas que tuvo la representación del pueblo en la esfera senatorial, Cicerón, en su análisis, agregará que «una vez que los senadores concedieron esa potestad a la plebe, se depusieron las armas, la rebelión quedó aplacada, y se encontró una contemporización [...] y sólo con esto se consiguió la salvación de la ciudad».[90] Este pasaje nos recuerda el que fuera el lema con el que Cicerón lideró su consulado: *concordia ordinum*, y que sintetiza su anhelo de sostener un balance entre los intereses políticos y económicos de la clase senatorial, los *equites* y el pueblo.[91] Así, la lucidez política del Arpinate se refleja en el hecho de que, a pesar de ser un profundo defensor de los valores conservadores, conoce los riesgos de ignorar los devenires propios de la coyuntura política, y de un importante sector social de la población, comprendiendo que hay momentos en los que es oportuno ceder ante las adversidades para prevenir un mal mayor. Es por esto que cabe suponer que muchos de sus dichos y acciones formarán parte de una doble estrategia para, por un lado, conservar su propia situación como «un representante del grupo que poseía el control sobre la emisión y circulación de mensajes en la sociedad romana» (DAVIDSON, 2001: 153) y, por el otro, para mantener la tan valorada *salus rei publicae*, la cual guardaba una mutua imbricación con la noción de *concor-*

---

90   Leg. III 10,24. En el mismo sentido, Leg. III 12,27.

91   En rigor, el lema *concordia ordinum* supone la alianza de la clase senatorial con los miembros del orden ecuestre en pos de contener cualquier iniciativa popular, sin embargo hacemos referencia a la aspiración última de Cicerón de mantener el *status quo* incluso a costa de ceder ciertos privilegios al pueblo como el ya mencionado comentario sobre los tribunos populares. Sobre el concepto de *concordia ordinum* ver CONNOLLY, 2007: 118-129.

dia ordinum. No debemos olvidar que la *salud de la república* es una metáfora con interesantes consecuencias políticas. Como bien explica Alicia Schniebs,

> Cicerón hace un uso particular de esta personificación, el cual se caracteriza, en nuestra opinión, por [...] la potenciación del rasgo "salud física" a través de la corporeización, esto es, de la construcción de la *res publica* como el cuerpo vivo de un ser humano. (2002/3: 108)

Y, de manera explícita, como lo hará tantas veces, el mismo Cicerón hará coincidir el cuerpo en el que encarna la *res publica* con su propio cuerpo (*ibíd.*: 115). Lo que viene a evidenciar este análisis sobre el uso de la metáfora de la *salus rei publicae* es que por medio de la misma el Arpinate logra propiciar una segunda metáfora[92] que no es otra que la corporización de la República en él mismo. Además del carácter ontológico que dicha metáfora posee, no debemos dejar de observar que la misma permite aunar la voz de la multiplicidad de elementos e instituciones que conforman a la República; es decir, la República, dispersa en múltiples instituciones, recuerdos, costumbres, paisajes, ritos, etc., se aúnan a partir de su personificación en un único ser, el cual permite materializar, a su vez, la ansiada unicidad del poder. Uno de los episodios políticos más ilustres de la Roma republicana nos ayudará a ilustrar dicha cuestión.

El difícil momento que atravesaba la República tiene en el mencionado episodio acaecido en torno a la figura de Catilina a una de sus páginas más célebres. El nivel de celebridad que cobró la conjura se debió, en gran parte, al accionar de Cicerón, el cual ha sido motivo de encomio incluso por parte de personajes nada cercanos a la postura política del Cónsul[93] y, en este sentido, las *Catilinarias* ciceronianas ofrecen un testimonio privilegiado de lo acontecido por aquellos días. El valor particular que tienen aquí los cuatro discursos pronunciados en torno a la conjura[94] es la de permitirnos demostrar la forma en la que Cicerón no sólo se identificó con la

---

92 La primer metáfora fue la *salus rei publicae*.
93 Cf. SALUSTIO, *Conjuración de Catilina* 26,2; 41,5; 44,1; 45,1.
94 Los discursos I y IV se dirigen a los senadores y el II y el III al pueblo.

Juan Acerbi

res publica sino también cómo, en su paroxismo, llegó a equipararse con la misma divinidad.

En el contexto en el que se desenvuelve la conjura, el fin perseguido con la identificación de la divinidad no es otro que el intentar atenuar las posibles consecuencias de las acciones adoptadas por Cicerón para neutralizar a Lucio Catilina y a sus conjurados. Es en este sentido que leemos:

> *Decir que fui yo* quien les hice frente [a los conjurados] sería *una pretensión excesiva* por mi parte, que no se me debería tolerar; *fue Júpiter*, sí, quien les hizo frente; *fue él* quien quiso salvar el Capitolio, estos templos, la ciudad entera y a todos vosotros. *Bajo la inspiración de los dioses inmortales fui yo* tras esa idea y ese deseo y llegué a esas pruebas tan abrumadoras.[95]

De esta manera, Cicerón tiende a confundirse con Júpiter (*fue él-fui yo*) al tiempo que se constituye en el vehículo mediante el cual se cumple la voluntad de los dioses (*fui yo tras esa idea y ese deseo*). Al mismo tiempo no debemos olvidar que, desde una perspectiva centrada en los efectos psicológicos del discurso, la materialización de la divinidad contribuye a la persuasión del auditorio al aumentar la sensación de presencia haciendo evidente, por medio del objeto corpóreo, lo que hasta ese entonces era abstracto, efecto logrado gracias al hecho de que el auditorio tiende a sobrevalorar el objeto, o la persona, sobre la cual centra la mirada (cf. PERELMAN y OLBRECHTS-TYTECA, 2006: 193 y ss.). En consecuencia, Cicerón declama que son los dioses inmortales los que «*defienden* sus templos y las casas de la ciudad, *no ya de lejos* como antes solían, [...] *sino aquí mismo, haciéndose presentes con su poder y su auxilio*».[96] A pesar de lo dicho sobre lo excesivo que sería pretender mostrarse como aquel que hizo frente a los conjurados, Cicerón no duda en reforzar la identificación entre la divinidad y su persona afirmando que:

---

95 Cat. III 9,22. Cf. también Cat. I 5,11;13,33; II 11,25; III 6,15; 9,21.

96 Cat. II 13,29. En este sentido, cf. también Cat. III 1,1; Rep. I 7,12; 29,45; VI 13,13; Sest. 143. El énfasis es nuestro.

todo eso, Quirites, *lo he dirigido yo* de tal forma que parece *como si fueran la voluntad y el designio de los dioses inmortales* quienes lo han realizado y previsto. Y a esta conclusión podemos llegar, no sólo por simple conjetura –ya que *apenas parece posible que haya cabido en la mente humana el gobierno de tan difíciles circunstancias*–, sino también porque nos han auxiliado, en estos últimos tiempos, con una asistencia tan próxima, que *casi los podemos ver con nuestros ojos*.[97]

No es necesario realizar un análisis del discurso para comprender lo evidente que resulta la intención del orador de que se confundan, convenientemente, las acciones dirigidas por el Cónsul con la voluntad de los dioses quienes, además, han prestado su apoyo con tal proximidad que el auditorio *casi puede verlo* con sus propios ojos. Es de esta manera en la que todo se vuelve uno, que todo se funde en una realidad en la que es imposible distinguir hasta qué punto actuaron los dioses y hasta dónde aquel hombre que parece ser, al mismo tiempo, un dios. Lejos de concluir que los esfuerzos por propiciar una confusión entre aquel que lleva a cabo una acción política determinada y la divinidad se limitan al contexto de las *Catilinarias*, no debemos olvidar pasajes de la propia filosofía ciceroniana que refuerzan la relación del líder político con la divinidad como el correspondiente al libro sexto de su obra *Sobre la República* en el que se le explica al Africano que para «todos los que hayan conservado la patria, la hayan asistido y aumentado, hay un cierto lugar determinado en el cielo, donde los bienaventurados gozan de la eternidad» y esto debido a que

nada hay, de lo que se hace en la tierra, que tenga mayor favor cerca de aquel dios sumo que gobierna el mundo entero que las agrupaciones de hombres unidos por el vínculo del derecho, que son las llamadas ciudades (...) los que ordenan y conservan éstas, salieron de aquí y a este cielo vuelven.[98]

En el mismo sentido podemos asumir que se manifestaba su pensamiento en las obras *De consulato suo* y *De Temporibus suis*, las cuales

---

97 Cat. III 8,18. El énfasis es nuestro.
98 Rep. VI 13,13.

Juan Acerbi

a pesar de que no nos han llegado de estas composiciones sino fragmentos, los investigadores señalan el mensaje religioso que contenían: su destino político es considerado como una misión divina y la política se valora como un hecho religioso moral. (Hernández Valencia, 1997: 21)

De esta manera, podemos concluir que Cicerón, con toda la carga de su impronta republicana, era un ferviente creyente: creía en el carácter divino de la política. Que la política tenga reminiscencias divinas sitúa a la religión en la función de ser un medio, una herramienta: la religión se encontraba al servicio de las necesidades políticas incluso cuando, para asegurar su efectividad, fuese necesaria la ilusión de que la religión se encontraba en una posición jerárquicamente superior a lo político y la política. Por otra parte, podemos comprender ahora otra sensible y paradójica consecuencia de orden práctico que posee esta relación entre la política, la divinidad y la religión y que no es otra que el favorecer la concentración de poderes.

2. Usos y abusos del pasado

Para comprender la importancia cabal que tuvieron para la política republicana instituciones como las costumbres o la historia, será necesario abordarlas desde una perspectiva que nos permita contemplarlas *en acción*. Por lo tanto, trataremos aquí al *mos maiorum* y a la historia como conceptos inacabados o, mejor dicho, abiertos, en permanente definición pero siempre funcionales al poder político. Analizaremos, entonces, la funcionalidad de los mismos en tanto legitimadores de discursos, catalizadores de las decisiones políticas y movilizadores de las fibras sensibles de hombres, mujeres y niños.

2.1 Mos maiorum

Como hemos visto, en el pensamiento ciceroniano se pone en evidencia el hecho de que la divinidad (y más claramente el sentimiento religioso) es la que provee la impronta social al hombre. De ella también deriva su predisposición a poseer un mismo derecho[99] el cual, a su vez, es el que posibilita la existencia de la República.[100] De esta manera comprendemos la razón por la cual las esferas de lo divino y de lo religioso confluyen en un área común y sensible para los intereses de la República. Íntimamente ligado con la estabilidad de Roma, el *mos maiorum* se evidencia como uno de los elementos más sensibles del lazo social al tiempo que, por su intermedio, se garantizaba la primacía de la aristocracia romana por sobre los sectores plebeyos y populares. Es por esto que es necesario observar con mayor detenimiento este complejo dispositivo que posee la nada despreciable capacidad de delinear los comportamientos de hombres, mujeres y niños para, desde el ámbito personal y privado, constituirse en aquello que permitió sostener la estructura del poder político que dirigió a la República romana.[101]

Hemos comentado que el *mos maiorum* era concebido como el portador de un saber atribuido a la *voz de los antepasados,* a la sabiduría propia de otros tiempos que se remontan al momento mismo de la fundación de la *Urbs,* lo cual servía de prueba de la existencia misma de los dioses[102]. Como precepto social, su función era doble: ser al mismo tiempo conservador y legitimador del *status quo.* Esta doble función se encuentra instituida mediante fórmulas rituales que buscan reforzar el *dictum* que ordena que debemos proceder hoy de la misma manera en la que lo hicieron nuestros antepasados[103] quienes, a su vez, actuaron así de acuerdo a lo instituido por Rómulo según los auspicios.

No debemos obviar que, como ficción impuesta por una aristocracia política, preocupada por no perder influencia y, a su vez, por legitimarse como el sector privilegiado que accedía a los pues-

---

99 Cf. Rep. VI 13,13; Leg. I 15,43; II 12,30.

100 Cf. Rep. I 2,2; I 25,39.

101 Cf. Rep. V 1,1. Por cierto, resulta interesante la oposición que establece Cicerón entre las costumbres y la razón; al respecto cf. Tusc. II 14,34.

102 Cf. N.D. III 4,9.

103 Durkheim define este aspecto del rito como un «carácter moral» del mismo; al respecto cf. DURKHEIM, 2008: 305 y 562.

tos de poder, el *mos maiorum* se constituía en una sutil forma de manipular las subjetividades de una sociedad la cual, a pesar de sus diferencias, es aunada mediante la apelación a una cultura, una tradición y un pasado común.[104] Es decir, el *mos maiorum* es la voz que recuerda y prescribe una forma de proceder basándose en una multiplicidad de hechos/saberes seleccionados especialmente –de la historia, la religión, el derecho y la poesía– y que circulan por medio de la repetición de sus máximas, de las costumbres instituidas, y de las festividades, entre otros aspectos de la vida cotidiana, y que se enuncia como un saber que pertenece a todos (*nuestros* antepasados). Sin embargo, no debemos dejar de observar que nos encontramos frente a una construcción, a una selección de saberes (que poco importa si, efectivamente, sucedieron y de qué manera) que tienen por objeto hacer inteligible una realidad con el fin de legitimar y sostener una determinada relación de poder que se plasma en el orden y la estratificación de la sociedad romana y que, por ende, debía ser capaz de dar cuenta de una realidad siempre cambiante. Es así que el *mos maiorum* tiene la necesidad de actualizarse en pos de garantizar el *status quo*.

La historia, al igual que el *mos maiorum,* es repetida, reproducida constantemente para asegurarse, así, permear las subjetividades y hacer efectiva su función que no es otra que justificar, fortalecer e intensificar el poder[105]. Lejos de tratarse de un discurso acabado, único y cristalizado, *la historia* abreva en diversas fuentes cuyos afluentes provienen tanto de saberes comunes como eruditos y es por ello que es posible, siempre por medio de las voces autorizadas, agregar algo más al saber histórico. Así, un nuevo documento, un nuevo testigo, una nueva señal divina hacen posible que un *nuevo decir* se deslice subrepticiamente hasta ocupar el lugar del *viejo decir* favorecido por el enceguecedor halo que el saber y el decir autorizado ejercen, combinados con los valores tradicionales y la

---

104   En el sentido antes mencionado, cf. PERELMAN y OLBRECHTS-TYTECA, 2006: 282; cf. también DURKHEIM, 2008: 573.

105   Cf. la lección del 28 de enero en FOUCAULT, 2001, especialmente, pp. 67-71.

divinidad. Así nos encontramos ante el hecho de que el *mos maiorum* puede ser prorrogado, adaptado a las circunstancias políticas del momento de acuerdo a las necesidades e intereses de aquellos que se encuentran investidos de la autoridad para pronunciarse en su nombre. Es en este sentido en el que debemos entender que el orador le brinde una particular atención a las costumbres cuando se ocupa de la organización política de la ciudad, situando a las costumbres por encima de la ley escrita y prescribiendo que «hay que inculcar las costumbres y no sancionarlo todo por escrito».[106] Esta preferencia por las costumbres, en perjuicio de las leyes escritas, debe comprenderse a la luz de su admiración por la influencia de las mismas sobre las acciones de los hombres, razón por la cual son más efectivas para el que gobierna.

Ahora bien, resulta oportuno recordar que Cicerón es un personaje privilegiado ya que no solo dominaba el conjunto de saberes articulados detrás del *mos maiorum* sino que además gozaba de la autoridad propia de los augures. Su voz era una voz autorizada mediante la cual se expresaban distintos saberes que eran, a su vez, reafirmados por medio de su *ethos*. Así, por un lado, el saber instituido que prescribe y oficia a modo de ley se combina con la persuasión oratoria con el fin de dirigir a los hombres en nombre de algo que los comprende y, al mismo tiempo, los excede por tratarse de un sustrato común capaz de trascender, al menos en apariencia, las diferencias sociales, económicas y políticas sintetizadas en la noción del bien común. Esta combinación permitirá producir un tipo de complejo discursivo que merece su debida atención.

2.2 *Las costumbres y la razón de Estado*

Llegados a este punto, no resultará complejo comprender las razones por las que se estableció una poderosa relación de sentido entre la *salus rei publicae* y el *mos maiorum*. Uno de los aspectos más relevantes de dicha relación consiste en el carácter que posee el

---

106   Leg. I 6,20.

mos maiorum como garante del bienestar de la república, cuestión que nos ubica ante un aspecto que parece haber pasado un tanto inadvertido para los estudiosos de la teoría política y que no es otra que lo que Occidente ha denominado razón de Estado. Es decir, la razón de Estado como el «tipo de racionalidad que permitirá mantener y conservar el Estado desde el momento de su fundación y en su funcionamiento cotidiano» (Foucault, 2006: 277), definición que se ajusta a la institución del *mos maiorum*.

Lo que puede no resultar evidente es la forma en la que el *mos maiorum* se vuelve, por así decirlo, operativo en términos del accionar político concreto. Pero si recordamos que se trata de un cúmulo de creencias, opiniones, mitos e historia(s), se comprenderá fácilmente que el *mos maiorum* se ofrece a la selección, interpretación y tergiversación de los hechos que en su nombre se enuncian. De esta manera, y considerando un mismo momento histórico en el que podemos asumir que prima una única «versión oficial» del conjunto de relatos que se agrupan bajo la denominación de *mos maiorum*, es de esperarse que por medio de la habilidad y de la autoridad propia de cada uno de los hombres públicos, haya sido posible una cierta adecuación de las costumbres de los antepasados a las necesidades a las que la contingencia de la vida política hizo enfrentar a los hombres. Es que de lo que se trata aquí es de comprender que «el pasado puede ser utilizado flexiblemente, y Cicerón juega con nociones de autoridad e idealización de una manera que deja espacio a sus lectores para reflexionar sobre el presente y desarrollar su propia opinión» (Fox, 2007: 154). Pero, a pesar de su «flexibilidad», la historia es portadora de un mensaje unívoco: la historia nos muestra al tipo de hombre que debemos admirar y que coincide, en sus características esenciales, con la figura de aquel hombre que Cicerón definiera en su tratado sobre la República. Es por esto que resulta central el uso del *exemplum*, el cual es tomado del relato histórico y, al mismo tiempo, cumple una importante función oratoria y retórica en lo que a la adaptación según las circunstancias y los intereses de un orador se refiere (*ibíd.*: 153 y ss.).

Así, los ejemplos utilizados en este sentido son aquellos en los que una misma persona, para explicar un único hecho, varía los elementos que componen su discurso dependiendo del auditorio al que se dirige con la intención de influir en él. En este sentido, y para no desviarnos del hilo que anima nuestra argumentación, no resulta una tarea ardua encontrar una gran cantidad de ejemplos en los que nuestro orador formula de manera muy conveniente los hechos históricos de acuerdo a sus propios intereses.[107] Al mismo tiempo podemos descartar toda posibilidad de que Cicerón haya incurrido en confusiones involuntarias si atendemos a la tergiversación que él mismo nos brinda sobre un hecho que conocía mejor que nadie ya que se trata de las causas que rodearon a su exilio. Estas causas, sin embargo, parecen confundirse en la oratoria ciceroniana diluyendo la mención al hecho de que su exilio se trató de una imposición legal y no, como se encarga de resaltar, de un acto voluntario de su parte en pos de evitar cualquier tipo de perturbación de la paz social. Una muestra de esto lo dan sus palabras cuando, dirigiéndose a Léntulo, afirma que

> de lo que no hay duda es de que en rigor resulta digna de elogio mi decisión de no exponer a mis conciudadanos, salvados por mí y deseosos a su vez de salvarme, a un enfrentamiento privados de capitanes que los guiaran contra esclavos en armas.[108]

De esta manera, Cicerón «confunde» convenientemente los hechos y reconfigura lo que fue una obligación –la de marchar al exilio– con un acto voluntario (*mi decisión*) que ronda una vez más la retórica del sacrificio, en pos de no exponer a sus conciudadanos aunque se encontraran deseosos de salvarlo.

A pesar del valor que poseía para la élite romana el erigirse como la única voz autorizada para hablar en nombre del *mos maiorum*, reforzando así su propio dominio de clase, no debemos dejar de

---

107 Algunos ejemplos que pueden citarse son: Cat. I 11,28; Mur. 36,75; Phil. I 1,1; Phil. I 10,24; Fil II 22,54; Phil. III 4,10; Phil. III 6,15; Att. 152 (VIII 2); Fam. 144 (XIV 18); Fam. 188 (IX 21).

108 Fam. 20 (I 9). La cita corresponde a CICERÓN, Marco Tulio. *Cartas III. Cartas a los familiares* (traducción de José Beltrán, Madrid: Gredos, 2008). También, cf., por ejemplo, Sest. 49.

Juan Acerbi

observar el hecho de que es por intermedio del *mos maiorum* que es posible establecer no solo un *continuum* entre pasado y presente, sino también la coexistencia misma del pasado *en* el presente. Es a través de los nombres de los héroes, de la repetición de los hechos históricos, de la visualización de los símbolos y de la liturgia que los acompaña que el pasado se materializa presentándose vivamente ante los hombres recordándoles el valor de lo heredado.[109] La presencia de aquello que nuestros antepasados nos han legado no solo opera en su dimensión discursiva, propiciando la persuasión de los oyentes, sino que también sitúa a los hombres en el compromiso de no ser los responsables de incumplir con el legado de los grandes hombres y con el deseo de aquellos dioses que cimentaron la grandeza de Roma. De esta manera se establece una relación entre aquello que nos amenaza y todo lo que somos, amamos y poseemos y es en este sentido que el miedo se vuelve un mediador esencial en esta compleja relación entre historia, religión y la respuesta política dada ante aquello que es presentado como una amenaza.

No resulta arriesgado afirmar que la amenaza de un peligro inminente ocupa un lugar de privilegio en los escritos y la oratoria política desde la Antigüedad clásica hasta nuestros días; la razón de dicha presencia se explica, en parte, por el hecho de que es por intermedio del peligro que se predisponen los ánimos del auditorio para aceptar, y hasta convalidar, más fácilmente las acciones tendientes a conjurar el peligro, a eliminar al enemigo asegurando así la conservación de lo heredado y la supervivencia de hombres, mujeres y niños. Por otra parte, no resulta redundante recordar aquí que el *metus* se encuentra entre los tópicos retóricos que favorecen el *movere* del auditorio a favor del orador y será nuestro autor, en su tratado sobre el orador ideal, en donde dicte la preceptiva para un uso conveniente del mismo.[110] Y es en este sentido que resulta

---

109 Aquí se combina la función que Foucault le atribuye a la historia respecto a su función reforzadora del poder y, por otro, el sentido que para los latinos poseía el *monumentum*.

110 Cf. De Orat. I 58,247; II 51,209.

oportuno destacar que, si bien el miedo es un sentimiento natural en el hombre no lo es, en cambio, aquello que lo provoca sino que aquello a lo que teme un pueblo determinado es producto de su propia época, de su cultura y sus creencias. Es decir, y atendiendo a lo que diversos autores han afirmado, el miedo es un sentimiento producto de una sociedad determinada (cf. ELIAS, 1987) y que moviliza a la acción tal como leemos en la *Retórica a Herenio* cuando su autor comenta que «el miedo al peligro lo incitaba a eliminar a un hombre cuya venganza temía».[111] No deberemos perder de vista esta doble característica del miedo: que es producto de una época determinada pero que apela a una dimensión instintiva del hombre y, no menos importante, que moviliza los ánimos de la población permitiendo catalizar los sentimientos traduciéndolos en acciones políticas concretas.

Ahora, si tomamos en cuenta la perspectiva que adoptan los hechos, partiendo del supuesto de que han sido los dioses y los grandes hombres de las generaciones pasadas quienes han entregado a los contemporáneos de la República el más fabuloso Estado sobre la tierra el cual, por otra parte, se encuentra inminentemente en peligro, podemos afirmar que son estas las condiciones óptimas para justificar, por una parte, una acción que se encuentre a la altura de la amenaza con el fin de neutralizarla y, por otro lado, que las acciones guarden relación con el valor de aquello que se encuentra en riesgo. La historia política de Occidente nos muestra que las situaciones definidas bajo tales condiciones tienden a justificar y a propiciar que las decisiones se concentren en una persona (el líder, el conductor político) prescindiendo –por la misma situación de excepcionalidad– de los procedimientos habituales y colegiados para la toma de decisiones. Esto encuentra parte de su

---

111   II 19,28. Seguimos la traducción de Salvador Núñez (Madrid: Gredos, 1997). Sobre la posible autoría del texto, incluyendo la probable autoría de Cicerón, ver el correspondiente estudio introductorio a la citada edición. Sobre el miedo y su lugar como atenuante de la culpabilidad en el derecho romano, ver Inv. I 11,15 y la nota correspondiente en la que se recomienda una pertinente bibliografía. Desde otra perspectiva, en lo que refiere al miedo como aquello que propicia la acción cf. ESPOSITO, 2007, aunque creemos que debe problematizarse el carácter racional que el autor le otorga al miedo.

Juan Acerbi

sustento en los mecanismos psicológicos que tienden a favorecer la predisposición a dejar en manos de aquel que se muestra capaz, y con el valor necesario, de afrontar la situación de peligro. Por otra parte, o mejor dicho, complementaria con la anterior, la ya mencionada «razón de Estado» brinda una lógica justificadora de este tipo de accionar. Esto nos hace llamar la atención sobre el hecho de que, aunque sea definida como una «racionalidad», la *razón* de Estado no debe hacernos perder de vista que la lógica que anima su acción abreva en fuentes que nada tienen que ver con la lógica o con la acción debidamente razonada y meditada. Sin intentar pormenorizar aquí las posibles significancias que podría tener el mencionado carácter racional de la «razón de Estado», no resulta forzado, en función de la argumentación que hemos desarrollado, afirmar que la racionalidad que opera detrás de la razón de Estado es aquella que justifica el carácter decisional de la política al tiempo que favorece la concentración de la *summa potestate* del poder público. Como veremos a continuación, tanto las circunstancias como la propia imagen que el líder político proyecta de sí mismo permiten acentuar, por una parte, la percepción de que el tiempo presente es el tiempo de la decisión, de la acción y de la determinación política, acciones que, por otra parte, se presentarán como plausibles de ser llevadas a cabo únicamente por ese *vir* u hombre virtuoso que, como es el caso de Cicerón, será el único capaz de evitar guerras de una crueldad sin precedentes[112] y de catástrofes de magnitudes nunca vistas por los hombres.[113]

3. La personificación: salud y divinidad

Con los siglos transcurridos desde la época de la Roma republicana, y considerando los derroteros por los que discurrieron los estudios retóricos, especialmente a partir del siglo XVII, en el que la

---

112 Cf. Cat. III 10,25. Por otro lado, no hay que olvidar la relación existente entre el tiempo presente y el discurso epidíctico ya advertido por ARISTÓTELES en su *Retórica* (cf. I 1358b, 10) ni tampoco su relación acerca de la correlación de la enunciación con el auditorio (III 1415b, 25).

113 Así define Cicerón la época en la que le toca gobernar, cf. Cat. III 1,1; 6,15; Div. I 12,20.

supremacía del racionalismo hizo que la retórica fuera concebida como algo que se interponía entre el hombre y la verdad debido a su supuesta función ornamental, fue necesario esperar hasta el siglo XX para que se renovara el interés por el *ars bene dicendi*. Se debió, en gran medida, a las experiencias totalitarias del pasado siglo el reanimado interés que experimentaron las ciencias humanas por las técnicas oratorias y, particularmente, por la función del líder y su interacción con la masa.[114] Asimismo, aunque en menor medida, comenzaron a estudiarse los diversos aspectos de la tradición grecorromana que fueron reapropiados por los totalitarismos y la forma en la que dichas reapropiaciones fueron explotadas por éstos demostrando que además de la arquitectura, la estética o la liturgia, el rol del líder político, en tanto orador privilegiado, resulta clave para comprender la manera en la cual la política dispone los ánimos de la población.[115] En este sentido, uno de los aspectos abordados por los estudiosos del arte del buen decir ha sido la forma en la que los oradores performan su propia imagen ante el auditorio. Con el devenir de los siglos Cicerón ha sido considerado como un excelente ejemplo de la forma en la que se pueden –y deben– disponer los recursos para configurar su *self* ante el auditorio (cf. DUGAN, 2005). De los diversos elementos de los que dispone el orador, las figuras y tropos retóricos se encuentran entre ellos siendo, a su vez, la metáfora uno de sus exponentes más comúnmente utilizados. Algunas metáforas[116] han demostrado ser de gran utilidad en términos políticos hasta la actualidad y es sobre algunas de ellas que nos detendremos a continuación.

---

114 De la amplia bibliografía que aborda este tópico resulta representativo el trabajo de LOWENTHAL y GUTERMAN, 1950.

115 Al respecto, resulta fundamental el ya citado trabajo de CANFORA, 1991.

116 La metáfora, definida por Quintiliano como el tropo mediante el cual se «traslada una voz de su significado propio a otro donde o falta el propio, o el trasladado tiene más fuerza» (*Inst.* Libro VIII, cap. VI, p. 69) es definida, a su vez, por los lingüistas contemporáneos como el tropo por excelencia. Para su definición e implicancias en el campo de la persuasión consultar la obra de PERELMAN y OLBRECHTS-TYTECA, 2006, especialmente el § 87. Sobre las recomendaciones de Cicerón en torno al uso de la metáfora consultar De Orat. 165.

Juan Acerbi

3.1 *La explotación de la* salus rei publicae

Al tratar a la *salus rei publicae* no nos hemos detenido debidamente en las implicancias políticas que el uso de dicha metáfora poseía en el discurso ciceroniano. No es un hecho menor el que uno de los principales mecanismos de persuasión de Roma fuese enunciado por medio de una metáfora y que la misma se centrara en el tópico de la salud. Lo interesante de esta particular metáfora es que por su intermedio se facilitaba la identificación del *corpus* social y político con un organismo vivo lo cual, a su vez, permite identificar el factor que representa la amenaza con la enfermedad. Encarnada en la figura de un enemigo (determinado o indeterminado, real o ficticio) el recurso de la enfermedad tiende a naturalizar la incorporación de la figura de aquel hombre que viene a curar y a conjurar la fuente del mal y que no es otro que el médico. La importancia de la *salus rei publicae* como metáfora debe ser considerada tanto por su sensibilidad como por su capacidad de producir discursos políticos aparentemente exentos de los intereses subjetivos e ideológicos de los hombres que dirigen la vida política de la *Urbs*. Es decir, su centralidad se explica por su capacidad de producir discursos metapolíticos.

La sensibilidad a la que hacíamos referencia se relaciona con el hecho de que la *salus rei publicae* resultaba susceptible de ser perturbada por un amplio espectro de factores que la volvían altamente sensible a la coyuntura política. Es decir, se trata de una salubridad siempre vulnerable, por lo tanto el campo de aquello que representa una amenaza para la salud de la república es, en parte, impredecible ya que, como en todo organismo vivo, lo que hasta hace un momento resultaba saludable o inocuo puede, poco tiempo después, ser causante de una enfermedad, una deformación o un tumor. Es por esto que afirmábamos que la razón de Estado coincide con la *salus rei publicae* ya que por su intermedio es posible fundamentar e implementar medidas concretas tendientes a asegurar el bienestar común. Así, la *salus rei publicae* nos llama la atención sobre el carácter racionalizador que la introducción de dicha metáfora le aporta al lenguaje político: por una parte, permite canalizar una multiplicidad de sentimientos (miedo, deber, compromiso, responsabilidad, reconocimiento, piedad, etc.) a través del conjunto de instituciones que conforman el núcleo del ser social y político republicano. Por otra parte, es por su intermedio que se logra un desplazamiento del campo conceptual de la política a otro aparentemente más objetivo y conciso como el de la medicina. De esta manera se posibilita que muchos de los dichos y aseveraciones puedan ser considerados por los integrantes de los distintos estamentos sociales y, más importante aun, para que puedan tomarse resoluciones que, en términos estrictamente morales o psicológicos, podrían encontrar reticencias en el auditorio debido a que no posee el mismo impacto en la subjetividad de un ciudadano afirmar que «se aplicará una cura» o que «se combatirá una enfermedad» a explicitar la necesidad y la decisión de matar a un grupo de conciudadanos. Y es este aspecto, precisamente, el que nos llama la atención sobre el carácter metapolítico del discurso estructurado en torno a la metáfora de la buena salud de la República.

No resultará trivial recordar que todo decir autorizado sobre el campo de la salud ha sido siempre un decir técnico y hasta científico si nos atenemos al grado de conocimiento y de saberes aceptados en cada época de nuestra historia. Por otra parte, tampoco hay que olvidar que nunca ha pasado desapercibido aquel personaje que posee el decir autorizado sobre la salud y la enfermedad en una sociedad determinada[117] sin importar la figura del portador de dicha voz, pudiendo tratarse de un chamán, una curandera o un médico. No hay que perder de vista que ese decir coincide con la noción

---

117   Resulta pertinente recordar aquí las observaciones realizadas por Foucault sobre el decir médico en una sociedad: «La palabra médica no puede proceder de cualquiera; su valor, su eficacia, sus mismos poderes terapéuticos, y de una manera general su existencia como palabra médica, no son disociables del personaje estatutariamente definido que tiene el derecho de articularla, reivindicando para ella el poder de conjurar el dolor y la muerte» (FOUCAULT, 2002: 83).

Juan Acerbi

de diagnóstico el cual se basa en una serie de apreciaciones[118] que buscan identificar la causa que perturba al organismo basándose en un conocimiento adquirido por medio del aprendizaje y complementado con el ejercicio empírico de ese saber, momento en el que nos encontramos con el ejercicio mismo de la ciencia médica.

Ahora bien, si evaluamos la *auctoritas* de un orador para pronunciarse sobre los aspectos que hacen a la salud, a la prescripción del tratamiento y a la erradicación de la enfermedad, resulta obvio que nadie gozará de mayor autoridad que el médico, por lo que también resultará obvio que no habrá nadie mejor que él para predisponer al auditorio a aceptar tanto el diagnóstico como el mejor tratamiento posible ante el cuadro que presenta el paciente. De esta manera, introducida la metáfora médica, el político accede a un instrumental tanto retórico como semántico e ideológico que le permite inclinar los ánimos del auditorio favoreciendo que asimilen paralelismos que igualan al enemigo con la enfermedad y al accionar político con el remedio y la cura de todos los males. Es así que se introducen una serie de razonamientos que inducen al auditorio a aceptar que la muerte del enemigo es necesaria de la misma manera en la que no se duda sobre la necesidad de extirpar del cuerpo afectado[119] un tumor. Es que, como se deduce de lo dicho hasta aquí, una vez introducido en el auditorio el lenguaje propio de la medicina patológica, se tiende a naturalizar el hecho de que toda enfermedad requiere un correcto diagnóstico y la prescripción de su correspondiente elixir, competencias únicamente reservadas al médico. Por lo tanto, el político-médico será identificado con aquel que cumple *naturalmente* con la tarea de diagnosticar (el mal), prescribir (un tratamiento) y administrar (una medicina) de acuerdo a lo que su ciencia le indique. Y como es de suponerse en el caso del orador, Cicerón no dejó lugar a dudas que debía ser él

---

118   Recordemos que la raíz etimológica del término griego *diagnóstikos* significa, en una de sus acepciones más comunes, «conocer a través de».

119   Cicerón recurre frecuentemente a este recurso, cf. Cat. I 13,31; II 1,2; 5,11, 8,17; Dom. 3,5; Cf. Sen. 4,9; Sest. 65,135.

mismo el proclamado por todos los estamentos de Roma como aquel médico que la *Urbs* necesitaba.[120]

Si nos atenemos a la construcción discursiva del *self* ciceroniano, no resulta una tarea dificultosa constatar la forma en la que es equiparada su preparación académica sobre los asuntos que conciernen a la conducción y al cuidado de la República con los estudios versados en el cuerpo humano. De la misma manera, su accionar político es homologado a la experiencia de prevenir y contener las enfermedades que azotaron a Roma resultando, así, equivalentes a las de aquel médico que, conocedor de su ciencia por haberla estudiado, ejerce luego con maestría su arte. Este doble carácter del hombre virtuoso queda plasmado, insistentemente, a lo largo de sus intervenciones en el foro y en sus tratados como cuando declama

> pudiendo yo disfrutar con el ocio más que otras personas a causa del deleite de los estudios en que había vivido desde niño [...] no dudé en hacer frente a la tempestad y diría que a los mismos rayos para salvar a los ciudadanos y procurar común sosiego a los demás a costa de mis propios riesgos,[121]

y a lo cual agrega poco después

> pero ¿cómo hubiera podido yo ser cónsul si no hubiera seguido desde mi juventud la carrera por la que, aun habiendo nacido como simple caballero, llegué a alcanzar la máxima magistratura? En efecto, no se puede tener la potestad de salvar a la república en cualquier momento o cuando se quiere, aunque se vea aquélla amenazada, a no ser que se halle uno en posición de poder conseguirlo.[122]

Y en una muestra de cómo se conjugaban ambos caracteres en un mismo hombre, resultan ilustrativas sus palabras pronunciadas ante la multitud:

> Yo me ofrezco de jefe para esta guerra, Quirites; echo sobre mí la malevolencia de unos hombres corrompidos. A lo que pueda aplicársele

---

120 Cf., por ejemplo, Cat. II 8,17.

121 Rep. I 4,7.

122 Rep. I 6,10.

Juan Acerbi

algún remedio, se lo aplicaré a cualquier costa; lo que deba extirparse, no permitiré que continúe para ruina de la ciudad.[123]

Como bien se desprende de los pasajes que acabamos de citar, es mediante su propia autoconfiguración discursiva que Cicerón se constituye en el médico que puede intervenir eficientemente sobre el cuerpo y la enfermedad en pos del bien común. Por otro lado, también nos enfrentamos a un discurso que posiciona al orador en el lugar de aquel que está dispuesto a soportar todos los males apelando de esta manera a la argumentación por el sacrificio. Este recurso argumentativo conlleva una consecuencia de particular importancia: «el valor del fin perseguido con el sacrificio se transforma igualmente, durante la acción, en virtud de los propios sacrificios consentidos» (PERELMAN y OLBRECHTS-TYTECA, 2006: 388). Este aspecto resulta revelador para comprender la forma mediante la cual los argumentos justifican una creciente escalada en la importancia de las acciones políticas que deben emprenderse hasta llegar, en algunos casos, a sus variantes más extremas en las que la conjugación de nociones como *sacrificio* y *exterminio* resulta portadora de muy aciagos y variados ejemplos, lo cuales, como sabemos, no se limitan a Roma.

Por otra parte, no debemos pasar por alto que la introducción de la metáfora de la salud le ha permitido a nuestro orador realizar otra identificación a la que ya hemos hecho mención anteriormente y que no es otra que la que realizara el Arpinate entre su propia persona y el cuerpo de la República. Es que, a partir de la equivalencia que subyacentemente se presenta entre *res publica* y ser humano, Cicerón

> hace un uso particular de esta personificación, el cual se caracteriza, en nuestra opinión, por el desmantelamiento de esa lexicalización estándar, la exhibición plena e hiperbólica de la citada identificación subyacente en el proceso metafórico y la potenciación del rasgo salud física a través de la corporeización, esto es, de la construcción de la *res publica* como el cuerpo vivo de un ser humano. (Schniebs, 2002/3: 108)

---

123   Cat. II 5,11.

Para, a partir de allí, y siempre encargándose de hacer evidente el riesgo que para su vida presuponen tales acciones,

> silenciar progresivamente los roles de médico y soldado, a la vez que van cimentando su imagen de héroe, en tanto individuo aislado y dotado del grado máximo de *virtus*, que, por designio divino, ha sido llamado a ser el rector y único salvador de una comunidad. (*Ibíd*.: 113)

Es de esta manera que podemos comprender la relación que se establece entre un cúmulo de términos que resultan ser redefinidos constantemente por aspectos propios del campo de la medicina y la política los cuales, a su vez, guardan relación con lo divino. Es por esto que podemos aseverar que dichas metáforas no solo no actúan de manera independiente sino que se co-definen mutua y dinámicamente a la vez que, en su dimensión operativa, nuestro orador se sirve de ellas en las precisas dosis que aconsejan los principios del *decorum* construyendo una red argumentativa que le permite ubicarse en el centro de la articulación entre lo divino, lo medicinal y lo político.

Si, como hemos visto recientemente, Cicerón es su propio artífice para constituirse, mediante una autoperformación discursiva, en aquel que concentra en su persona las figuras del político virtuoso y del médico talentoso, será también gracias a la *salus rei publicae* que logrará establecer la identificación de la República con su propio cuerpo. De esta manera se establece una relación entre tres componentes que abordan, en su relación dinámica, la totalidad de los aspectos de la vida pública y privada de hombres, mujeres y niños y que se encuentran articulados por conceptos que poseen campos semánticos sumamente amplios pero que, en sentido estricto, se concentran en torno a tres tipos de instituciones (religiosa, médica y política), las cuales resultan encargadas de preservar, y mejorar el arte de la que cada una se ocupa (la piedad,[124] la salud y la *res publica*). Ahora bien, si consideramos que los discursos que carac-

---

124　Citamos la *pietas* como elemento que sirve para esquematizar su centralidad en la religión así como también su rol generador, y garante, del lazo social, de la propia humanidad y de la relación de ésta con la divinidad.

terizan a cada una de las artes en cuestión se destacan por el uso de conceptos y términos técnicos específicos, es fácil comprender que los mismos resultasen sumamente propicios para ser manipulados de acuerdo a las necesidades impuestas por la coyuntura social y política pero, muy especialmente, de acuerdo a las necesidades de aquellos que digitan las cuestiones en torno a los asuntos de Estado. De este modo, el discurso en torno a la salud resulta paradigmático en el sentido que aquello que resulta saludable en un momento determinado puede llegar a ser nocivo en otro. El discurso religioso también admite sus matices ya que puede darse el caso en el que sea necesario arriesgarse incluso más allá de la voluntad de los dioses, en pos de realizar alguna tarea que resulte imperiosa para la República. Por supuesto, esta característica es propia de todo tipo de discurso pero en los casos aquí mencionados la misma se encuentra acentuada por tratarse de saberes particularmente cercanos a los mecanismos del poder y, por lo tanto, protegidos por otros mecanismos que los vuelven aun más enigmáticos. Esto torna más compleja una retórica que se articula en torno a términos que resultan relativos a sus opuestos (piadoso-impiadoso; medicina-veneno; *res publica*-tiranía[125]) en el sentido de que la propia definición de aquello que se identifica, por ejemplo, como lo perjudicial admite la no despreciable posibilidad de ser afectado mediante hechos, historias, supuestos, saberes populares y científicos que lo convierten, para el caso particular, en algo beneficioso o conveniente. En este sentido, no olvidemos que el tópico político del *phármakon*, por tomar un ejemplo representativo, es una medicina o un veneno dependiendo de las circunstancias y de la dosis administrada. Por otra parte, esta combinación discursiva le permite a aquel que se muestre como un hábil conocedor de dichas artes, constituirse en el centro geométrico de un triángulo conformado por tres saberes,

---

125   Seguimos aquí la tradición grecorromana de considerar como lo opuesto de la buena forma de gobierno a la tiranía. Cf. el ya conocido pasaje de *República* 562a y ss. de Platón, también Aristóteles sitúa a la tiranía como la forma más desviada de gobierno en su *Política* IV 1295a y Cicerón la aborda en el primer libro de su tratado *Sobre la República.*

tres discursos y tres instituciones sumamente preponderantes en la vida de cualquier pueblo.

Como ya se ha dicho, el empeño puesto por Cicerón en identificar sus propias acciones con la voluntad de los dioses poseía la doble finalidad de conmover al auditorio y de mitigar las consecuencias que podrían derivarse de ellas. Sin embargo, y en relación a las metáforas antes mencionadas, es que resulta insoslayable analizar la dinámica política en la que se inscribe el complejo discursivo que se presenta bajo la tensión de aquello que es conveniente para todos y aquello que amenaza al bien común, combinación en la que confluyen las figuras del político, el médico y hasta la de la propia divinidad. Sus consecuencias arrojarán algunas luces sobre las relaciones de poder y las crisis que se manifiestan, en nuestros días, a nivel global.

3.2 *Encarnación divina, medicina y concentración de poderes*

La importancia de las metáforas que hemos abordado presentan la particularidad de facilitar la identificación de Cicerón con la figura del médico, la República y la divinidad con las implicancias políticas ya enumeradas en cada caso. Pero aún resta abordar la relación dinámica que se establece entre las diferentes personificaciones e identificaciones que tienen como centro a nuestro orador. Es en esa relación, en la que el médico se confunde con los dioses para inmediatamente recurrir a las preceptivas de las generaciones pasadas, en donde se vislumbra que, además de la importancia que cada una de dichas identificaciones posee *per se,* todas ellas, analizadas en su conjunto, permiten apreciar la lógica inherente que se esconde detrás de cada enunciación y que podríamos designar como *la razón centrípeta del poder.*

Si tenemos en cuenta la subjetividad de un auditorio expuesto ante una realidad que es configurada y presentada en clave de un peligro inminente, el cual se cierne como una enfermedad sobre sus bienes, sus familias y sus propias vidas y que es, en el mismo acto, puesto en presencia de aquel que cuenta con el beneplácito de los dioses (porque es, prácticamente, uno de ellos), que actúa en concordancia con aquellos que supieron cimentar las bases que generaron una república tan excelsa (porque su nombre ya se encuentra entre los grandes nombres de la historia) y que, finalmente, sabe qué es lo mejor para la República (porque ella coincide con su propia persona) no cabe duda que en el auditorio se habrá creado una predisposición que, en término medio, lleva a considerar a ese hombre como el líder natural al que el pueblo se debe entregar para ser conducido y salvado.[126] Ahora bien, y como hemos resaltado, las personificaciones aludidas responden a distintos aspectos de la vida de los hombres (salud, moral, patria, deberes religiosos, etc.), los cuales, sin embargo, son orientados, dispuestos hacia un solo lugar que, a la manera de lo que ocurre con los campos electromagnéticos, hace las veces de nodo. Ese nodo, al que concurren, y en el que todo el flujo eléctrico se concentra, es el punto en el que confluyen las líneas de fuerza de lo religioso, lo político, lo jurídico y, en suma, de todos los dispositivos que operan sobre las conciencias y las conductas reunidas así en la persona de un único hombre.[127] Es decir, que el análisis del uso de las metáforas nos permite comprender la forma en la que se induce a un auditorio a aceptar el hecho de que todo el poder se oriente, desde distintos ámbitos y jurisdicciones, hacia un único ser. Así, nos encontramos frente al tópico de la (in)conveniencia de que recaigan en el hombre de Estado la suma del poder público.

En el caso de Cicerón la cuestión, al menos en su generalidad, puede ser abordada desde lo que ha planteado Álvaro d´Ors (1979: 11-31) en un trabajo cuyo eje se sitúa en la aparente contradicción

---

126   En este sentido, tanto el *dictator* como el *senatus consultum ultimum* pueden considerarse un reflejo de la forma en la que los romanos resolvieron la necesidad —y el peligro— de dotar a un hombre de plenos poderes con el fin de salvaguardar la república ante una amenaza o situación excepcional.

127   Pero, al igual que en un campo electromagnético, y como bien se evidencia de lo dicho hasta aquí, las líneas de fuerza representan una relación dinámica, en constante movimiento. En este sentido, la configuración del poder se nutre de una estructura dinámica y en permanente reconfiguración.

que supone que quien fuera proclamado *parens patriae* e identificado, a lo largo de la historia, como uno de los más excelsos representantes de los ideales republicanos, pudiera mostrarse más que proclive a defender la concentración de poderes en las manos de un solo hombre. Sin embargo, la posición de Cicerón parece contradictoria en este punto cuando consideramos los argumentos que, tanto a favor como en contra de la suma del poder público, aparecen en su obra. En este sentido, el orador es capaz de explicarnos que «mientras era preciso y así lo exigía la misma realidad, un solo hombre acumulaba todos los poderes»[128] mientras que en otros casos la misma pretensión por parte de algún personaje público propiciaría que el mismo orador lo tildase de tirano. Respecto a la opinión aparentemente «inestable» que sobre esta cuestión muestra Cicerón, debemos atender a su principio de lo que podríamos denominar una adaptación de la opinión a los hechos y las circunstancias; él mismo se encargó de defender la posibilidad de variar las opiniones teniendo en cuenta a los hombres, las circunstancias y el clima político en cada momento y así nos lo dice:

> Yo he aprendido estos principios, los he visto, los he leído en los libros; nos han llegado testimonios solemnes de los varones más sabios e ilustres tanto en este Estado como en otras ciudades y enseñan que los hombres no han mantenido siempre las mismas opiniones, sino que las han ido adaptando a las circunstancias políticas, a las tendencias del momento y a la exigencia de paz.[129]

No hay dudas que dichas palabras, y la apelación a la autoridad de los *varones más sabios e ilustres,* vienen a intentar mitigar las innumerables ocasiones en las que el orador se ha mostrado cambiante en sus propias opiniones y por las que, incluso, tuvo que soportar acusaciones proferidas públicamente.[130] Sin embargo, y

---

128 La cita corresponde al parágrafo 48,139 de CICERÓN, Marco Tulio. *En defensa de Sexto Roscio Amerino* en *Discursos III* (traducción de Jesús Aspa Cereza, Madrid: Gredos, 2007).

129 Planc. 39,94. Seguimos aquí la edición de CICERÓN. *Discursos VIII* (traducción de Elena Cuadrado Ramos, Madrid: Gredos, 2013).

130 Por ejemplo, sobre sus propios dichos en torno al consulado de Sila en el que se evidencian posiciones encontradas. Así, leemos opiniones a favor y en contra que se suceden en los diferentes pasajes de

sin desconocer que el estudio de dichas variaciones merecen su debida atención, creemos que lo que resulta realmente interesante a la luz de las cuestiones aquí planteadas es el carácter ambiguo de los términos que se evidencian como claves para justificar la concentración de poderes en manos de un único hombre. Es decir, expresiones como «la realidad misma» o «mientras era preciso» resultan de una ambigüedad tal que dejan la suficiente libertad para la manipulación e interpretación de las circunstancias que en cada caso se presentan haciendo de esta manera posible que aquellos que deben convalidar el camino de las acciones a seguir puedan verse influidos por aquel orador que mejor sea capaz de predisponer los ánimos de acuerdo a una «realidad» que se ajusta a la necesidad de contar con la suma del poder público en manos de un único hombre.

La situación aquí planteada nos sitúa ante un problema clásico y aún vigente de nuestra tradición política:[131] el problema de determinar quién (hombre o institución) debe evaluar las situaciones que parecen amenazar al Estado y, en los casos en los que se deba entregar todo el poder a unas únicas manos, cómo resolver la disyuntiva para distinguir si tratamos con un líder que, sin abandonar la peroración en torno a los valores republicanos, aspira a detentar el poder a la manera de un tirano o si, por el contrario, se trata del líder que solo aspira a gozar de poderes extraordinarios en pos del bienestar común. D´Ors (1979: 24) resuelve la cuestión argumentando que nuestro autor solo justificaba la concentración de poderes en los casos en los que era necesario para preservar la república y la censuraba cuando las intenciones eran contrarias a ella. Sin embargo, creemos que lo central no es la respuesta a la disyuntiva planteada por d´Ors sino, justamente, lo que dicha cuestión evidencia: que

---

sus discursos, por ejemplo Dom. 43, Phil. VIII,7, Leg. III 9,22.

131 En torno a la cuestión del poder soberano y a la pertinencia de que el mismo se encuentre limitado por el derecho, resulta insoslayable el ya mencionado SCHMITT, 2009. También, BENJAMIN, 2001. En torno al tópico aquí referido, resulta inquietante y oportuno recordar aquella afirmación ciceroniana que contraponiendo naturaleza y razón sostenía que «la naturaleza de la política, con frecuencia, se impone sobre la razón» (Rep. II 33,57).

sin importar si se trata de un hombre tiránico o de un gobernante preocupado por el bienestar de su pueblo, la lógica del poder que se enuncia al servicio de custodiar el bien común, la *res publica*, parece recaer irremediablemente en la acción de reclamar para sí más poder, todo el poder que el poder sea capaz de producir. Es por esto que el poder, a la vez que se intensifica y genera nuevos dispositivos para ampliar sus mecanismos de control, debe desarrollar las propias vías mediante las cuales favorecerá su concentración. Y si, como todo parece indicar, debemos confiar que tanto el mundo clásico como el contemporáneo han sido buenos observadores de aquella máxima sobre el carácter indivisible del poder entonces nos encontraríamos en presencia de esos *arcana imperii*[132] que, como nos dice Ludueña Romandini (2010: 18), «no necesariamente se dan a conocer en los lugares menos frecuentados del archivo sino que, por el contrario, se enuncian en la visibilidad de los discursos más prestigiosos», como es el caso de nuestro orador.

Llegados a este punto, resulta oportuno expresar una posibilidad que nos permitiría comprender de una manera que, hasta donde tenemos conocimiento, no ha sido aún considerada ni por los clasicistas ni por los especialistas de la teoría política contemporánea y que podría significar una contribución para comprender la lógica del poder detrás de los regímenes republicanos. La clave de lectura propuesta no puede no ser arriesgada y su esencia radica en ese curioso carácter que, sobre los *arcana imperii,* nos revela Ludueña Romandini cuando nos advierte sobre la posibilidad de que los secretos del poder puedan encontrarse expuestos ante nuestros ojos en lugar de encontrarse resguardados bajo siete llaves. Si lo dicho aquí sirve como advertencia, entonces podemos proseguir nuestro recorrido.

Resultan sobradas las pruebas de la admiración que Cicerón profesaba por Platón. Algunas de sus expresiones más evidentes han sido manifestadas tanto por medio de su obra como por sus propios

---

132   Sobre la figura *arcana imperii* resulta insoslayable la obra de LUDUEÑA ROMANDINI, 2018.

dichos,[133] y es por esto que podemos considerar la posibilidad de que el filósofo griego ejerciera una no despreciable influencia sobre nuestro autor, lo cual también es posible comprobar en aspectos inherentes a la filosofía del Arpinate. Además de la admiración manifiesta por la capacidad filosófica y retórica, no resulta difícil comprobar que Cicerón, bajo una perspectiva romana, compartía con Platón algunos principios de carácter práctico y de los cuales resulta aquí de particular importancia aquella que se aprecia como una común opinión de ambos: el que la mejor forma de ejercer la autoridad al interior de la ciudad no era por medio de la violencia sino por medio de la persuasión (ARENDT, 1996). Tanto las *Repúblicas* como las *Leyes* de ambos pensadores se concentran en la necesidad de persuadir[134] a hombres, mujeres y niños con miras a lograr la mejor vida que estos puedan tener en el contexto de la *polis* o la *Urbs*. Y si Platón recurre al famoso mito de los metales (Rep. 414d y ss.) para poder manipular tanto los cuerpos como las subjetividades de los habitantes de su *polis*, a la vez que problematiza el grado de persuasión que poseen los filósofos (Rep. 499e-502c), Cicerón se centrará en la fuerza que poseen las costumbres para orientar las decisiones de los hombres, las cuales ejercen una gran influencia sobre los ciudadanos.[135] Las diferencias que Cicerón presenta con Platón encuentran su mayor énfasis en la preocupación romana por no caer en el error griego de no concentrarse en las cuestiones prácticas de la vida cotidiana. De allí la preocupación ciceroniana centrada en lograr un arraigo material, concreto y al servicio del Estado romano de todas sus ideas, experiencias y sabiduría y porque las mismas puedan ser traducidas en instituciones y prácticas políticas concretas. En este sentido leemos al propio Arpinate afirmar en su diálogo que

---

133   Tanto *Sobre la República* como *Leyes* y su traducción del *Timeo* hacen manifiesta una admiración de Cicerón por Platón que, por otro lado, se hace explícita en diversos pasajes, por ejemplo Rep. I 42,65; IV 4,4; Mur. 30,63; N.D. II 12,32; At. 89 IV 16.

134   Debemos recordar aquí que «persuadir» es diferente a «convencer», centrándose la primera más en los resultados que en la racionalidad de los argumentos. Al respecto, cf. WHATELY, 1861.

135   A diferencia del filósofo al que solo comprenden unos pocos, cf. Rep. I 2,3.

has empezado, Escipión, tu disertación de una nueva manera, que nunca se ha visto en lugar alguno de las obras de los autores griegos, pues el más eximio de ellos, a quien nadie superó como escritor, tomó un terreno en donde construir una ciudad a su arbitrio, una ciudad, quizá admirable, es verdad, pero extraña a la vida y costumbres de los hombres [...] tú, en cambio, [...] discurres no de una manera vaga, sino en referencia a la república concreta.[136]

Teniendo en cuenta la importancia que Cicerón atribuyó al poder implementar instituciones y prácticas tendientes a propiciar la mutua concordia del pueblo romano, no debemos obviar la necesidad, impuesta por su propia filosofía política, de lograr que todos los dispositivos que ordenan y controlan las vidas y las conciencias de los habitantes de la *Urbs* se encuentren sutilmente sometidos al poder político *real* del Estado romano. Es así que ahora podemos comprender que las acciones que hemos analizado pueden adoptar, una vez más, un cariz diferente.

Hasta donde tenemos conocimiento, los estudios ciceronianos se avocan a cuestiones particulares de la vida y obra del Arpinate en detrimento de lo que podría denominarse una teoría ciceroniana (republicana) del poder en un sentido que trascienda los análisis particulares de la lingüística, de la historia, de la filosofía, etc., situándose en una dimensión que posibilite un mayor alcance analítico. Ahora bien, si trascendemos el carácter estanco que poseen los estudios disciplinares y los abordamos desde el campo de la filosofía política podremos subsanar, aunque sea en parte, dicha carencia. De esta manera, avanzaremos sobre la problemática cuestión de la concentración de poderes en las manos de un único hombre en el marco, entonces, de lo que podríamos denominar una teoría política ciceroniana.

Ahora estamos en condiciones de afirmar que las supuestas contradicciones que se perciben en el hecho de que una misma persona sea capaz de defender a las instituciones republicanas y, al mismo tiempo, el principio de indivisibilidad del poder esconden otra dimensionalidad. La clave radicaría en el hecho de que nuestro autor

---

136   Rep. II 11,22 y ss.

Juan Acerbi

comprendió que la persuasión es el medio más efectivo para ejercer la autoridad y que la mejor forma de persuadir al pueblo romano es por medio de una ficción política que muestra una conjunción de instituciones en las que se encuentran representados todos los estamentos que políticamente componen a dicha sociedad. En este sentido, el caso que hemos visto anteriormente en el que un representante del sector conservador, como Cicerón, se muestra a favor de la inclusión del pueblo en el Senado a través de los Tribunos de la plebe resulta un caso paradigmático que permite ilustrar la importancia atribuida por nuestro autor al *consensus bonorum*.

Ahora bien, si la persuasión resulta ser el núcleo esencial de la paz social y del orden político, es de esperarse que la misma se ejerza por medio de dispositivos que posibiliten, en su conjunto, el control de una población en todas las esferas de su vida, tanto pública como privada. Estos dispositivos, resumidamente, son los que hemos abordado hasta aquí: el carácter ilusorio por el que se incluye en la vida política a los sectores más amplios de la sociedad, la institución senatorial que mantiene su halo aristocrático pero que incluye al sector plebeyo con el único fin de poder sostener la primacía de la élite romana por medio de la estabilidad social adquiriendo, así, un tinte *selectivamente* aristocrático (senadores), popular (tribunos) y sagrado (*effatum et liberatum*); a su vez el *mos maiorum* como el decir de los antepasados que se manifiesta en la tradición, la moral, las buenas costumbres que definen al hombre virtuoso y que instalan nociones tan importantes como el deber hacia la patria y la abnegación absoluta hasta el punto de la entrega sacrificial[137] institucionalizada en la figura militar –pero también explotada retóricamente por civiles–[138] de la *devotio*.[139] De esta manera encontramos que se conjugan una suma de deberes y valores atribuidos

---

137 Precisamente, es en sus *Deberes* donde se enuncia la máxima que establece la relación entre la entrega absoluta del buen ciudadano que no debe dudar en morir por Roma. Al respecto, cf. Off. I 57.

138 Cicerón en reiteradas oportunidades incurrió en este deslizamiento del lenguaje que le permitía identificarse con la figura del general que regresaba victorioso de la batalla, cf. Red. Pop. 1; Red. Pop. 9; Div I 13,22; Dom. 53,71.

139 La *devotio* consistía en la entrega sacrificial que un general romano hacía de su vida a cambio del favor de que su ejército resultase victorioso y Roma resulte a salvo de la amenaza, cf. BEARD, NORTH

a las generaciones pasadas pero centrados, en última instancia, en una divinidad que los actualiza, que los ancla constantemente en el presente. Debemos resaltar el hecho de que esta actualización[140] que realiza el orador, por medio del lenguaje y de la recurrencia a la divinidad, posee dos rasgos de una sensibilidad insoslayable si nos interrogamos sobre la efectividad de dichos dispositivos como parte de una forma discursiva evidentemente política y, por lo tanto, ideológica. Los dos rasgos a los que nos referimos son, por una parte, que la apelación a los dioses y a sus intervenciones permiten reactualizar esos episodios como una forma de controlar la situación actual que se enfrenta y, en el mismo acto, permite fijar las pautas de las conductas que deben seguirse (cf. ELIADE, 1968). Es decir, la divinidad permite vivenciar la experiencia mítica en el tiempo presente a la vez que establece, por el propio peso de su autoridad, las pautas de las conductas a seguir. Por otra parte, el uso del tiempo presente es el que mejor sirve para expresar «la ley, lo normal. El presente es el tiempo de la máxima, de la sentencia, es decir, de lo que se considera que está en actualidad permanente, que nunca queda anticuado» (cf. PERELMAN y OLBRECHTS-TYTECA, 2006: 257). Es por esto que la apelación a los dioses (revivificar sucesos míticos y aceptar pautas de conducta) se combina con el énfasis propio del discurso que acentúa el presente como el tiempo de la acción, como una forma de proceder de acuerdo a pautas universales, divinas, cuya validez se encuentra reforzada por el sentimiento de presencia que la propia forma de enunciación favorece.

A su vez, la *salus rei publicae* posibilitaba, por medio del proceso de racionalización al que hemos aludido, traducir en términos políticos (esto es, llevar a la práctica acciones concretas) una casi ilimitada y siempre interpretable multiplicidad de elementos no siempre racionales pero reforzados por el decir religioso como el productor último de discurso metapolítico. A pesar de coexistir

---

y PRICE, 1996: 35. En Livio contamos con un testimonio sobre la formula de la *devotio*, cf. LIVIO VIII 9,2 y ss. Sobre la relación de la *devotio* con el *homo sacer* cf. AGAMBEN, 2006b: 129.

140   El término posee un matiz interesante si consideramos que por su intermedio se manifiesta una yuxtaposición de dos épocas diferentes; cf. la entrada «actualización» en SOURIAU, 2010: 39.

con otros productores de discurso metapolítico, la esfera de lo religioso abarca y excede todos los aspectos enunciados y se constituye como un saber y un decir autónomo pero vinculante sobre el decurso de las acciones humanas.[141] Sin embargo, Cicerón habría comprendido que el poder debía mostrarse cauto en sus formas de manifestarse para así ocultar su verdadera naturaleza y es por esto que el respeto por las instituciones se vuelve esencia de su forma de proceder y, por su herencia, como forma emblemática de la tradición republicana.

La preservación de las instituciones de la República, y su consecuente división de poderes y la renovación periódica de sus funcionarios, no sería otra cosa que la búsqueda de la preservación de las condiciones materiales y simbólicas que sostienen y reproducen la ideología mediante la cual todos los órdenes constitutivos de la *civitas* romana se sienten integrados a un sistema político que los tiene en cuenta en sus opiniones, intereses y bienestar y que se encarga de representarlos políticamente pero solo de manera formal y a la vez conservadora, mientras busca direccionar los ánimos del auditorio por medio de los mecanismos y los dispositivos que hemos visto, entre otros. Es en este sentido que la obra ciceroniana nos permite afirmar que resulta sumamente probable que Cicerón comprendiese no solo que era posible mantener la armonía entre los diferentes órdenes y de éstos, a su vez, con las instituciones de la *res publica,* sino también que las condiciones de posibilidad de dicha armonía resultaban aun más propicias en la medida en que un poder –único, por definición– articulara los distintos intereses en pugna no permitiendo que estos, como si de una facción se tratase, se impusieran sobre la *res publica.* Por lo tanto, era necesaria la ficción de que un conjunto de instituciones de distinta naturaleza, y con un poder representativo del complejo social y político que integraba la *societas* romana, favoreciera la percepción de que

---

141   En un sentido, posee cierta similitud con un concepto (algo relegado por la sociología) que le pertenece a Marcel Mauss y que no es otro que el de «hecho social total» y del que Jean Pierre Vernant afirma que en él «todas las dimensiones de la vida colectiva se encuentran condensadas: lo social, lo político, lo estético, lo imaginario», cf. VERNANT, 2002: 52.

todas ellas se ordenaban autónomamente en pos del bien de la República. Esa distribución republicana del poder requería de una sutil intervención que debía permanecer oculta a los ojos de los hombres para poder así ser efectiva y, a la vez, mantener oculta su verdadera naturaleza: la de ser humana e indivisible.

4. Hacia sus usos (pasados y presentes). Primera transición

Como hemos visto, Cicerón comprendió la importancia y el poder que poseía la divinidad y el sentimiento religioso sobre la sociedad romana, un poder tal que lograba imponerse sobre la ley y hasta sobre las armas.[142] Ahora bien, nuestro autor no dudaba en ampliar la esfera de acción sobre la que dicho poder tenía injerencia y dictaminaba que «conviene que los hombres crean que todo lo que ven está lleno de dioses»[143] o, lo que es lo mismo, hacer creer a hombres y mujeres que «todo se rige y gobierna por voluntad divina».[144] Ahora bien, considerando lo dicho hasta aquí, ¿qué otra intención podría esconder dicha conveniencia sino la de que ningún ámbito de la vida, ni siquiera los más íntimos, resultan ajenos al poder?[145] O, para decirlo de otra manera, nos preguntamos si no resulta ésta la mejor forma de ejercer un control absoluto sobre la vida, lo cual, como sabemos, resulta coherente con las necesidades propias del poder soberano si tenemos en cuenta que éste «es, originariamente, poder sobre la vida, y todo ejercicio de dicho poder coincide, necesariamente, con la administración de lo viviente» (LUDUEÑA ROMANDINI, 2010: 19). Por supuesto, el planteo ciceroniano, en su esencia, no sería novedoso sino todo lo contrario, ya que cuenta con un importante antecedente que no es otro que el proyecto de la

---

142 Cf. Rep. II 14,26; N.D. 42,118.

143 Leg. II 11,26. Similares son las palabras de LIVIO, V 52.

144 Har. 9,19. La edición citada corresponde a *Discursos IV* (traducción de José Miguel Baños Baños, Madrid: Gredos, 1994).

145 Al respecto, y en relación con el derecho romano, resulta interesante el análisis realizado por SCHIAVONE, 2012: 61-81.

República platónica cuyo centro descansa en la posibilidad de manipular a los habitantes de la *polis* de manera tal de poder dirigir sus conciencias en pos del ideal socrático de justicia. Recordemos que, para lograrlo, Platón se serviría del uso de los mitos, particularmente del ya mencionado mito de los metales, el cual permitiría manipular a la población tanto en su dimensión eugenésica como en lo que respecta a la conformación de los estamentos sociales y a la consecuente división social del trabajo.

Cicerón, por su parte, no cuestiona el fin perseguido por Platón sino el hecho de que éste no situara a Atenas en el centro de su reflexión, y es en este sentido que dice: «...yo, en cambio, intentaré, si es que lo consigo, con las explicaciones que él [Platón] vio, pero no en una sombra de ciudad imaginaria, sino en nuestra grande república, tocar con una varita las causas tanto del bien como del mal público».[146] El Arpinate, consecuente con sus palabras, desarrolla su obra centrándose en Roma y en la historia de la misma como recurso argumentativo e ideológico; al mismo tiempo, apela constantemente al sentido práctico que, por otro lado, es reivindicado como un valor típicamente romano y mediante el cual se explica, en gran medida, la superioridad romana sobre la del pueblo griego.[147] Es decir, Cicerón desarrolla su diálogo pensando, a diferencia de Platón, en términos de una realidad concreta que no es otra que la República romana y para ello, como es obvio, lo hace «en términos romanos». Sin embargo, es precisamente lo obvio que puede parecer el hecho de que Cicerón redacte su diálogo en términos romanos lo que pudo haber favorecido que algunas implicancias –no solo para Roma, sino también para la tradición política de Occidente– hayan sido pasadas por alto. Es, precisamente, esa adecuación a la «realidad» y a las necesidades romanas la que merece una mayor atención en pos de evidenciar algunas cuestiones que hasta ahora

---

146   Rep. II 30,52.

147   El libro I, especialmente, puede considerarse una reivindicación del accionar del hombre por sobre la contemplación, típicamente atribuida a los griegos, cf. Rep. I 1,1; 2,2; 7,12. En el mismo sentido, y con la oposición entre griegos y romanos como eje, se hace manifiesta la oposición entre ocio (*otium*) y negocio (*negotium*) al inicio del tratado, cf. Rep. I 1e; 1,1.

parecen permanecer ocultas debido a que justamente dicha adecuación de los asuntos relacionados con el poder se ha transformado en nuestro propio paradigma para concebir y ordenar las instituciones políticas que conforman el núcleo de nuestras sociedades.

Creemos que no es necesario insistir en el hecho de que una matriz ideológica puede sobrevivir a su propia época y a la cultura misma que le dio origen.[148] Entonces, si tenemos en cuenta la intención ciceroniana de tomar lo dicho por Platón pero considerando el caso concreto de la República romana, es de esperarse que su discurso se adecue, al menos en su generalidad, al lenguaje de las instituciones que gozan de reconocimiento, prestigio y legitimidad social en Roma. En este sentido, se comprende que dicha adecuación se realice en términos de una traducción que trascienda la de la literalidad de llevar los términos griegos a palabras latinas (*Boulé*, por ejemplo, por Senado) sino que la operación implica una recodificación en términos de una ideología romana pero, antes que nada, a una ideología acorde a los principios de la aristocracia republicana a la que representa a nuestro autor. Así, no debería sorprendernos que dicha operación ideológica considere con especial énfasis a las instituciones que tienen bajo su jurisdicción al derecho, la religión y a las que proveen de sentido simbólico y refuerzan los sentimientos de unión y armonía entre los integrantes de la *societas* romana. Sobre ellas ya nos hemos explayado lo suficiente por lo que nos permitiremos avanzar con nuestra argumentación.

En pos de clarificar los términos en los que realiza la adaptación del modelo socrático-platónico al modelo republicano-ciceroniano, es interesante reflexionar en torno a una de las figuras centrales del proyecto de la *polis* ideal pergeñada por Platón como lo es la del Rey filósofo.[149] No debe llamarnos la atención la ausencia en el modelo romano de una figura tan relevante para la *República* platónica; nos es suficiente con recordar la reticencia que sentían los romanos, especialmente desde la convulsión social que significó

---

148   En particular, sobre el relato mítico y su adaptación al campo de la política ver LÉVI-STRAUSS, 2004.

149   Platón llega a la enunciación de dicho personaje en su *República* 473d.

el nombre de los Tarquinos, por toda forma de poder monárquico y que quedaba expresada en el hecho de que se homologara toda alusión a las formas monárquicas de gobierno con la peor de sus desviaciones. En este sentido Cicerón explica que con el nombre de tiranía «los griegos llamaron así al rey injusto, y los romanos dieron siempre este nombre a todos los reyes que detentaban por sí solo una potestad perpetua sobre sus pueblos»[150] y en un fragmento que Nonio le atribuye a nuestro autor leemos «todos los que tienen potestad sobre la vida y la muerte de su pueblo son tiranos, aunque prefieran llamarse reyes».[151] Es mediante esta identificación entre monarquía y tiranía que resulta previsible que no exista apelación alguna, en el modelo republicano, a una figura como la del rey filósofo de Platón si de lo que se trata es de persuadir a una población con tales resquemores.

Más allá de la ausencia de una figura como la del rey filósofo, también puede resultar llamativo que Cicerón no haga mención alguna, ni en su tratado sobre la República ni en el resto de su obra, al carácter práctico y utilitario que posee para el hombre de Estado el uso de mitos con fines políticos a la manera en la que lo hizo Platón en su tratado. Tampoco encontramos una condena al uso de los mismos y es, ante esta ausencia, que recordamos sus palabras en las que nos advertía que él, a diferencia del filósofo griego, empeñaría su esfuerzo en aplicar esa sapiencia a un caso real y de manera práctica. Por lo tanto, existe la posibilidad de que la ausencia a toda mención del mito político se deba a motivos muy específicos del propio pensamiento ciceroniano, acorde a una época y a una cultura determinada, por lo que podemos estar en presencia de una actualización del relato mítico en la que pasó de ser, en el mundo griego, un elemento externo a la política[152] a ser un componente que

---

150 Rep. II 27,49.

151 Rep. III 13,23.

152 En el sentido antes mencionado de la existencia de múltiples corrientes religiosas, así como movimientos o cultos mistéricos que representaban una amenaza para los valores que defendían los ándros que dirigían los asuntos de la *polis*. En un sentido netamente social, esta multiplicidad de religiones, al interior de la Grecia clásica se ve reflejado en el enfrentamiento que existía entre los

se encuentra, en Roma, totalmente encarnado en las instituciones políticas romanas. En este sentido, no resulta forzado decir que si no es posible separar a la religión del derecho, de la política, la sociedad, la historia, la vida privada y los asuntos públicos, entonces el mito se encuentra integrado a la vida institucional de un Estado, de su sociedad y de la vida *íntima* de sus habitantes. Es probable que sea necesaria aquí una aclaración; a la luz de la evolución (¿o involución?) que ha sufrido el término mito desde los tiempos de Sócrates, tal vez sea necesario explicitar que cuando afirmamos que el mito se encuentra integrado en las instituciones de una sociedad y de un Estado nos estamos refiriendo al mito no como lo opuesto al *logos*, en su acepción como fábula o como mentira, sino que entendemos al mito como esos relatos que

> escriben las diversas, y a veces dramáticas, irrupciones de lo sagrado (o de lo «sobrenatural») en el Mundo. Es esta irrupción de lo sagrado la que *fundamenta* realmente el Mundo y la que le hace tal como es hoy día. Más aun: el hombre es lo que es hoy, un ser mortal, sexuado y cultural, a consecuencia de las intervenciones de los seres sobrenaturales. (ELIADE, 1968: 18)

Y, como Eliade agrega inmediatamente, consideramos que importa subrayar un hecho esencial: «el mito se considera como una historia sagrada y, por lo tanto, una «historia verdadera», puesto que se refiere a *realidades*» (*ibíd.*: 19; énfasis en el original). Estas observaciones resultan sumamente pertinentes para el caso que aquí hemos considerado y a la luz de todo lo que hemos expuesto. Pero, retomando nuestro argumento, y en lo que respecta a la relación del mito con el pensamiento ciceroniano, entendemos que la presencia de los relatos sagrados evidencian otro estadio de la evolución de las instituciones políticas: el mito vuelve a ser historia en el sentido de que no solo se refiere a *realidades* sino que se encuentra al servicio del Estado en pos de justificar, y reforzar simbólicamente, un determinado orden social y político. No hay forma de hacerlo más

---

elementos de una religiosidad propia de las clases pudientes en oposición de aquella propia de los sectores populares. Al respecto, cf. NILSSON, 1961.

Juan Acerbi

evidente, insistimos, que cuando Cicerón afirma que él, a diferencia de Platón, lo intentará sobre la base real de Roma: mientras que en Platón el uso del mito es enunciado como parte de un proyecto, el pensamiento de Cicerón se estructura en función de llevar dicho proyecto a la realidad, la realidad romana. Desde una perspectiva política, podemos afirmar que mientras el proyecto platónico era subversivo para la Atenas de su época, la filosofía que encarnaba en el proyecto político del Arpinate resultaba conservadora. Esto, claramente, no es, en tanto diagnóstico, una novedad: Cicerón es la figura por antonomasia del defensor del orden y la supremacía aristocrática del republicanismo romano. Pero el haber llegado a esta conclusión por medio de un desarrollo analítico que excede el análisis centrado exclusivamente en sus propios testimonios, en su biografía o en la historia tardorrepublicana es lo que posibilita comprender otros aspectos de los mecanismos de poder involucrados. Por otra parte, y en definitiva, creemos que la adecuación ciceroniana de lo propuesto por Platón permite evidenciar la forma en la que, en un momento clave de la historia política de Occidente, algunos de los mecanismos que operan detrás del poder se adaptan y lo hacen por medio de una incorporación de la realidad al mito y del mito a la realidad volviéndose una realidad más sofisticada y, en términos ideológicos, más eficiente.

El carácter eficiente y sofisticado de la lógica oculta que permite al conjunto de una población tener un sentido de participación y pertenencia en el Estado adquiriendo, además, un carácter representativo que se evidencia a través de diversas instituciones independientes entre sí y con poder de control mutuo constituye el escenario ideal que presentaría aquel poder que necesita del mutuo consentimiento de los sometidos para reproducir ideológicamente dicho *status quo*. Pero, por supuesto, pensar la Roma republicana es pensar, en muchos sentidos, nuestro propio mundo contemporáneo. En otras palabras, y para resumir la cuestión en una serie de preguntas que creemos resultan ineludibles para comprender las verdaderas lógicas ocultas del poder en nuestros días, debemos interrogarnos acerca de las formas y del funcionamiento de los dispositivos que se ponen en evidencia en la obra ciceroniana y que operan, según nuestras hipótesis, actualmente en nuestras propias repúblicas. La respuesta a dicha pregunta no es menor si consideramos, como hemos dicho anteriormente, la impronta que ha tenido el pensamiento de Cicerón sobre la tradición política de Occidente y, particularmente, sobre el pensamiento republicano. El mundo contemporáneo, acaso porque los países más poderosos son herederos directos de la tradición republicana, acaso porque el poder y la muerte nunca se han mostrado tan obscenamente como *necesarios* para la vida, no debería ignorar a la tradición que le dio origen. Estamos convencidos que allí, en sus fuentes, hay algo que aún no ha salido a la luz pero no por encontrarse oculto sino porque las causas que lo hicieron efectivo siguen aún vigentes y ejerciendo su influencia sobre nosotros. En este sentido, en el de llamar la atención para redirigir nuestra mirada más allá de lo supuestamente evidente, es que hemos avanzado hasta aquí dejando planteados algunos interrogantes que abordaremos en las partes que siguen a la presente.

Juan Acerbi

INTERLUDIO I

En la primera parte hemos abordado los diversos componentes del poder político en la Roma republicana. Esto nos ha permitido evidenciar algunas relaciones que han permanecido un tanto ignoradas o, al menos, silenciadas por los especialistas, particularmente en lo referido a aquella ficción que ha permitido sostener, bajo la imagen de una división institucional de sesgo republicana de las instituciones, un poder concentrado en la figura de un único hombre.

En la parte que sigue nos ocuparemos de la forma en la que el discurso ciceroniano fue capaz de poner en acción todos los elementos que podían resultarle propicios en pos de lograr sus objetivos. Particularmente analizaremos la forma en la que una compleja matriz de elementos de todo orden (religioso, jurídico, político, cultural, etc.) es capaz de ser conjugada y de producir esa sutil forma de manipulación que aquí hemos denominado metapolítica. El análisis de dicha conjunción nos permitirá comprender los mecanismos que, aquel que actúa en nombre de la República y, por ende, del bien común, es capaz de poner en funcionamiento para delinear la figura del enemigo público y así proclamar la necesidad de apartar de la población a un determinado conjunto de ciudadanos para que luego sea lícito darles muerte.

PARTE II

Usos retóricos y discurso político

1. La performación del *hostis*

Al tratarse de uno de los ejes constitutivos de todo el *corpus* cívico y político de la Roma republicana, no nos llamará la atención comprobar que la religión se encontraba en el centro de la escena pública, particularmente en las palabras y las acciones de aquellos hombres que pretendían influir sobre los destinos de la *Urbs*. En este sentido, el conjunto de prácticas, procedimientos y creencias que agrupamos bajo la esfera religiosa se vuelven la esencia y la razón de toda acción que busque tanto salvar como destruir la República. El presente capítulo se centrará en los recursos a los que apeló Cicerón con el fin de performar no solo la figura del enemigo ideal sino también de manipular a los mismos dioses en pos de sus objetivos. En particular, se tratará de la forma en la que un enemigo político es identificado como la causa de todos los males y como sinónimo de la perdición inminente de todo aquello que los hombres aprecian, incluyendo sus propias vidas, deviniendo, por acuerdo de hombres y dioses, en un ser que ha dejado de pertenecer al género humano y, en tanto amenaza latente, su muerte se vuelve un requisito para la paz y el bienestar común. En este sentido, y teniendo en cuenta la trascendencia que ha tenido, no solo para la historia de la república romana sino también para la tradición republicana de Occidente, consideramos que las invectivas lanzadas por Marco Tulio Cicerón contra Marco Antonio en sus Filípicas pueden ser consideradas como un pertinente y aleccionador inicio del recorrido a través de los valores, los miedos y las inseguridades que se buscan instalar en un auditorio para movilizar los ánimos en pos de determinados fines políticos.

1.1 La esencia del mal

Sin importar la época, es de esperarse que toda sociedad humana condense la suma de sus miedos en la figura de un *Otro*, un enemigo ideal capaz de encarnar el mal y representar la perdición de todo lo que dicha sociedad es y valora. Resulta también comprensible que aquella figura en la que se materializa la amenaza posea los atributos opuestos a aquellos que son considerados los pilares de una determinada sociedad en un momento histórico dado. La Roma tardorrepublicana no fue una excepción, más bien, y debido en parte a la inestabilidad cívica y política que signó a dicho período, nos brinda excelentes muestras de esa particular forma de discurso político.

En el caso particular de la invectiva lanzada por Cicerón, y concretamente centrándonos en el propio ámbito de lo sagrado, Antonio es presentado como aquel que vejó las sensibles cuestiones referidas tanto al ámbito de las *sacra publica* como de las *sacra privata*. Los ritos funerarios fueron usurpados con fines políticos levantándose monumentos funerarios que ofenden tanto a los dioses como a la memoria de los antepasados.[153] Incluso un hecho que puede parecernos superfluo condensa en gran medida aquella imagen que el orador buscaba instalar en los imaginarios de aquellos que conformaban su auditorio. La pregunta proferida por el orador, en relación a su casa ubicada en la cima del Palatino, inquiría de manera directa a la clase senatorial: «¿qué delito es merecedor de una condena tan enorme como para atreverse a decir en este orden que

---

153   Cf. Phil. I 2,5; I 6,13.

él iba a echar abajo con albañiles del Estado una casa construida en nombre del Estado por decisión del Senado?».[154] De esta manera, no solo Marco Antonio aparece como aquel que desafía la decisión del Senado, y por ende la de Roma, sino que también desafía a los mismos dioses. Recordemos aquí que el proceso en el que se vio envuelta la casa de Cicerón fue sumamente complejo y es gracias a los amplios testimonios que nos han llegado[155] que podemos comprender este pasaje en toda su importancia. Sabemos que durante el exilio de Cicerón su casa fue saqueada y demolida por sus enemigos y en su lugar se inauguró un paseo en el que se enclavó una estatua en honor a la Libertad, deidad a la que se consagró el predio como una clara alusión inversa a la figura del tirano que debió marchar al exilio.[156] Tras su regreso a Roma, Cicerón inicia el proceso para recuperar sus propiedades de las cuales su casa en el Palatino, por el carácter religioso de la consagración que allí se había realizado, requería la intervención y el dictamen favorable de los arúspices. Luego de demostrar que la consagración no se había realizado de acuerdo a lo que la preceptiva religiosa indicaba,[157] se restituye la propiedad a Cicerón, quien emprende la segunda parte de su misión y acude al Senado para obtener la indemnización que le permitiría reconstruir su casa, objetivo que consigue inmediatamente. Es decir, la restitución de la propiedad de Cicerón fue el resultado de un proceso esencialmente religioso que se complementó con la indemnización económica que el Senado ordenó pagar al orador pero que, como proceso, se encontraba primariamente supeditado a la respuesta de los arúspices. Es por esto que, incluso un pasaje en el que no hay mención explícita sobre los dioses y los preceptos religiosos, se puede dilucidar un trasfondo que revela que Marco Antonio no respeta a los dioses, no respeta a Roma y esto solo

---

154 Phil. I 5,12. La edición que aquí citamos de *Filípicas* corresponde a CICERÓN, Marco Tulio. *Discursos VI* (traducción de María José Muñoz Jiménez, Madrid: Gredos, 2006).

155 Tanto *Sobre la casa* (Dom.) como *Sobre la respuesta de los arúspices* (Har.) versan en torno al proceso que concluyó con la restitución de la casa que Cicerón poseía en el Palatino.

156 Al respecto resulta interesante el artículo de ALLEN, 1944.

157 Cf. Dom. y Red. Pop.

puede significar, como le advierte el Arpinate a los miembros de la clase senatorial, que «la situación ha llegado [...] a un punto de máximo peligro»[158] en el que tanto Roma como su legado y la vida de todos los ciudadanos se encuentra al límite de la catástrofe.[159]

En la retórica ciceroniana, una de las cuestiones sobre las que más se llama la atención es sobre la inaudita situación en la que se encuentra la República; su carácter inédito radica en que, por primera vez en la historia de Roma, el pueblo no se encuentra dividido en absoluto, sino todo lo contrario:

> ésta es la quinta guerra civil y todas han ocurrido en nuestra época, pero la primera en la que no sólo no hay disensión y discordia entre los ciudadanos, sino el máximo acuerdo y una increíble concordia. Todos quieren lo mismo, defienden lo mismo, piensan lo mismo.[160]

Lo que resulta realmente aleccionador es la forma en la que Cicerón resuelve la contradicción que representa una situación en la que *todos* los ciudadanos viven en absoluta concordia con el hecho de que la República vive, al mismo tiempo, una guerra civil. Es decir, es posible afirmar que *todos* están de acuerdo y quieren lo mismo por el sencillo hecho de que se excluye de la ciudadanía a todos aquellos que son identificados como parte de un disenso que no puede ser definido de otra manera que como una amenaza. De hecho, si consideramos el discurso contra Antonio en su integridad, podremos notar el modo en que el orador sitúa el acento de su invectiva sobre el eje del *peligro de muerte* de la República unificando, de esta manera, en un todo orgánico a Roma diluyendo la división social que resulta propia a una guerra civil mientras refuerza la figura del enemigo público (cf. GRANGE, 2003).[161] Y es

---

158 Phil. VII 1,1.

159 Cf. Phil. II 21,50.

160 Phil. VIII 3,8.

161 Aunque hemos mencionado en reiteradas ocasiones la figura del *hostis,* conviene aquí introducir algunas cuestiones que resultan relevantes para nuestra argumentación y que se relacionan con el mismo origen semántico. El término *hostis* ha gozado de una relativa atención por parte de los estudiosos del campo de la teoría y la filosofía política; sin embargo, a nuestro entender, es Benveniste quien realizara uno de sus mayores aportes en torno al mismo. El aporte del lingüista francés encuentra un particular interés respecto a un tópico que atraviesa el tema del presente capítulo y que se centra en

que la forma en la que Cicerón resuelve la cuestión en torno a la existencia de una guerra es tan clara como concluyente, ya que se trata de la exclusión de una parte de la ciudadanía, exclusión que el mismo Cicerón explica de manera directa: «cuando digo todos, exceptúo a los que nadie considera dignos de esta ciudad».[162] Pero las implicancias últimas de esta proclama son más complejas debido a que la propia historia documenta lo que el mismo relato ciceroniano revelará: que lo que en el discurso toma la forma de una exclusión (por medio de una exceptuación) en términos jurídicos, políticos y religiosos era posible materializarlo en términos concretos bajo la figura del *hostis*. Es necesario insistir en que aquí no deben quedar dudas respecto a las consecuencias que conllevaba quedar excluido de la ciudadanía bajo la sombría figura del *hostis;* por una parte, y en lo que respecta a la unidad proclamada por Cicerón, es claro que no puede existir una guerra civil con aquellos que no pertenecen a la ciudadanía y, por otra parte, una vez proclamado como enemigo público el tratamiento que debía dársele no admitía más que las acciones tendientes a neutralizar aquella parte nociva para el cuerpo de la República y es por esto que el *hostis*, en términos de Agamben (2005: 146), es aquel al que, habiéndole suspendido el status jurídico y el *ius civis*, podía ser llevado a la muerte. El hecho de que el lenguaje, a su vez, tienda a confundir al enemigo público con la enfermedad nos permite comprender la pasmosa naturalidad con la que se incorporan al discurso político términos propios del lenguaje médico. De esta manera, acciones como la de amputar[163] o cauterizar un miembro del cuerpo son incorporados al vocabulario y al campo conceptual propio del discurso político que busca,

---

la relación que guardaba el término *hostis* (enemigo) con las nociones de «huésped» y «extranjero» y su posterior evolución a «huésped extranjero» como sinónimo de «huésped hostil» y «extranjero hostil».

162 Phil. VIII 3,8.

163 Cf. Phil. VIII 5,15. En el mismo sentido leemos los pasajes de *Catilinarias* (Cat.) II 5,11 y del *Pro Sestio* (Sest.) 65,135. También en sus *Cartas a Ático* (Att. 21 II 1) aparece una mención sobre la acción de curar o amputar partes enfermas en el contexto de la invectiva contra Marco Antonio.

de esta manera, aludir al tipo de acciones prescriptas que hay que seguir para contener la causa de su enfermedad.

En el caso concreto del que aquí nos ocupamos, observamos que Marco Antonio es presentado como la antítesis de la *salus rei publicae* y así lo sintetiza el mismo Arpinate que no duda en oponer el bien de unos como sinónimo de la ruina del otro dejando clara la dicotomía ante la que se encuentra el pueblo romano: o sobrevive la República, y Antonio es declarado *hostis*, o Roma desaparecerá ante la victoria de su enemigo como bien se expresa en la segunda filípica cuando se afirma que el único que puede impedir que tanto el pueblo como el nombre de Roma sean eternos es el propio Antonio.[164] Sobre este aspecto particular trataremos a continuación, es decir, sobre la forma en la que se configura y consolida la imagen del enemigo hasta llegar a evocarlo como aquel al que hay que eliminar de la faz de la tierra en nombre del bienestar general.

Si era en el ámbito de lo religioso donde se condensaban todos los elementos que caracterizaban al buen ciudadano romano, no deberíamos tener dudas, de acuerdo al relato del Arpinate, que Marco Antonio era la encarnación misma de lo nefasto[165] y representaba, consecuentemente, la perdición de todo lo logrado por el pueblo romano desde que Rómulo fundó la ciudad siguiendo los designios divinos. En lo que respecta a las ceremonias y prohibiciones religiosas en el ámbito doméstico, Marco Antonio ha violado límites de hogares que eran protegidos por sus dioses penates[166] y ha impedido que las familias recuperen la posibilidad de reencontrarse con el culto a los dioses que sus antepasados adoraban,[167] violando de esta manera, también, el *mos maiorum*. Por otra parte, y por claras ambiciones personales, ha llegado a violar las leyes religiosas más sagradas[168] perjudicando la mutua concordia del pueblo romano

---

164 Cf. Phil. II 21,51. En un sentido similar, Phil. II 10,24; II 36,92; III 10,25; III 14,34; IV 4,9; VII 3,8; VIII 3,8; XIII 21,49; XIV 3,7, XIV 3,8.

165 En su sentido estrictamente etimológico, es decir, como negación de lo divino.

166 Cf. Phil. II 27,68.

167 Cf. Phil. II 30,75.

168 Cf. Phil. II 40,102.

y es por esto que Cicerón explica que Roma se encuentra ante una guerra llevada «a cabo por parte de un hombre sin principios y corrupto que ha desencadenado una guerra impía contra nuestros altares y hogares, contra nuestra vida y nuestros bienes»[169]. Sin embargo, una mención aparte merece el proceder de Marco Antonio en lo que a los augurios respecta y es que no debemos olvidar que la violación de los augurios revestía uno de los peligros más graves para la estabilidad social y política de la *societas* romana.

La particularidad de los augurios se encuentra sintetizada en aquel pasaje ciceroniano que citaremos ahora de manera más extensa debido a sus implicancias y a su claridad:

> ahora bien, el poder jurídico más importante y más excelso en el estado, acompañado de la autoridad, es el de los augures. En efecto, ¿qué hay más importante, si investigamos sobre el derecho, que poder disolver las comisiones y las reuniones que hayan sido convocadas por los más altos cargos y las más altas autoridades, o bien anular las que ya hayan tenido lugar?[170]

Evidentemente, nos encontramos aquí ante una institución sumamente eficaz en términos de poder y cuya esencia se condensa, como resulta evidente, en el hecho de poder dejar sin efecto aquello que se haya decidido llegando, incluso, a poder disolver lo que se haya determinado tanto en el ámbito político como en el legislativo o el judicial. El otro aspecto que hace a su eficacia, y que resulta menos evidente, es el ser un instrumento de intervención política pero cuya fuente de autoridad se encuentra en la divinidad. Es decir, se trata de una institución metapolítica debido a que el discurso augural es un decir que apela a recursos psicológicos y simbólicos cuya autoridad y efectividad se sustentan en la voluntad divina, encontrándose la política de los hombres supeditada a ella y es este aspecto, precisamente, lo que denunciaba el Arpinate en el pasaje citado. Es en base a esa aguda observación que resulta evidente la gravedad de la denuncia que el orador lanzara contra Marco An-

---

169   Phil. III 1,1.
170   Leg. II 12,32.

tonio y al cual no deja de hacerle notar su doble falta cuando, en la segunda filípica, exclama: «¡Por Hércules! falsificaste los auspicios con mayor daño –espero– para ti que para la República, agobiaste al pueblo romano con escrúpulos religiosos, y como augur te opusiste a un augur, como cónsul a un cónsul».[171] Marco Antonio es acusado de esta manera de falsear, una y otra vez,[172] el deseo de los dioses mintiéndole a los hombres y traicionando a la República a la cual pone en riesgo al burlarse de las máximas autoridades políticas y religiosas. Es por esto que no queda ningún pilar de la República que este «capitán de piratas» no haya erosionado y no le alcanzó con desobedecer al Senado sino que hasta realizó incursiones militares que se encontraban desaprobadas por las autoridades religiosas[173] y es a consecuencia de todas sus acciones que Cicerón sentenciará que Antonio encarna la amenaza viva a todos los pilares que sostienen a Roma, ya que no ha dudado en erosionar el más fundamental de ellos al desafiar a los mismos dioses para calmar sus ansias de poder. Antonio es aquí presentado como el mayor enemigo de la patria (*hostis*)[174] superando incluso a aquellos hombres que aterraron a Roma desde los propios orígenes de la *Urbs*,[175] llegando a dejar en un segundo plano a personajes de la talla de Catilina, Sila o Aníbal.

Sin embargo, la caracterización de Antonio como *hostis* no se agota allí. Cicerón performará a su enemigo como el origen de todo mal del cual se desprenden los mayores peligros para la República[176] entre los que no se descarta la tiranía[177] y toda clase de prácticas infames y sacrílegas como las antes mencionadas. Sin embargo, es necesario contemplar ahora otro aspecto que resulta complementario

---

171   Phil. II 33,83.

172   Cf. Phil. II 3,6; II 19,48; II 33,83; II 38,99; III 4,9; V 3,7; V 3,9.

173   Cf. Phil. II 19,48.

174   Cf. Phil. II 21,51; III 3,6; III 6,14.

175   Cf. Phil. II 1,1; XIV 4,9.

176   Cf. Phil. II 21,50; III 10,25.

177   Cf. Phil. III 14,34.

al del enemigo ejemplar encarnado en la figura de Marco Antonio y que se centra en la persona de quien lo enfrenta.

1.2 La esencia del bien

Un aspecto que parece haber sido descuidado por los especialistas es la forma en la que Cicerón construyó la imagen del enemigo público en relación a sus propias virtudes, es decir, como la imagen inversa de su *alter ego*.[178] De esta manera, mientras el enemigo es definido por medio de características propias de lo monstruoso, lo criminal, lo enfermo y lo nefasto, la autoalusión del orador se refleja en las virtudes que se oponen, una a una, a dichas características y atributos encarnados en aquel que representa la salvación de la humanidad.

Por mucho que analicemos la performación que Cicerón realiza de aquellos a los que define como los *hostis* más peligrosos no podemos comprender nunca su verdadera esencia si no comprobamos la relación y las consecuencias que se establecen al delinear al enemigo a la luz de aquel que representa su figura antagónica, el hombre salvador de la *Urbs*. Ese hombre es aquel en el que Cicerón concentra los atributos del *vir*[179] que encarna no solo el respeto por el *mos maiorum* sino también por la República y del que no se dudará en equiparar sus acciones con las de los dioses. Un ejemplo de ese hombre virtuoso, encarnación misma de la República y elegido por la divinidad para intervenir sobre los asuntos humanos, lo encontraremos, como es de suponer en estas instancias, en Cicerón.

Si observamos la relación que se establece, por ejemplo en sus *Filípicas*, entre las figuras del *hostis* y el salvador de la República,

---

178   Los estudios lingüísticos y filológicos han tratado esta relación con cierto interés pero resulta proverbial la ausencia de dicho abordaje en el campo de las ciencias sociales. Cuando los cientistas sociales se ocuparon de este tópico lo hicieron a partir de las experiencias totalitarias pero sin ocuparse de sus antecedentes y, por lo tanto, sin dar cuenta de la importancia del caso romano. En este sentido puede consultarse una obra que ya ha devenido en un clásico de la materia, como lo es el ya citado ADORNO, T., [*et al.*], 1950.

179   Resulta pertinente recordar aquí que una característica central en la figura del *vir* es su relación con la práctica política, como puede leerse en Rep. I 2,2 y con lo divino (Rep. VI).

notaremos que Marco Antonio, como tantos otros ilustres personajes, es convertido en *hostis* por ser enemigo, antes que nada, no de Roma sino de aquel que encarnaba a la República, a los dioses y las buenas y virtuosas costumbres; era enemigo de Cicerón.

El inicio de la segunda filípica resulta, probablemente, la mejor síntesis de la forma en la que se concebía Cicerón a sí mismo en lo que respecta a Roma y a sus enemigos, ya que es allí donde pregunta «¿a qué fatalidad mía atribuiré, senadores, el que no haya habido en estos veinte años enemigo de la República (*hostis*) que al mismo tiempo no haya declarado la guerra también contra mí?».[180] Lo que aquí se evidencia es que al volverse indistinguible la persona de Cicerón con la República, el enemigo de uno es el enemigo del otro evidenciando un vínculo que resulta sumamente sensible, ya que de esta manera todo enemigo privado (*inimicus*) deviene forzozamente en enemigo público (*hostis*). En este sentido, si es claro el pasaje con el que se inicia la mencionada filípica resulta más reveladora la forma en la que continúa:

> el castigo que sufrieron [los *hostis*] *me vengó* más de lo que yo hubiera deseado. Me sorprende, Antonio, que no te estremezcas ante el final de aquellos cuyos hechos imitas. Y esto me sorprendía menos en el caso de los otros: ninguno de ellos, en efecto, fue enemigo personal (*inimicus*) mío voluntariamente, *todos fueron atacados por mí* en interés de la República.[181]

Por una parte resulta clara la enunciación que sitúa al conjunto de acciones emprendidas contra los enemigos como ajenas a la persona y a la voluntad de Cicerón aunque, como sabemos, fue él mismo, por ejemplo en el caso de Catilina, quien comandó las acciones que concluyeron con la muerte del líder sedicioso.[182] Por otra parte, resulta evidente la taxativa división que establece Cicerón: todo enemigo de la República se transforma (a pesar de no

---

180 Phil. II 1,1.

181 Phil. II 1,1. El énfasis es nuestro.

182 Como bien afirma en otros discursos y en cartas a familiares y amigos como, por ejemplo, Pisón 2,5; 11,25; Red. Pop. 7,17; Casa 61; Rep. I 3,6; Cat. III 1,1; Cat. III 6,15; Cat. IV 10,20; Att. 21 (II 1); Att. 177 (IX 10); Fam. 20 (I 9).

Juan Acerbi

ser *inimicus*) en enemigo personal del orador, y esto se explica por el hecho de que él es la encarnación de Roma. Es por esto que no resulta posible que alguien sea *hostis* de la República sin convertirse *involuntariamente* en *inimicus* del Arpinate, aunque este status devenga en abstracto a los fines prácticos en lo que a la gravedad de sus consecuencias jurídicas y políticas refiere. Y es respecto a dichas consecuencias sobre lo que llama la atención un agudo analista como Carl Schmitt.

Es conocida la tesis que el jurista alemán trazó en torno al binomio amigo-enemigo y cuyas categorías resultaban ser, en su opinión, la esencia constitutiva de lo político ya que se trataría de «la distinción política específica, aquella a la que pueden reconducirse todas las acciones y motivos políticos» (SCHMITT, 2014: 59). En íntima relación con ambos términos, y en su desarrollo en torno al tópico de la guerra, es que llegamos a una cuestión que aquí concentra nuestro mayor interés: el de la guerra realizada en nombre de la humanidad. Schmitt plantea que cualquier guerra realizada en nombre de la humanidad es un engaño ya que implica la deshumanización del otro, quedando así anulada la duplicidad amigo-enemigo. Sin embargo, no es la despolitización que denuncia Schmitt lo que aquí concentra nuestro mayor interés sino el concepto de «apropiación» en el que allí se incurre, es decir,

> cuando un Estado combate a su enemigo político en nombre de la humanidad, no se trata de una guerra de la humanidad sino de una guerra en la que un determinado Estado pretende apropiarse un concepto universal frente a su adversario, con el fin de identificarse con él (a costa del adversario), del mismo modo que se puede hacer un mal uso de la paz, el progreso, la civilización con el fin de reivindicarlos para uno mismo negándoselos al enemigo. (*Ibíd.*: 84)

Una observación que aquí se impone gira en torno a una cuestión que se encuentra implícita en el pasaje citado. Nos referimos a lo que se presupone como un requisito previo al hecho de que un determinado Estado se apropie de la enunciación «nosotros, la humanidad» que el jurista denunciaba. Es que no hay que dejar de observar que aquel que reivindica para sí a la humanidad es *un determinado Estado,* el cual habla y actúa, necesariamente, en nombre de una totalidad a la que nunca, por definición, puede comprender y cuyo caso paradigmático –por ser el más evidente– no es otro que aquel en el que el Estado se encuentra encarnado en la exclusiva figura del líder político. Por lo tanto, el paso que parece ineludible antes de enunciar la apropiación de la humanidad es la apropiación de un Estado que será aquel que luego afirmará, por medio de la voz de su líder, actuar en nombre de la humanidad. Ahora, quisiéramos centrarnos en esta capacidad que Schmitt denuncia cuando se emprende una acción en nombre de la humanidad, negándosela a aquel que ha sido proclamado enemigo.

Si ya hemos visto cómo Cicerón es capaz de convertir a Antonio en algo que no pertenece al género de lo humano, resta aún ahondar sobre algunas de sus consecuencias. Centrándonos en la noción de guerra, la cual, por otra parte, resulta sumamente cara al lenguaje ciceroniano, encontraremos que la sucesión de hechos que se enuncian en la invectiva contra Antonio inducen a concluir que éste declaró la guerra contra la República y, por ende, contra todos los ciudadanos de bien quienes, en la retórica ciceroniana, constituyen la totalidad de los miembros que conforman a la humanidad. Pero no debemos olvidar que la guerra contra la República significa también la guerra contra los dioses, quienes no solo han tomado parte en los designios fundacionales de la *Urbs* sino que son quienes han creado al hombre y le han dado su carácter divino que se sintetiza en su capacidad de estar erguidos para «que, mirando al cielo, pudieran adquirir conocimiento de los dioses»[183] haciendo de esa manera posible la vida social.[184] Al mismo tiempo, no debemos pasar por alto que el ataque a la *Urbs* es el ataque al lugar que los dioses eligieron para cohabitar junto a los hombres (cf. ARENDT, 2008).

---

183   N.D. II 56,140.
184   Cf. N.D. I 2,4; II 61,153.

Por todo esto, se puede conceptualizar a la guerra que Cicerón proclama contra su enemigo como una guerra total: hombres y dioses se enfrentan a *eso* que ha sido «expulsado de los recintos de la naturaleza humana»[185] y que debe ser eliminado de la faz de la tierra para que tanto el orden natural como la humanidad tengan alguna posibilidad de subsistir.[186] De esta manera es posible comprender el carácter excepcional de las acciones que buscan emprenderse y que se encuentran condensadas en dos pasajes en los que Cicerón proclama, por una parte, el *tumultus* y, por otra, donde lanza el pedido de la extrema medida del *senatus consultum ultimum.*[187] Ahora bien, no debemos perder de vista que el *tumultus* resulta un concepto interesante debido a sus implicancias políticas y civiles debido a la amenaza que implicaba; como bien nos recuerda Agamben, el *tumultus* «designa técnicamente el estado de desorden y agitación» (*tumultus*, i.e. hinchazón, tumor) que puede darse como resultado de una insurrección o una guerra civil (cf. AGAMBEN, 2005: 86). Aquí, sin embargo, quisiéramos agregar un comentario al aporte realizado por el autor italiano; a la cercana relación que Agamben plantea entre *bellum* y *tumultus* (ibíd.: 87), nosotros quisiéramos resaltar el hecho de que, a diferencia de la guerra (*bellum*), el *tumultus* designaba el conflicto interno, pero más aun: representaba un estado mucho más inquietante y amenazante que la misma guerra (cf. LINTOTT, 2008: 394). Es decir, no es solo su *cara interna* sino que es algo que se relaciona con lo excepcional y es por ello que por su intermedio se habilitaba al cónsul «a armar rápidamente a los ciudadanos con el fin de defender al Estado» (SHAPIRO, 2005: 140). En este sentido, resulta ilustrador el pasaje en el que Cicerón afirma:

---

185   Phil. XIII 1,1.

186   Cf. N.D.

187   Aquí se aprecia la mencionada concentración de poderes al recaer sobre una misma persona dos magistraturas que tenían, cada una de ellas, la potestad de declarar, en distintos ámbitos y jurisdicciones, el *tumultus* y el *Senatus Consultum Ultimum*. Sobre la relación del *Senatus Consultum Ultimum* y *iustitium* cf. AGAMBEN, 2005.

considero que debemos ocuparnos del asunto sin ninguna demora y actuar enseguida; os digo que conviene decretar el estado de alarma (*tumultus*), cerrar los tribunales, ponernos el uniforme de campaña, realizar un reclutamiento, *suprimiendo las exenciones* en Roma y en toda Italia [...] Si se hacen estas cosas, el propio rumor y la noticia de nuestra severidad ahogarán la locura de este criminal gladiador: *comprenderá que ha emprendido una guerra contra la República*[188]

Tras lo cual proclama, bajo la conocida fórmula que permitía otorgarle a los cónsules la plenitud de poderes ante situaciones excepcionales, «propongo que sea encomendada a los cónsules la dirección de toda la República y que se les encargue que la defiendan y tomen medidas para que no sufra ningún daño».[189] Aquí se muestra en toda su evidencia la característica central de la *ratio status*,[190] pero también de aquello que representa la marca identitaria del debate sobre la legitimidad de las acciones del Estado en un contexto de peligro extremo y que los romanos sintetizaban en la máxima *neccesitas non leget habet*, la necesidad no tiene (no reconoce) ley. De esta manera, identificado el *hostis*, proclamado el *tumultus* y propuesto el *senatus consultum ultimum*, solo quedaría exterminar al enemigo. Sin embargo, y contra lo que Cicerón proclama una y otra vez, dar muerte al que fuera un ciudadano romano no era una cosa trivial y, en muchos casos, esto podría traer consecuencias para aquel que liderara las acciones en nombre de la República. Sobre esto mucho sabía el propio Marco Tulio, quien había vivido el exilio luego del proceso que se desencadenara con la muerte de Lucio Sergio Catilina tras protagonizar el intento de revuelta del año 63, el año del consulado de Cicerón.[191] Es por esto que, para evitar cualquier posible consecuencia, resulta conveniente confun-

---

188 Phil. V 12,31. El énfasis es nuestro. También resulta pertinente el pasaje de *Filípicas* en el que Cicerón aborda la controversia surgida en torno a los términos guerra y «estado de alarma»; al respecto cf. Phil. VIII 1,2.

189 Phil. V 12,34.

190 Al respecto cf. FOUCAULT, 2006; especialmente las clases correspondientes al 8,15 y 22 de marzo de 1978.

191 Recordemos que es sobre el supuesto de que Cicerón falseó los elementos que sustentaban la proclamación del *Senatus consultum ultimum* que habilitaba las acciones contra Catilina la causa por

dir las propias acciones con los deseos y las acciones de aquellos que se encuentran más allá del alcance del juicio de los hombres y que no son otros que los dioses inmortales. Es decir, el discurso metapolítico muestra su efectividad en un sentido doble: además de producir el ya mencionado efecto de determinar las acciones políticas sin que nada del ámbito de lo político parezca intervenir en él, posibilitaba el hecho de favorecer el que las acciones realizadas por los hombres puedan no serles imputadas a los mismos. O, desde otro punto de vista, hacer de los hombres un mero instrumento de la voluntad divina. Sobre este aspecto particular, y una interesante variante del mismo, nos ocuparemos a continuación.

2. Manipulación divina

Si ya hemos procurado resaltar con buen énfasis el carácter central de todo lo referente a la esfera de lo divino en tanto núcleo central de la *civitas* romana y de la *salus rei publicae*, debemos ahora ocuparnos de la forma en la que Cicerón manipula discursivamente la intervención divina sobre los asuntos humanos. A grandes rasgos, dicha manipulación puede comprenderse de acuerdo a dos objetivos que persigue el Arpinate y que comprenden, por una parte, el uso de la divinidad como elemento retórico en pos del *movere* del auditorio. Y, por otra parte, resulta evidente el intento por investir las propias acciones de Cicerón con un halo divino que lo proteja de las posibles consecuencias políticas que dichas acciones pudiesen tener con posteridad, una vez restablecido el orden institucional. De todas formas, y como bien lo evidenció el exilio ciceroniano, no resultaba tan simple eludir los juicios que, una vez restablecido el orden, podían llevarse a cabo, lo cual debería hacernos matizar el alcance que se le ha otorgado al concepto de *iustitium* cuando afirmamos, sin más, que se corresponde con un estado en el que el derecho queda suspendido (cf. AGAMBEN, 2005: 86-7). En todo caso,

---

la que se proclama la ley de *exsilio Ciceronis* y por la que se le aplica la pena de la *lex de capite civis romani* bajo la cual Cicerón tiene que marchar al exilio.

resulta necesaria una adenda: si el *iustitium* servía para designar la interrupción del derecho, dicha interrupción no podía ser total si aquellos que actuaban lo hacían sin garantías de que sus acciones no pudieran ser juzgadas una vez restituido el orden o, como comenta Agamben, que las mismas quedasen supeditadas a las circunstancias de cada caso (*ibíd.*: 99). En todo caso, y más allá de las disquisiciones en torno al *iustitium*, nuestra atención se centra en que ante las vicisitudes de la vida política, los hechos demuestran que confundir las acciones de los hombres con la voluntad divina es un recurso con el que es conveniente contar y cuya recurrencia excede al propio contexto romano. Es decir, que la intencionalidad última de confundir el accionar del hombre con la voluntad divina se centra en un doble aspecto: el conmover al auditorio para favorecer la toma de decisiones y el asegurar que aquellas acciones les sean lo menos imputables posible a aquel que las propone o las lleva a cabo una vez restituido el orden institucional. Centrándonos, entonces, en los dos aspectos a los que hacíamos referencia, encontramos que dichas acciones resultan paradigmáticas, cada una en un sentido diferente, en al menos tres procesos en los que nuestro autor fuera protagonista a lo largo de su carrera política: las ya citadas *Filípicas* y las *Catilinarias* y el *Pro Marcello*. Analicemos, entonces, lo que a nuestro entender resultan ser los dos paradigmas de la intervención divina en lo que respecta a la vida y la muerte en los asuntos humanos en el contexto tardorrepublicano.

2.1 Intervención divina I: muerte y salvación

Tanto en los discursos contra Marco Antonio como en aquellos pronunciados durante su consulado del año 63 contra Catilina, Cicerón ofrece un amplio repertorio de casos en los que el orador manipula a la divinidad para alcanzar sus objetivos y confundir sus acciones con el deseo de aquellos seres inmortales. Así, pueden encontrarse situaciones en las que el Arpinate se esfuerza para que las acciones de los cónsules se correspondan con el grado de decisión y de arrojo que mostraron los dioses cada vez que han intervenido en favor del pueblo romano no dejando de insistir acerca del grado de responsabilidad que tendrán los hombres si algún desastre le ocurriese a Roma.[192] Es por esto que, ante un Senado demasiado dubitativo para el gusto del orador, proclama que «contamos con tales cónsules, tal entusiasmo del pueblo romano, tal consenso de Italia, tales generales, tales ejércitos, que no puede ocurrirle a la República ninguna desgracia sin culpa del Senado».[193] Es que la concordia entre hombres y dioses es enunciada de manera clara y unívoca debido a que «ahora no sólo los hombres sino también los dioses inmortales se han puesto de acuerdo para salvar a la República: [...] ¿qué razón hay para que tengamos dudas sobre la voluntad de los habitantes del cielo?».[194] Nuevamente, hombres y dioses han conformado una alianza con un claro objetivo que no es otro que salvar a la República y todo lo que se oponga a ellos será identificado con el enemigo público.

Es de esperarse que ante la gravedad de la amenaza que se cierne sobre Roma las acciones que se deben tomar sean, en consecuencia, drásticas –no olvidemos que Cicerón recurre al lugar común de equiparar a la República con un cuerpo que se encuentra amenazado por una serie de males que deben ser tratados con urgencia y severidad debido a que la gravedad de los miembros afectados ponen en riesgo la vida de la *res publica*–. Es así que entra en juego una serie de relaciones que involucran a nociones como la de *hostis* (como huésped hostil) y acciones como la de amputar un miembro debido a una enfermedad que, en su caso típico, es presentada en realidad como si de una infección se tratara. La carga semántica con la que el discurso político suele referirse a la figura de la amputación de un miembro se relaciona con el concepto de infección, el cual refiere a la acción de introducir (*infec*)[195] una mancha, con

---

192   Cf. Cat. IV 8,18.

193   Phil. VII 7,20. En el mismo sentido se expresa en Cat. IV 8,18.

194   Phil. IV 4,10. También en *Catilinarias* encontramos pasajes similares como, por ejemplo, Cat. II 11,25; II 13,29; III 1,1; III 8,18; IV 2,3.

195   Cf. la entrada *infectio* en VALPY, 1828.

teñir algo, y guarda, a su vez, una relación cercana con el acto de corromper[196]. Esta noción del cuerpo como huésped de un elemento que se introduce y se le vuelve hostil muestra que los términos *hostis* e infección son sinónimos si consideramos tanto su comportamiento como sus efectos. Sin embargo, lo más importante es que permiten comprender su estrecha conexión con la medicina. Ahora, situados nuevamente en el plano jurídico-político, no olvidemos que la fuente del derecho que permitiría matar al *hostis* es la misma divinidad. Es por esto que, para Cicerón, si las vidas de Marco Antonio o Catilina dependiesen exclusivamente de los dioses, éstos ya habrían sido eliminados hace tiempo, ya que si nos preguntasen «¿por qué ley, con qué derecho?» responderíamos:

> Con el que el propio Júpiter sancionó: que todo lo que fuera saludable para la República se considerara legítimo y justo; pues no es otra cosa la ley que la razón recta y nacida de la voluntad de los dioses, que ordena cosas honestas, prohíbe las contrarias.[197]

Y es que tanto los antepasados como los mismos dioses «han ofrecido a la República una increíble posibilidad y oportunidad de acabar con ellos»,[198] con los Antonio, con los Catilina. Si bien los ejemplos históricos que demuestran que Cicerón no se atiene estrictamente a los hechos cuando proclama que los antepasados eran expeditivos a la hora de dar muerte a un ciudadano romano que representara una amenaza para Roma,[199] dichas aseveraciones no deben ser subestimadas si nos atenemos a su funcionalidad. Es que se trata del tipo de relato que Foucault ha denominado «campo histórico» y cuya característica esencial radica en que «la historia no es simplemente un analizador o descifrador de fuerzas» sino que en realidad «es un modificador» (FOUCAULT, 2001: 161). No olvidemos que aquel que tiene el decir autorizado de la historia goza de una

---

196 Cf. la entrada *inficio* en el citado diccionario etimológico (VALPY, 1828).
197 Phil. XI 12,28. En el mismo sentido, Cat. II 11,25.
198 Phil. III 14,36.
199 Tal como hace deslizar en Cat. I 11,27 pero cuyos casos no exceden en mucho a los nombres de Tiberio Graco y Espurio Melio como se puede comprobar en Cat. I 1,3.

posición destacada, la cual resulta estratégica de cara a la vida y la muerte de los ciudadanos, y este es el tipo de relación que resultará característica en Occidente a partir del siglo XVIII, especialmente en lo que respecta a la historia y su relación con la guerra. En sus propios términos leemos que

> la constitución de un campo histórico político se traduce en el hecho de pasar de una historia que hasta allí tenía la función de expresar el derecho con el relato de las hazañas de los héroes o los reyes, sus batallas, sus guerras, etcétera, de una historia que decía el derecho contando las guerras, a una historia que ahora hace la guerra descifrando la guerra y la lucha que atraviesan todas las instituciones del derecho y la paz. Por lo tanto, la historia se convierte en un saber de las luchas que se autodespliega y funciona en un campo de luchas: combate político y saber histórico están, en lo sucesivo, ligados uno al otro. (*Ibídem*)

A pesar de su lejanía con el siglo XVIII, comprobamos que es en este sentido en el que el Arpinate recurre a la historia para, por su intermedio, justificar el carácter inevitable de la guerra como cuando no duda en vincular algunos hechos con designios divinos que deberían servir a los hombres como guía de sus acciones en momentos tan adversos. Un ejemplo de esta forma de proceder la encontramos cuando no duda en relacionar un designio divino con el nombre de la primer legión que hizo frente a Antonio (la Legión Marcia) y de la cual dirá «me parece que por inspiración divina ha tomado su nombre del dios de quien sabemos por la tradición que nació el pueblo romano»[200] y es mediante ese hecho que el orador explicará la lucidez de la legión al haber identificado a Antonio como *hostis* mucho antes de que se trate dicha cuestión en el Senado. Lo que resulta evidente es que interviene una psicología del discurso que se combina con una «topografía metafísica» en la que «Cicerón busca manipular y controlar un sistema particular de signos, es decir, el sistema de significados simbólicos que su audiencia asocia con diversos lugares y monumentos, las imágenes del mundo real y su interpretación de las mismas» (PINA POLO y SIMÓN, 2000a:

---

200 Phil. IV 2,5.

163), logrando así que en muchos casos hasta un paisaje parezca como aquel que dio la orden de matar a un enemigo. También en sus discursos contra Catilina encontramos fragmentos de características argumentativas similares, como el pasaje en el que Cicerón asegura que no se debe a la casualidad el hecho de que la estatua de Júpiter sea erigida, después de tantos contratiempos, el mismo día, y en el mismo momento y lugar en el que el orador lanza su tercer discurso[201] pronunciado ante el pueblo. De lo que se trata aquí es de no dejar dudas en el auditorio y demostrar, por todos los medios posibles, aquello que solo en el momento indicado es dicho de manera explícita a través de una pregunta que ofrece, a la vez, su inequívoca respuesta: «¿quién puede ser tan enemigo de la verdad, tan precipitado, tan insensato que niegue que todo este mundo que vemos y, de un modo especial, esta ciudad están gobernados por la voluntad y el poder de los dioses inmortales?».[202]

2.2 Intervención divina II: clemencia y salvación

El otro caso que resulta interesante abordar en pos de evidenciar la capacidad ciceroniana de manipular lo divino en torno a sus intereses se encuentra en el discurso que brindara el Arpinate ante César, en agradecimiento por el retorno de su amigo personal[203] Marco Claudio Marcelo.[204] La particularidad de este discurso es, precisamente, que evidencia el carácter modificador que posee la historia y su relación con la guerra pero también, cómo no, con la paz. Así, nos encontramos que en el *Pro Marcello* la manipulación de la divinidad se hace con otros fines que los de performar la identidad de un *hostis* al que luego hay que matar con la consabida aprobación

---

201 Cat. III 8,20.

202 Cat. III 9,21.

203 Cf. Fam. XV 9 1 en CICERÓN, Marco Tulio. *Cartas III*.

204 El *Pro Marcello* es el primero de los tres discursos comprendidos dentro de las *Orationes Caesarianae* pronunciados, ante César, entre septiembre del 46 y noviembre del 45. Los otros dos discursos son *En defensa de Quinto Ligario* y *En defensa del rey Deyótaro*. Dichos discursos se encuentran en la edición que aquí seguimos, publicada como CICERÓN, Marco Tulio. *Discursos VII* (traducción de José María Requejo Prieto, Madrid: Gredos, 2011).

divina; el *Pro Marcello* encierra entre sus líneas una magistral muestra de cómo dirigirse al tirano para que su defendido sea absuelto
(aun cuando éste formó parte de acciones que bien le valdrían la
condena) trasladando la culpa de lo sucedido a los dioses.

Una vez más, es la divinidad la que desempeñará un rol argumentativo central ya que se le atribuirá a la misma, y en parte al
destino *(fatum)*, el devenir de los hechos que acababan de suscitar-
se en torno al episodio que rodea al discurso. Aquí, los hombres,
en lugar de ser los activos aliados de la voluntad divina o el objeto
de un gran destino, son presentados como víctimas del capricho
de los dioses y del destino. En este sentido, encontramos que los
hombres se vieron empujados a la guerra por el *fatum*,[205] y aquellos
que cayeron en los enfrentamientos no fueron abatidos por la ira de
otros hombres sino por Marte,[206] el mismo dios al que tantas veces
apelaron los romanos y, particularmente, Cicerón para invocar protección y para recordar las acciones divinas que en momentos tan
difíciles actuaron en auxilio de la República. Y es que los hombres,
en realidad, tuvieron su parte de responsabilidad pero asentada no
en la crueldad o la ambición sino en la «ignorancia y por un miedo
supuesto e injustificado».[207] Es por esto que, teniendo en cuenta que
los hombres no han actuado con malicia y que han sido víctimas de
la voluntad divina y del destino, es posible superar una situación
tan desdichada para el pueblo romano. Y si para ello resultan ser
excelentes condiciones la falta de dolo por parte de los hombres que
intervinieron en el enfrentamiento entre los dos bandos, la intervención de los dioses no concluye allí. Éstos desempeñan un lugar
esencial a la hora de suplicar que los hombres no sean castigados
debido a que si la verdadera paz es aún viable, la misma depende,
en última instancia, del carácter clemente del tirano. Es allí donde
Cicerón apela a la divinidad cuando, dirigiéndose a César, exclama:

---

205   Cf. Marc. V 13.
206   Cf. Marc. VI 17.
207   Marc. V 13.

me parece que los dioses inmortales, aunque exigieron del Pueblo Romano castigos por algún delito, *ellos, que provocaron una guerra civil* tan terrible y tan luctuosa, bien aplacados, bien saciados por fin, han confiado toda la esperanza de salvación a la clemencia y sensatez del vencedor.[208]

De esta manera, los dioses le han devuelto a los hombres la posibilidad de restituir la mutua concordia ya que César es un vencedor pero es un vencedor muy particular ya que es un ser que venció a la propia victoria debido a que, como lo explica Cicerón, «mientras que *podríamos haber muerto justamente* todos los vencidos, por la condición de la victoria en sí, nos hemos visto salvados por el dictamen de tu clemencia».[209] Una clemencia que es utilizada para influir sobre los ánimos de César involucrando nuevamente a la divinidad al afirmar que

> una clemencia tan poco vista e inaudita, una mesura tan notable en un poder supremo (*summa potestate*) sobre todas las cosas, una sabiduría, en fin, tan increíble y casi divina, bajo ningún concepto puedo pasar por alto permaneciendo callado.[210]

Sin embargo, hay otro aspecto que resulta esencial para comprender las implicancias de lo dicho por el orador y que se traslucen en sus palabras: como el género humano ha sido víctima del capricho divino y, si bien hay vencedores y vencidos, se puede concluir que no hay culpables, lo cual es equivalente a decir que no hay, no hubo, un *hostis*. Tampoco debe pasarse por alto el hecho de que ha sido exclusiva competencia de la divinidad el haber provocado un estado de situación en el que se podría haber asesinado, legítimamente, a un ciudadano romano. La afirmación «podríamos haber muerto justamente» no puede significar otra cosa que el hecho de que si César hubiese matado a los vencidos, a pesar de ser inocentes, aquel no sería culpable de asesinato. Si bien retomaremos luego

---

208   Marc. VI 18. El énfasis es nuestro.

209   Marc. IV 12. El énfasis es nuestro. Sobre el carácter clemente de César, ver también Marc. I 1; III 8; III 10; IV 12; V 15; VI 17; VI 20.

210   Marc. I 1.

esta cuestión, no quisiéramos dejar de mencionar aquí la estricta relación que se evidencia entre la divinidad y la posibilidad de matar a un ciudadano romano sin incurrir en un delito. En otros términos, creemos que nos encontramos ante un caso paradigmático, ya que aquí se explicitan las condiciones que justifican la muerte de un conciudadano incluso cuando estos sean, efectivamente, ciudadanos en el sentido de no haber perdido con justa razón, aunque sí legalmente, el *ius civis* más que por una caprichosa intervención de carácter exclusivamente divina. Sobre este importante aspecto dirigiremos luego nuestra atención. Ahora, a modo de resumen, diremos que nos encontramos ante un caso en el que los hombres son buenos ciudadanos pero que, confundidos, presas del destino y del capricho de los dioses, se han enfrentado en una guerra de la cual ninguna de sus partes es responsable de haberla iniciado. Es de esta manera en la que debe ser entendido todo el proceso en torno a la guerra civil, la cual no debe arrojar otro resultado que aquello que los mismos dioses que la provocaron ahora desean, el perdón y la mutua concordia del pueblo romano.

3. Pasado y futuro. El presente como tiempo de la acción política

Mucho hemos hablado del uso de la historia, el *mos maiorum* y los mitos de origen tanto como principios activos de la identidad romana como por tratarse de dispositivos de control social. Sin embargo, la cuestión que aún no ha sido abordada es la manipulación que el Arpinate realiza de la historia –en sus intervenciones políticas y forenses– con el fin de diluir su grado de responsabilidad respecto a las consecuencias derivadas de sus palabras una vez que las mismas fuesen convertidas en decisiones políticas. Para llevar a cabo dicho objetivo resulta esencial presentar en una primera instancia, aunque sea de manera sucinta, a la propia concepción que Cicerón tenía de la historia, lo cual arrojará luces sobre mucho de lo dicho hasta aquí y nos permitirá comprender de manera más precisa sus implicancias.

Como hemos visto, nuestro recorrido se había iniciado en un acercamiento hacia lo que podría denominarse como las bases mítico-históricas del poder en la Roma republicana. Allí habíamos anticipado que no resultaba pertinente detenerse en la distinción entre el relato histórico, el mitológico y el religioso ya que estos poseían efectos indistinguibles a la hora de dirigir las conciencias y las sensibilidades de los habitantes de la *Urbs*. También hemos visto cómo los componentes de lo histórico, lo religioso y lo mítico se entremezclaban entre sí funcionando como dispositivos de control social e involucrando a otras instituciones cívico-político-religiosas como el *mos maiorum* y las dos dimensiones del derecho que los romanos denominaban *ius* y *fas*. En este sentido resulta iluminadora aquella afirmación de Arendt que resume maravillosamente las cuestiones aquí mencionadas y que, en sus propios términos, leemos que

> históricamente, el sentido común es tan romano en sus orígenes como lo es la tradición. No es que los griegos y los judíos careciesen de sentido común, pero sólo los romanos lo desarrollaron hasta que se convirtió en el criterio más elevado para la organización de los asuntos público-políticos. Para los romanos recordar el pasado llegó a ser una cuestión de tradición [...] Desde entonces, el sentido común ha estado ligado a la tradición y ha sido alimentado por ésta. (ARENDT, 2008: 78-9)

La cuestión que queda aquí pendiente es la de comprender la función «retórica de la retórica» del dispositivo que denominamos sintéticamente –pero entendido en su sentido más amplio y acaparador– como *la historia.*

3.1 Tiempo condensado

A la luz de la experiencia ciceroniana, y a la trascendencia que ha tenido para Occidente, no deja de ser curioso que hayamos tenido que esperar hasta una época reciente para que se abordara la dinámica que se establece entre la observancia a la divinidad, el mito y la historia como factores condicionantes del accionar social y político y, por ende, como dispositivos de poder. Aquello que tan obvio podía resultarle a Vernant (2002: 11) acerca de la aún vigente relación entre mito y política resultó ser, sin embargo, una relación ignorada por los estudios comprendidos dentro del campo de las ciencias sociales y de manera particular por la teoría política. La excepción a dicha situación se la debemos a los lúcidos aportes de figuras como Claude Lévi-Strauss y Mircea Eliade. Sin ánimos de reducir tan vastas obras a uno de sus aspectos particulares, nos interesa puntualizar algunas cuestiones de sus aportes que resultan aquí centrales ya que sintetizan la perspectiva ciceroniana de la historia la cual será, como veremos a continuación, un elemento digno de ser considerado e incorporado seriamente en los estudios y perspectivas de abordaje de la teoría política contemporánea.

Lejos de ver en los mitos algo inoperante o relegado al ámbito del relato tradicional, Lévi-Strauss comprendió a los mitos como algo no solo vigente sino estructurante de nuestro propio presente, ya que es una característica propia de los mitos el poder «evocar un pasado abolido y aplicarlo, como una trama, sobre la dimensión del presente» (1995: 21). Esa trama debe ser comprendida como una forma de volver inteligible alguna de las dimensiones de nuestro presente y que, sin llegar a ser iguales en los efectos que poseen, podemos decir que operan sobre la subjetividad humana en el mismo sentido en el que la historia era, en términos de Foucault, un *modificador*. Pero a diferencia de la historia, el mito siempre refiere a un pasado remoto aunque el núcleo del mismo pueda llegar a sobrevivir adaptándose a distintas sociedades en distintas épocas (VERNANT, 2002: 104). Es por esto que, teniendo en cuenta todas estas características, se puede afirmar que el mito se refiere «simultáneamente al pasado, presente y futuro» (LÉVI-STRAUSS, 1995: 232). Esta forma de comprender la vigencia del mito, y su poder sobre las sociedades, es lo que lleva a Lévi-Strauss a sostener que «nada se asemeja más al pensamiento mítico que la ideología política» y agrega la hipótesis de que ésta no es más que la versión moderna del mito en el contexto de nuestras sociedades actuales (*ibídem*). En su relación con la historia, se nos explica que, de la misma manera en que el mito evoca un pasado que da cuenta del orden vigente del mundo, los sucesos históricos permiten entender el *status quo* actual y, al igual que los relatos cosmogónicos, además permiten justificarlo. Al mismo tiempo los mitos, en tanto formas de repetición, expresados como una fórmula ritual del tipo *así lo hicieron nuestros ancestros, así lo haremos nosotros* (ELIADE, 1968) muestran su profundo carácter conservador. Pero son conservadores no en tanto repetición de lo hecho por los ancestros sino porque por medio de éstos se evidencia la conexión con la divinidad y así el mito se revela como una historia sagrada, razón por la cual nada sobre lo que ella da cuenta puede ser modificado[211] y, por otra parte, se comprenden las causas por las cuales su conservación devino en un deber sagrado. En esta instancia resulta insoslayable el aporte de Eliade, quien nos advierte que, a pesar del carácter sagrado del mito, no debemos circunscribir su jurisdicción exclusivamente al ámbito sacro ya que también alcanza al ámbito de los asuntos naturales y humanos; entendiendo que los mitos permiten explicar tanto el fundamento del mundo como las características inherentes al hombre (ELIADE, 2000: 17), y en el sentido de que trata de relatos que versan sobre «cosas reales» es que se puede concluir que se trata de una «historia verdadera» (*ibíd.*: 19).[212] Por otra parte, no debemos perder de vista otro aspecto característico del mito y es la de su doble pertenencia: la de pertenecer simultáneamente al campo del habla y al del lenguaje. Es decir, el mito no opera por medio de su estructura lingüística, "el mito es lenguaje, pero lenguaje que opera en un nivel muy elevado y cuyo fundamento logra despegar […] del fundamento lingüístico" (LÉVI-STRAUSS, 1995: 233). Es por todo esto que no dudamos en afirmar que el mito, en su propia dinámica *natural*, ha sido frecuentemente reutilizado con

---

211   En relación a la temporalidad pagana y el concepto de historia como tiempo incapaz de producir innovación alguna, cf. MARRAMAO, 1998.

212   En un sentido diferente pero resaltando la relación del rito con el acto eficaz, Cf. AGAMBEN, 2008: 394.

fines de legitimación histórica pudiendo, además, explicar parte de su efectividad debido al distanciamiento que logra establecer con la estructura lógica propia del campo lingüístico. Pero aun más, los especialistas (salvo contadas excepciones) realmente parecen haber ignorado las implicancias de dicha relación, la cual ha sido lúcidamente definida como la "continuidad orgánica que se manifiesta entre la mitología, la tradición legendaria y lo que no hay más remedio que llamar política" (*ibíd.*: 258). Lo dicho hasta aquí nos sirve para volver a centrarnos en la historia y en su apropiación por parte de Cicerón y dar cuenta, al mismo tiempo, de una tradición que ha empobrecido los análisis centrados en la vida y el accionar político del orador impidiendo, así, comprender sus profundas implicancias actuales.

El concepto ciceroniano de historia no ha llamado debidamente la atención de aquellos estudiosos del mundo romano[213] ni la de aquellos interesados en el uso de la historia como forma de influir sobre las decisiones políticas.[214] La primera cuestión de suma sensibilidad para nosotros es considerar que, según Cicerón, «la historia» no se limita al mero relato de los acontecimientos pasados sino que allí también se incluye el ornato con el que el «historiador» da cuenta de los hechos. El mismo Arpinate nos dice sobre los hechos históricos que «estos, naturalmente, son sus cimientos, que todos conocen: [pero] el armazón y construcción de la [historia] misma consta de lo narrado y de su expresión», e inmediatamente agrega que

en la narración de los hechos quede claro no sólo lo que ocurrió o lo que se dijo, sino también de qué modo; que cuando se hable de los resultados, que se expliquen todos los factores debidos al azar, a la prudencia o a la temeridad: y no sólo la actuación de los protagonis-

---

213 Honrosas excepciones son la ya mencionada de FOX, 2007, y las partes *c* y *d* de LINTOTT, 2008.

214 Como veremos luego, la mayoría de los trabajos que abordan el uso de la historia como forma de influir sobre las decisiones políticas deberán esperar hasta el siglo xx para ver la luz aunque, así y todo, no contamos con una gran cantidad de trabajos que aborden específicamente el caso romano. Algunas excepciones son el ya mencionado trabajo de CANFORA, 1991.

tas en sí, sino la biografía y carácter de quienes puedan destacar por su fama o renombre.[215]

Por supuesto, la cuestión que parece imponerse ante este planteo es en qué medida el ornato oratorio puede interferir con el relato del hecho «en sí mismo» histórico o, para ser más directos, en qué medida el ornato puede llegar a tergiversar los hechos efectivamente ocurridos. Si desglosáramos la cita ciceroniana encontraríamos que en el relato quedan comprendidos aspectos tales como la subjetividad de quien acuña la narración o la trascendencia que tiene la divinidad o el *fatum* y hasta la propia *dignitas* de cada actor que interviene en la historia. Es por todo esto que los historiadores contemporáneos toman mayoritariamente la determinación de no considerar, en la obra ciceroniana, a sus relatos históricos como fieles a los hechos[216] ya que

> no solo las declaraciones acerca de su propia vida, especialmente en sus discursos, contienen sesgos y distorsiones, por no decir a veces absoluta fantasía, sino que la mayoría de los relatos de cosas del pasado tienen un elemento convincente en su trabajo que tiende a ensombrecer su devoción por la verdad tal como él la conoce. (LINTOTT, 2008: 3)

La cuestión aquí es que nuestro interés coincide, precisamente, en los aspectos de su discurso que podrían no apegarse estrictamente a los hechos. Debemos alejarnos de aquellas perspectivas que tienden a comprender la manipulación ciceroniana de la historia como un mero prurito propio del esteticismo oratorio o como manipulación, simple y llana, que busca que la historia se pronuncie sobre aquello que incluso pudo no haberse producido. Entendemos que estas lecturas tienden a hacer de Cicerón un desfachatado y, lo más importante, a condicionar el análisis de sus discursos al carácter veraz de los mismos soslayando su riqueza si nos interesamos, por ejemplo, por su efectividad psicológica. La cuestión es un poco

---

215 De Orat. II,63. Seguimos aquí la edición de CICERÓN, Marco Tulio. *Sobre el orador* (traducción de José Javier Iso, Madrid: Gredos, 2002).

216 Parecen resonar aquí las palabras expresadas por Loraux sobre la lectura un tanto ingenua realizada por los antropólogos en torno a «la objetividad» de Tucídides y Heródoto. Al respecto cf. LORAUX, 2008, especialmente p.43 y ss.

Juan Acerbi

más sensible y aborda, como hemos anticipado, la dimensión «retórica de la retórica» lo cual quiere decir una dimensión de análisis que excede la naturaleza y los componentes propios del discurso y que se centra en las expectativas y, en general, en el estado anímico de aquellos que conforman el auditorio. De esto da cuenta Cicerón cuando le explica a Craso que el orador que buscan debe ser

> un hombre agudo y hábil tanto por naturaleza como por experiencia, que con buen olfato sea capaz de seguir la pista de lo que sus propios conciudadanos y los hombres a los que pretende convencer mediante su discurso piensan, sienten, opinan, esperan. Conviene que conozca el pulso de todo tipo de gente, edad y clase social y que sepa captar el modo de pensar y sensibilidad de aquéllos ante los que actúa o va a actuar.[217]

Lo que explica el Arpinate no es otra cosa que el hecho de que el verdadero orador debe ser capaz de evaluar y ajustar los parámetros discursivos al *pulso* de aquellos a los que se enfrenta y es por esto que el apelar a nociones comunes, tradicionales y divinas resultaba esencial para lograr la persuasión del auditorio. Pero, hasta aquí, no estaríamos más que centrados en el contexto de la retórica y la oratoria clásica: disponer, conmover, persuadir. Pero si pretendemos comprender las implicancias sociopolíticas del decir histórico, tanto en la época clásica como en la contemporánea, debemos considerar otros aspectos de los elementos que se conjugan en el discurso político.

Los estudios abocados a la dimensión psicológica del discurso político no han resultado ser los privilegiados por los cientistas sociales, por lo que también se ha descuidado la dimensión subjetiva de la conformación de sentido del discurso así como su relación con la ideología y otras formas de lenguaje que exceden al estrictamente lingüístico.[218] Pero, en pos de no desviarnos de nuestros

---

217 De Orat. I 223.

218 Relativamente reciente, y sumamente auspiciosa, resulta la teoría multimodal, la cual considera, entre otros asuntos, la incidencia de los aspectos culturales en los diversos modos del discurso e incorpora los aportes realizados por la así denominada Teoría Crítica del Discurso. Al respecto, cf. KRESS, 2010. También O´HALLORAN, 2004.

objetivos, nos referiremos aquí, de manera exclusiva, a los aportes que contribuyeron, desde diferentes perspectivas disciplinares, a la conformación de un campo de estudio centrado en la relación entre el decir histórico y la toma de decisiones políticas. En este sentido resulta ineluctable el aporte realizado, en el campo de los estudios de la memoria colectiva, por Maurice Halbwachs. En un estudio que se ha convertido ya en un clásico, el autor nos dice que no posee el mismo valor el recuerdo que sólo es nuestro frente a aquel que se apoya en el recuerdo de los demás, y esto se debe a que de esta manera «nuestra confianza en la exactitud de nuestro recuerdo será mayor, como si reiniciase una misma experiencia no sólo la misma persona sino varias» (HALBWACHS, 2004: 26). Ese reinicio del que nos habla Halbwachs no es otro que la repetición que ya hemos mencionado en el *decir de los antepasados*, en la repetición de la liturgia, del culto a la divinidad que se reactualiza en la voz de aquellos autorizados para hablar en su nombre. Es en este sentido que resulta pertinente recordar el aporte de Roberto Esposito, quien explica que es una característica de la religión el impedir una acción novedosa por parte del hombre y esto debido a que la acción religiosa se encuentra en una

> constante reinscripción dentro de un marco definido con anterioridad que hace de todo inicio un reinicio, una reanudación ya anudada siempre con anterioridad a aquello que la precede y la predetermina. Es como una mirada constantemente atraída hacia atrás; o una voz doblada en su propio eco. (ESPOSITO, 2009: 84)

Pero hay aquí dos cuestiones que resultan sensibles y no pueden ser dejadas de lado; una de ellas se centra en la capacidad del orador no solo para conmover, persuadir y reactualizar los hechos del pasado sino también en su capacidad para internalizar los recuerdos. En otros términos podemos decir que

> probablemente, todo el arte del orador consiste en hacer creer a quienes lo oyen que las convicciones y sentimientos que despierta en ellos no les han venido de fuera, sino que proceden de ellos mismos, y que simple-

Juan Acerbi

mente ha adivinado lo que se elaboraba en el secreto de su conciencia *limitándose a prestarles su voz.* (HALBWACHS, 2004: 47: el énfasis es nuestro)

Recién ahora podemos aspirar a comprender la verdadera influencia que posee sobre el auditorio el hecho de que aquel que *les presta su voz* sea, al mismo tiempo, el portavoz de las generaciones pasadas, de la divinidad y de la República misma. No resulta descabellado, entonces, afirmar que aquella memoria común a la que tantas veces se apela, y que se encuentra anclada en la memoria individual y en las fibras sensibles de hombres, mujeres y niños conforma el sustrato de ese pasado que es evocado sistemáticamente desde el poder como una realidad objetiva la cual, sin embargo, no es más que un «medio artificial» (*ibíd.*: 61) y totalmente independiente de si los «hechos» ocurrieron o no. Por lo tanto, mal hacemos si juzgamos la obra ciceroniana haciendo hincapié en su fidelidad a los hechos en lugar de analizar los canales que han hecho efectivo a ese tipo de discurso el cual nos atrevemos a aseverar que resulta paradigmático[219] del discurso político contemporáneo.

Como sabemos, un aspecto que posee una amplia incidencia sobre la vida colectiva de un pueblo es aquella impronta que fija, para toda la vida posterior de una ciudad y sus habitantes, las bases de aquel hito que nunca pasa desapercibido y que no es otro que el de la fundación. El caso de la fundación de Roma puede servirnos de ejemplo para evidenciar cómo, lejos de quedar reservada al pasado y a su frío recuerdo, condicionó no solo a su propia historia posterior sino que sus ecos se propagaron hasta nosotros (ARENDT, 2008: 85). Pero en un sentido más general, sabemos que la fundación de cualquier ciudad

> no es un mero inicio que luego desaparece en lo que sigue; por el contrario el origen nunca cesa de comenzar, es decir, nunca cesa de gobernar y mandar a lo que ha iniciado. [...] La idea aquí es que la creación, *creatio*, es una continua creación, *creatio continua*, que hay una íntima conexión entre creación y gobierno. (AGAMBEN, 2012: 51)

---

219 En el sentido agambeneano de paradigma. Al respecto ver su *Signatura rerum. Sobre el método* (2009).

Pero más específicamente podemos decir que, ante la necesidad de llenar ese cuadro vacío compuesto por nombres y episodios que siempre resultan por definición demasiado lejanos para el auditorio contemporáneo, es que se vuelve esencial recurrir a los ritos sociales, culturales, jurídicos, religiosos que apelan continuamente a una memoria que se actualiza permanentemente en el *mos maiorum*, en el (re)decir de los dioses y en la propia interpretación de la historia. Es por esto que instaurar las formas rituales, religiosas (*relegere*) y litúrgicas se vuelve una cuestión sensible al poder ya que de esta manera «el rito [...] transforma los acontecimientos en estructuras [ya que] podemos afirmar que la finalidad del rito es resolver la contradicción entre pasado mítico y presente, anulando el intervalo que los separa y reabsorbiendo todos los acontecimientos en la estructura sincrónica» (AGAMBEN, 2003: 106). Y es en este sentido que resulta acertada la recomendación de Agamben de releer el mito de la fundación de la ciudad, ya que la misma «no es un acontecimiento que tenga lugar de una vez para todas *in illo tempore*, sino que opera continuamente en el estado civil en la forma de la decisión soberana» (2006b: 141). A nuestro entender, la única objeción que puede sostenerse sobre el parecer del autor italiano radica en su perspectiva temporal, la cual se encuentra situada, exclusivamente, en la Modernidad. Recordemos que, en la formulación de su hipótesis, el autor afirma que esa ficción política a la que recurren los autores contractualistas, y que denominan estado de naturaleza, coincide con el estado de excepción circunscribiendo, así, dicho fenómeno a la Modernidad. De esta manera, Agamben parece perder de vista no solo el propio título de su obra más importante –*Homo sacer*– sino el hecho de la pervivencia que poseía, por ejemplo para Hobbes, la tradición romana y, particularmente, el pensamiento de Cicerón.[220] Pero si la fundación de la ciudad sigue operando en el estado civil, en la forma de la decisión soberana, no podemos dejar de interrogarnos acerca de sus consecuencias sobre nuestro mun-

---

220 No olvidemos, por ejemplo, el «humanismo» de Hobbes y la influencia de Cicerón sobre el autor del *Leviatán,* cf. SKINNER, 2010a.

Juan Acerbi

do actual ya que no hay dudas de que Roma se encontraba en los imaginarios y también en las consideraciones de autores fundantes de la teoría moderna del Estado como Hobbes pero también de los Padres de esas repúblicas que han signado –como Estados Unidos o Francia– (WOOD, 1988) sino los destinos de Occidente sí, al menos, nuestra impronta social y política.

La cuestión que hemos tratado en el presente capítulo puede expresarse, esencialmente, de la siguiente manera: no existe, en cuanto a sus consecuencias ideológicas y a la forma en la que condicionan las acciones de los hombres una diferencia sustancial que nos impida referirnos a la historia como un mito o, recíprocamente, al mito como historia. En tanto que el pasado condiciona, mediante su repetición pero también como forma de inteligibilidad del presente, el accionar y las consciencias de los hombres, no debemos olvidar que dicho pasado, lejos de ser un hecho objetivo, es algo moldeable, adaptable a las necesidades del decir autorizado. En este sentido, también puede afirmarse que la reactualización de los estudios del mito coinciden hoy con mucho de lo que denominamos filosofía política y el propio mito (en un sentido amplio que abarca todas sus representaciones e implicancias posibles) debe ser considerado como un hecho político. En este sentido se puede afirmar que la historia-mito, por medio de su ritualización, permite condensar en un tiempo presente al pasado y, según veremos, también el futuro.

La convivencia del pasado, el presente y el futuro es un tema ausente en los estudios del campo de la teoría política. La noción de un *tiempo ahora* como noción que exprese la condensación de tres espacios temporales parece no haber suscitado un interés más allá de la metafísica y el campo de los estudios lingüísticos. Sin embargo, creemos que nos encontramos ante una de las claves para comprender la manera en la que una población puede ser predispuesta a brindar consentimiento no solo de llevar a cabo las acciones más brutales contra otros seres humanos, sino de embarcarse en empresas que podrían significar su propia aniquilación.

3.2 El tiempo de la acción política

Un pequeño fragmento del mencionado libro de Halbwachs merece aquí nuestra atención:

El niño está también en contacto con sus abuelos, y a través de ellos se remonta a un pasado todavía más remoto. Los abuelos se acercan a los niños, quizás porque, por distintos motivos, unos y otros se desinteresan de los hechos contemporáneos en los que se fijan los padres. (2004: 65)

Este pasaje (que puede parecer un tanto intrascendente) contiene gran parte de la que consideramos como una de las claves para comprender la relación entre varios elementos a los que ya nos hemos referido, especialmente a aquellos relacionados con la historia y, en su carácter de relato dinámico, a su capacidad de direccionar la subjetividad humana. Ahora, no debemos perder de vista que el tiempo de la política, en tanto arte cuya esencia última descansa en la acción,[221] es el presente y, si como ya hemos visto, el tiempo presente es algo que puede ser manipulado, entonces resulta llamativa la falta de interés por parte de los especialistas por elaborar un concepto adecuado del tiempo político para intentar comprender de manera acorde, por su intermedio, las experiencias políticas[222] más importantes de la historia de Occidente.[223] A nuestro entender, una concepción adecuada del tiempo político no puede no considerar, al menos como punto de partida, aquella lectura ineludible para todo aquel que pretenda aún hoy comprender la esencia misma del tiempo (HUSSERL, 2002: 25) y que no es otra que el Libro XI de las *Confesiones* de San Agustín.[224] «No podemos medir lo que no exis-

---

221 Una acción que encuentra su última *ratio* en la razón de Estado. Al respecto, cf. FOUCAULT, 2006: 29-56.

222 De las excelsas excepciones que se han ocupado en vincular las experiencias políticas con la experiencia del tiempo ver KOSELLECK, 1993. De todas formas, como veremos oportunamente, nos referiremos a una mecánica física de lo temporal la cual presupone un abordaje específico.

223 Para una opinión similar, cf. AGAMBEN, 2003: 131.

224 Especialmente los fragmentos 13-31. La edición que citaremos corresponde a SAN AGUSTÍN. *Confesiones* (traducción de Pedro Rodríguez de Santidrián, Barcelona: Alianza Editorial, 1997).

te, y el pasado y el futuro no existen».[225] De esta manera anticipa el hiponense lo que a continuación desarrolla de manera más extensa

¿puede negar alguien que el futuro todavía no existe? Sin embargo, existe en el alma la expectación de futuro. ¿Hay alguien que pueda negar que el pasado ya no existe? A pesar de ello, hay todavía en el alma la memoria del pasado. ¿Y quién podrá negar que el presente carece de extensión, pues se da en un punto?[226]

Ese punto del que ya hablaba San Agustín viene a coincidir con nuestras afirmaciones en torno al discurso político y a la capacidad que tiene el presente de condensar en un solo instante tanto el pasado como el futuro en un nuevo tiempo que es, a la vez, pasado–presente–futuro. Como es de esperarse, lo que no se explica en las *Confesiones* (y es algo que, hasta aquí, no parece haber sido considerado seriamente) es la incidencia que posee dicha condensación sobre los ánimos y su relación con la percepción del mundo y la toma de decisiones. En este sentido, consideramos que cualquier proyecto que se proponga dicha tarea debería ponderar aquel concepto de *Nachleben* que, con buen tino, nos recuerda Ludueña Romandini es utilizado por Aby Warburg.[227] La riqueza de dicho concepto radica en que el mismo nos permite dar cuenta de un tiempo impuro (LUDUEÑA ROMANDINI, 2006: 31) que coincide con la forma en la que hemos concebido esa condensación temporal que recién mencionábamos. Y es que

Warburg pone en funcionamiento un triple proceso de anacronización: en el presente, puesto que nos deja ver la impureza que se encuentra en éste, mostrándolo repleto de pasado; en el tiempo pasado, puesto que la Antigüedad interrogada por Warburg no supone ella misma ningún origen absoluto, sino más bien una «temporalidad impura de hibridaciones y de sedimentos»; en el futuro, porque lo supone ya ha-

---

225 *Confesiones* XI,21.

226 *Confesiones* XI,28.

227 Aunque Warburg toma el término del historiador Anton Springer, las consecuencias que se siguen en sus trabajos en torno a la pervivencia del paganismo en el Renacimiento europeo nos hacen centrar nuestra mirada en él. Al respecto, cf. WARBURG, 2005.

bitado por los tejidos temporales que están hoy en formación así como por los del pasado. (*Ibíd.*: 32)

Ahora, para clarificar nuestra posición, y avanzar en nuestro análisis, intentaremos comprender algunas de las suposiciones e implicancias que se encuentran en la cita con la que hemos iniciado el presente capítulo.

El pasaje de Halbwachs se centra en la relación que, entre dos generaciones (niños y abuelos), se establece a partir de distintas formas de interés, conocimiento y percepciones sobre distintos períodos temporales. Abuelos y niños se desinteresan por el presente a la vez que los abuelos resultan, para los niños, una puerta de acceso a un pasado de características míticas. A su vez resulta ya un tópico el hecho de que los niños representan, para la generación de los abuelos, el futuro pero al igual que para los niños, se trata de un tiempo que les resulta inalcanzable y al que solo les es posible acceder, en potencia, por medio de ese encuentro. Pasado y futuro se encuentran en un presente ausente; en ese vínculo entre niños y abuelos no tienen lugar aquellos que sí se interesan por el tiempo presente o, en términos del autor, por «los hechos contemporáneos» y que no son otros que los padres. Aquí los padres representan, en término medio, a la generación activa tanto en términos económicos como políticos, civiles y militares. Es por esto que la ausencia de los padres de una relación desinteresada en el presente se comprende en términos prácticos: se interesan en los hechos contemporáneos ya que son los protagonistas mismos de la realidad, los que actúan de manera directa sobre el presente y producen, al menos en parte, sus consecuencias. Y son también quienes, por acción u omisión, deciden y prestan conformidad sobre el rumbo de las acciones políticas que se emprenden desde el Estado. Ahora, si consideramos al destinatario que por excelencia tendrá un discurso político, y cuyo objetivo es movilizar las opiniones para obtener el apoyo sobre una decisión, no caben dudas que dicho discurso se dirigirá prioritariamente a esos hombres y mujeres que conforman la generación activa de la sociedad. A su vez, si nos guiamos por el

Juan Acerbi

antecedente romano sabemos que la forma de comprometerlos, en un sentido extremo, con las decisiones políticas que se deben seguir es hacerles conscientes de todo lo que sobre sus personas recae y que nosotros podemos sintetizar aquí como el peso de la presencia del pasado y el futuro en el presente. O, dicho de otra manera, lo que podríamos denominar como la conformación del tiempo propio de la acción política, el tiempo que condensa en un solo momento al tiempo humano, un tiempo pasado-presente-futuro. Es decir, la historia, la voz de los antepasados, la fundación y las batallas que siguieron con sus héroes y con sus dioses, los cuales han conformado en su conjunto este legado que, generación tras generación, fue cedido de padres a hijos hasta llegar a esta progenie que no es otra que la del presente. La generación activa dirige su atención a un presente incapaz de vislumbrar que *su* tiempo presente, preocupado en la necesidad práctica de lo inmediato, se encuentra condicionada por un pasado al que, en el mismo instante, le rinde culto de manera permanente. El manto del pasado que se arroja sobre el presente es lo que le brinda sentido, a la vez que lo constituye como tal. Así, la grandeza de hoy, tanto la de la patria como la de la república o de la nación, se explica por medio de un pasado que se hace presente y lo hace en su doble acepción del término: presente como tiempo y como don.

Ahora, si la esencia de la política es la acción, no cabe duda que el tiempo específicamente propio de la política no puede ser otro que el tiempo presente sin perder de vista que todo tiempo presente carece de sentido político si no tiene su mirada fijada en el futuro. Si el presente debe seguir la preceptiva del pasado para asegurarse el bienestar y, eventualmente, también superar los contratiempos que se le presenten, esto debe hacerse también en pos de asegurar la continuidad de esa larga línea genealógica que se remonta, siguiendo el canon tradicional y también a algunos célebres casos contemporáneos, hasta los mismos dioses. En la búsqueda de esa continuidad, los hijos representan ese tiempo futuro que hay que asegurar ante el riesgo que corre este tiempo presente y que reclama, con las voces pasadas y las por venir, que se tomen las medidas que garanticen la continuidad temporal del legado. Ahora, si nos ocupamos de aquel que debe asegurar esta continuidad por medio de sus acciones, no caben dudas que la forma por excelencia bajo la que se concibió, ya desde la Antigüedad, a aquel que tomaría dichas medidas no es otro que la del hombre que cuenta con el arte propio del político. Entonces, si consideramos todo lo dicho hasta aquí podremos comprender el motivo por el que el discurso político, en su estructura desnuda, que sólo se muestra en determinadas circunstancias, no puede dejar de producir el anuncio de la catástrofe; se trata de un discurso que genera las condiciones para que la política pueda actuar pero, como la acción es la característica esencial de la política, esto es lo mismo a decir que se trata de un discurso que posibilita la propia existencia de la política. Y es por esto que se trata de un discurso capaz de constituir el tiempo presente como el tiempo de la catástrofe, el tiempo que, como vimos con Cicerón, anuncia la inminencia de que todo lo que la humanidad posee está a punto de perderse incluida ella misma.

Ahora, desde una perspectiva situada en la psicología de aquellos que conforman esa generación activa del presente, toda esta construcción discursiva no puede más que situarlos en la posición del deudor. Mejor dicho, de doble deudor: la generación *presente* de los padres aparece como deudora de un legado que les llega a sus manos, a través de las manos de sus padres y de la misma divinidad, y del cual son responsables ya que deben preservarlo estando a la altura de las circunstancias. A la vez, también son deudores del futuro: son ellos los responsables si sus hijos no llegaran a gozar del futuro que tenían garantizado de acuerdo a la grandeza que la historia, la patria y la voluntad divina les habían deparado. La generación *presente* es la que deberá dar explicaciones a las generaciones pasadas y a las futuras y es de esta manera que, ante la amenaza que se presenta, deben decidir sobre las acciones a seguir mientras se hacen allí presentes los antepasados, los grandes hombres de la historia y los dioses pero también las generaciones por venir.

Juan Acerbi

Tal vez puedan comprenderse aquí aquellas palabras de Agamben en las que afirma que en los casos excepcionales, en los que se ha producido la suspensión de la ley, pareciera como si se «liberase una fuerza o un elemento místico, una suerte de maná jurídico» (Agamben, 2005: 100). Y es que es precisamente en estos términos, en los de considerar la presencia de un elemento místico, como debe ser comprendida la profunda significancia que posee el hecho de que aquel orador que se dirige a la multitud en tales circunstancias se erija como *la voz* que le es prestada a todos los presentes pero también a los ausentes, quienes, venciendo el tiempo, ejercen por su intermedio su espectral influencia.[228] Que la ley se encuentre suspendida no significa que no haya nada (ni nadie) que guíe las acciones y las subjetividades humanas ni que les recuerde qué se debe, y qué no se debe, hacer. La ley se suspende pero no puede suspenderse la memoria y la conciencia moral de un pueblo; mucho menos cuando desde un atrio, un púlpito o desde los altavoces ubicados en una plaza se repite a modo de letanía todo lo que somos y lo que le debemos a los hombres y las mujeres de las generaciones pasadas y se nos recuerda el enorme peligro al que nos enfrentamos. Tal vez sea en momentos como estos en los que la humanidad percibe el hecho de encontrarse próximo a los límites de la ley y del derecho positivo o, incluso, más allá de los mismos. Es en esos casos, en los que hombres y mujeres se perciben fuera de los límites de la ley y el derecho en los que asumen que aquella ficción jurídica que supuestamente los protege no se encuentra operando.

Ahora bien, en el intento de dar con una palabra, un concepto, que nos permitiera dar cuenta de este aspecto del tiempo político que conjuga la relación entre la condensación temporal con la decisión y la acción política es que nos hemos visto sorprendidos al redescubrir, bajo una nueva perspectiva, un término propio del mundo clásico. Debido a su riqueza y a su trascendencia resulta

---

228   En el sentido dado por Ludueña Romandini al concepto de *espectro*. Al respecto, cf. LUDUEÑA ROMANDINI, 2010.

difícil no sorprenderse sobre la fuerte desatención que ha recibido, especialmente por aquellos dedicados a la teoría política, el término griego *kairos*. De muy variada traducción y con una enorme complejidad semántica, el término no admite traducción en una sola palabra. Esto no puede ser, como sostienen algunos (SMITH, 2002: 46), la explicación que justifique la ausencia de dicho término en importantes tratados, estudios o diccionarios sobre la historia de las ideas transformándose en un capítulo totalmente insignificante en la historia del pensamiento político (cf. BAUMLIN, 2002: 138).[229] De esta manera, nos encontramos con un término que ha quedado prácticamente en el olvido negándosele el lugar que tiene en nuestra historia e imposibilitando comprender muchas de las verdaderas implicancias de los mecanismos que posibilitan la acción política. Intentar dar con las causas de dicha ausencia es una empresa que excede por mucho los límites de nuestra investigación pero nada nos impide considerar, en relación a dicha ausencia, aquellas palabras de Nicole Loraux con las que advierte que «la máscara de la ideología está hecha de sus silencios y no de lo que ella dice» (2008: 54); es por ello que entendemos que para dar con la esencia misma de los mecanismos políticos que movilizan la subjetividad humana, debemos ocuparnos de las palabras ausentes de los discursos (políticos y científicos) y el *kairos* es, sin dudas, una de ellas.

3.3 Kairología: *espacio-temporalidad de la política. Segunda transición*

A pesar de sus múltiples posibilidades no hay dudas de que el término *kairos* se refiere a una relación entre el tiempo y la acción. A diferencia del término *cronos* que denotaba el paso del tiempo, cuando los autores clásicos utilizaban la palabra *kairos* lo hacían en

---

229 No desconocemos algunos trabajos que se han realizado en torno al término *kairos*, y del que la lección del curso que Foucault dicta el 9-2-1983 en el Collége de France es un perfecto ejemplo, pero que, sin embargo, no abarcan la relación que aquí abordamos entre la decisión y la acción política en un tiempo presente. Una excepción la constituye el trabajo de Senda Sferco el cual, desde una perspectiva foucaultiana, llama la atención sobre dicho concepto. Al respecto, ver SFERCO, 2015.

Juan Acerbi

referencia al momento preciso en el que una acción debía ser llevada a cabo.[230] Por ejemplo, leemos en Aristóteles «los que actúan deben considerar siempre lo que es oportuno (*kairos*), como ocurre en el arte de la medicina y de la navegación».[231] Esta conjunción de tiempo y oportunidad es lo que le otorga ese sentido dado por quienes consideran al *kairos* como el tiempo preciso (cf. KENNEDY, 1994: 35), indicado, para llevar a cabo una acción. Sin embargo, el término comprende también la forma en la que dicha acción es realizada y es por esto que lleva implícita una dimensión ética y, como veremos, estética que hace que se considere propia del *kairos* a la acción que se ajusta de manera adecuada a las necesidades del momento pero también a las circunstancias del contexto. Esta combinación entre saber considerar cuál es el momento indicado de la acción pero también poseer la debida sensibilidad para adecuar la acción al contexto y a las necesidades (que los griegos designaban con el término *prepon*) es lo que hace, en nuestra opinión, del *kairos* un término a considerar a la luz de nuestra investigación.

Dos cuestiones más parecen reforzar nuestro parecer acerca de la pertinencia de considerar aquí al término *kairos*. Por una parte, que la escasa bibliografía dedicada a indagar la relación entre los aspectos políticos, morales, retóricos y estéticos con el *kairos* no duda en situar a dicho término como uno de los factores constitutivos más importantes tanto de la oratoria como de la retórica, la ética y la filosofía ciceroniana, pero también de filósofos como Platón o los sofistas (cf. KINNEAVY, 2002). Es por esto que el silencio que envuelve al *kairos* resulta llamativo y más aun cuando comprobamos que el mismo posee múltiples dimensiones a las que presta sentido y, en su relación con la ética, también se encontrará en una cercana relación con la noción de justicia (*ibíd.*: 61) por tratarse de un accionar que guarda su justa medida con las necesidades y el contexto mismo de la acción. Es gracias a esta relación que ahora

---

230 Cf., por ejemplo, el *Gorgias* de Platón o el *Trabajos y días* de Hesíodo. Para un análisis específicamente del ámbito griego, cf. PERSKY, 2009.

231 El pasaje corresponde al parágrafo del libro III, 1104a de ARISTÓTELES. *Ética nicomáquea* (traducción de Julio Pallí Bonet, Madrid: Gredos, 1998).

también podemos comprender la conexión que posee dicha forma de actuar con la retórica y la oratoria y por la que no se ha dudado en equiparar, especialmente en Cicerón, al complejo *kairos-prepon* con el principio del *decorum* y esto debido a que:

> El *decorum* latino específicamente traduce el *prepon* griego. Parecería que la teoría ciceroniana combina *prepon* y *kairos* –«lo adecuado» y «lo oportuno»– en una compleja síntesis, observando al mismo tiempo ambos aspectos del discurso, el formal y el temporal o situacional. (BAUMLIN, 2002: 143)[232]

De esta manera, dos acciones que en nuestros días se suelen presentar como opuestas, y hasta excluyentes, como ocurre con el acto del decir y el hacer, muestran su estrecha relación por medio de este relegado término griego. Es decir, nos encontraríamos ante un término cuyo influjo para Occidente se encuentra fuera de discusión y para lo cual nos es suficiente recordar aquí la forma en la que el Humanismo –ese Humanismo atravesado por la discusión de si se debía ser ciceroniano o extremadamente ciceroniano–[233] tradujo al *kairos* bajo el término de *opportunitá* (BAUMLIN, 2002: 139). A esto debemos agregar que, coherentemente con las implicancias que posee el que un término como el de *oppotunitá* sea el elegido para dar cuenta del *kairos*, el humanismo ha entendido, a su vez, a la retórica como «un cuerpo coherente de conocimiento del comportamiento humano con especial atención en la relación entre discurso y acción» (STRUEVER, 1970: 116). Esta relación entre discurso y acción nos permite comprender el hecho de que el orador político goza del privilegio de ser aquel que performa –ya no diremos una realidad– un tiempo cuyo plegamiento condicionará a la realidad presente y, en el mismo acto, se constituye a sí mismo como el protagonista tanto del anuncio (voz privilegiada) como de la acción (el político) que se requiere llevar a cabo teniendo en cuenta lo que

---

232 De la misma opinión es Kinneavy, al respecto cf. KINNEAVY, 2002: 62.

233 Recordar la algo relegada disputa que protagonizaron autores como Erasmo de Rotterdam, Guarino de Verona, Pico della Mirándola o Pietro Bembo. Al respecto, cf. GALIANO, 1992. Y, por supuesto, del propio Erasmo de Rotterdam, *El ciceroniano* (traducción de Manuel Mañas Núñez, Madrid: Akal, 2009).

ha sido anunciado. Ahora, una larga tradición atestigua que tanto el discurso político como la propia idealización del político hacen del médico y del navegante dos de sus figuras más emblemáticas; la explicación de dicha identificación tal vez la podamos encontrar en la relación que las mismas guardan con el *Kairos*. Pero, primero, será necesario precisar algunos aspectos que son inherentes a este concepto y que nos brindarán mayor claridad en el desarrollo de nuestro argumento.

Como se deduce de lo anteriormente dicho, una de las primeras cuestiones que resulta importante resaltar es que el *kairos* lleva implícito, en sí mismo, la imposibilidad de prescribir las acciones políticas de los hombres. El *kairos* evidencia, precisamente, el sin sentido que supone el prescribir las conductas de aquellos que deben decidir en función de circunstancias que, en sí mismas, son impredecibles. En términos filosóficos podríamos decir que el *kairos* se aproxima a aquel concepto estoico del tiempo en el que los hechos, lejos de estar predestinados, son sensibles a las acciones de los hombres. Por lo tanto, es esta filosofía del tiempo la que posibilita concebir aquella acción humana que aspira a esa forma superior de la acción política y que resumimos bajo la conjunción de los términos «arte político». En concreto podemos decir que es esa libertad la que le brinda sentido político a la acción humana. Esa libertad de decisión es la que tienen en común aquellos que ejercen con maestría su arte, y es por esto que se confunden la acciones del buen retórico con la del buen médico, pero también con las del buen navegante y, como no podría ser de otra manera, con las del buen político. Resultan ser éstas las profesiones que por excelencia evidencian las formas en las que se debe responder ante las cambiantes circunstancias de la realidad; quienes las ejercen actúan en base a su capacidad de anticiparse a los hechos, pero también por poseer la debida prestancia en el desempeño de su arte. Es decir, el concepto *kairos* representa no solo un concepto del tiempo sino una filosofía del tiempo, pero de un tiempo que se relaciona específicamente con el buen diagnóstico y con la administración, en su precisa dosis y en el momento oportuno, del fármaco. El *kairos*, por lo tanto, no es otra cosa que el nombre que sintetiza la filosofía del tiempo de la política.

A nuestro entender, quien mejor se ha aproximado a dar cuenta de las implicancias del *kairos* en el sentido aquí mentado es Agamben cuando explica que se trata de una noción del tiempo que es liberador y cuyo

> modelo es el cairós, la coincidencia repentina e imprevista en que la decisión aprovecha la ocasión y da cumplimiento a la vida en el instante. El tiempo infinito y cuantificado resulta así delimitado y actualizado: el *cairós* concentra en sí los diferentes tiempos («*omnium temporum in unum collatio*») y en él el sabio es amo de sí mismo y está a sus anchas como el dios en la eternidad. (*Ibídem*)

La conclusión es, tal como lo hemos anticipado, que el hombre no es presa de un destino prefijado por los dioses, la historia o cualquier otro tipo de fuerza que exceda el buen criterio y prestancia de los hombres virtuosos. Todo lo contrario, el *kairos* significa que es «la iniciativa del hombre [que] aprovecha la oportunidad favorable y decide en el momento de su libertad» (*ibíd*.: 152). lo que guía su destino y, en el caso del político, los de su patria. Así, el momento de lo excepcional resulta ser el instante en el que el orador, el estadista, el médico o el navegante no pueden seguir las instrucciones prescriptas sino que, basándose en las contingencias suscitadas y reconociendo el momento indicado, se muestra lo suficientemente avezado para saber determinar qué es lo conveniente en cada situación con el fin de salvar, de la mejor manera posible, las múltiples situaciones que pueden presentarse. Reflexionando sobre el uso del término, el historiador Julián Gallego explica este hecho con una gran claridad:

> frente a unas coyunturas políticas siempre cambiantes, fortuitas y peculiares, no hay saber que pueda eximir a los ciudadanos de la responsabilidad de decidir. El *kairós*, que es lo distintivo de estas situaciones, no es parte de la ciencia; y no puede haber ciencia de la acción política porque ella se asocia con el azar. Bajo estas condiciones, no se trata de aplicar un saber ya adquirido sino de pensar los elementos propios

del suceso que solicita a los ciudadanos a tomar una decisión. (Gallego, 2003: 115)

Por lo tanto, surge la cuestión, nada menor, que indica que aquel
que resulta eximio en el arte de la navegación, de la medicina o de
la política es el que toma acertadamente la decisión para salvar la
situación del peligro. Pero la decisión aquí parece referirse a lo no
escrito, a lo que no se encuentra previsto y prescripto por la ciencia
de la medicina, la navegación y (¿deberíamos detenernos?) la política. El genio que destaca en un arte deviene en tal porque, aunque
sea por un instante, rompe con las leyes prescriptas (exceptuando
la máxima, desprovista de toda especificidad, que ordena ser un
buen artista, médico o gobernante) y decide las acciones a seguir
confiando en esa mezcla de práctica, conocimiento y, agregaríamos
aquí, intuición.

Hay un aspecto que puede resultarnos de ayuda para comprender mejor la relación del *kairos* con todo lo abordado hasta aquí.
Si ya hemos documentado y relacionado, debidamente, todo el
complejo que conforma el entramado que opera detrás de las metáforas del médico o de aquel que sabe conducir los destinos de la
República, la conexión de los mismos con la virtud de reconocer el
tiempo oportuno que significa, en términos de Cicerón, esa mezcla
del *kairos* con el *prepon* nos lo explica Foucault en un pasaje que re-
producimos en toda su extensión:

> La razón por la que la *techné* de navegación del piloto es similar a la del
> médico es que en ambos casos el necesario conocimiento teórico requie-
> re además entrenamiento práctico para ser útil. Además, para poner
> en funcionamiento estas técnicas, *es necesario tener en cuenta no sólo las*
> *reglas y principios generales del arte*, sino también los datos particulares
> que acompañan siempre una situación dada. Se deben tener en cuenta
> las circunstancias particulares, y también lo que los griegos llamaban el
> *kairós*, o momento crítico. El concepto de *kairós* el momento o la oportu-
> nidad decisiva o crucial siempre ha tenido un papel significativo en el
> pensamiento griego por razones epistemológicas, morales y técnicas.
> Lo que es interesante aquí es que, dado que Filodemo está asociando
> ahora la *parresía* con la navegación y la medicina, aquélla está siendo

considerada como una técnica que se ocupa de casos individuales, de situaciones específicas, y de la elección del *kairós* o momento decisivo. (FOUCAULT, 2004: 148; el énfasis es nuestro)

Sin ánimos de reducir las implicancias de lo dicho por Foucault exclusivamente al espectro de nuestros intereses, un hecho que queda allí claramente expresado es la relación entre la acción, el momento preciso y lo insensato que resulta siquiera desear normar la totalidad de las situaciones que pueden presentársele al hombre de Estado para así poder *pre*escribir las acciones a seguir. No podremos, ni pretendemos, zanjar aquí una de las cuestiones que más controversias ha despertado, y aún despierta, entre los juristas y para lo cual nos sirve recordar los nombres de Carl Schmitt y de Hans Kelsen, entre tantos otros. A pesar de ello, quisiéramos decir que, de acuerdo a lo expresado hasta aquí, la búsqueda de una normativa cuyo objetivo último sea la de fijar la forma y el sentido de toda acción política sería el equivalente a la eliminación misma de lo que Occidente ha denominado política.

Ahora, si volvemos a concentrarnos en ese aspecto ligado a la producción política del *kairos* y sus consecuencias sobre las subjetividades de aquellos que deben prestar consentimiento, debemos volver nuestra mirada sobre el tiempo político. En este sentido resulta realmente llamativo que las mejores aproximaciones que hemos hallado acerca de la esencia del tiempo político provengan de dos ciencias que suelen ser –una de ellas– puesta fuera de los límites de las así denominadas ciencias sociales o –la otra– puesta a una distancia prudencial de aquello que denominamos sociología o ciencia política. En el primer caso se trata de la física contemporánea, la cual puede dar cuenta de múltiples teorías que tratan acerca de la no linealidad del espacio o de la afectación que sufre el tiempo bajo determinadas condiciones (cf. PAULI, 1958). Por supuesto, dichas condiciones distan de ser aquellas bajo las que se desenvuelve la vida humana; sin embargo los físicos no han perdido la pertinente e interesante costumbre de hacer filosofía, y esto se debe a que hacer física, en el sentido más pleno del término, implica hacer filosofía.[234] Por esto resulta difícil considerar la posibilidad de que, en el mundo de las así denominadas «ciencias exactas», exista algún investigador al que le llamara la atención el hecho de que un premio nobel y uno de los físicos más brillantes de todos los tiempos publicara un libro titulado «Física y filosofía» (HEISENBERG, 1958). Sin embargo, la aversión desarrollada por los cientistas sociales[235] hacia todo lo que escape a los estrechos márgenes de su redil hace que se esquive toda aproximación a una disciplina que, en realidad, debería ser considerada, sino como propia, como una parte del campo intelectual de los cientistas sociales. Pero la ciencia política y la sociología, al negarse en nuestros días a concebir a la filosofía como parte de sí, nos priva ya no de aproximarnos al problema que aquí planteamos desde autores *propios* de la física sino que nos imposibilita para observar lo próximo que se encontraba Heidegger, por ejemplo, de rozar con su pensamiento las teorías de Einstein perdiendo, de esta manera, la posibilidad de incorporar los aportes de ambos pensadores a nuestro campo disciplinar y, lo que no es menor, de discutir con los físicos en un plano de igualdad acerca de distintas concepciones que influyen en las formas que tenemos de concebir y experimentar el mundo. La única manera en la que se podría aliviar el peso de dicha pérdida sería la de demostrar que nuestra forma de concebir el tiempo y el espacio (ese tiempo y espacio en el que se desarrollan nuestras vidas y todas las relaciones sociales) no poseen incidencia alguna sobre el ser humano contemporáneo.[236] Sin embargo, hoy resulta difícil sostener dicha afirmación a la luz de los estudios realizados desde otros campos disciplinares en las últimas décadas (cf. WEARDEN y JONES, 2007: 1289-1302; WEARDEN, 2016 y GUIRAO, 1980), los cuales

---

234 Recordemos su sentido original en griego y su lugar en la filosofía clásica para lo cual nos resulta suficiente con mencionar la *Física* aristotélica.

235 Entre las loables excepciones encontramos el trabajo de BERESÑAK, 2017.

236 En el campo de las ciencias sociales destaca el trabajo de Alfred Schutz por trascender esa perniciosa división establecida entre filosofía y sociología al analizar aspectos del campo social bajo una aproximación fenomenológica que se combinan con el aporte de Weber en la así llamada «sociología comprensiva». Al respecto, cf. SCHUTZ, 1972 y 2003.

revelan la forma en la que la percepción del tiempo varía según la edad y las circunstancias del contexto. Estas percepciones modifican, a su vez, los ánimos y los comportamientos de las personas, lo cual condiciona también, como resulta comprensible, la toma de decisiones (cf. KLAPPROTH y WEARDEN, 2011: 119). En todo caso, y debido a que ahondar más sobre estas cuestiones implicaría alejarnos en demasía de nuestros objetivos, nos conformamos con haber manifestado la necesidad de incorporar a nuestras perspectivas tanto a la física como a otras disciplinas que podrían enriquecer, y fortalecer, el desarrollo y el poder analítico de las ciencias sociales.

El otro caso resulta algo más afín a los cánones de las ciencias sociales. Se trata de ese conjunto complejo de teorías, metodologías y objetos variados pero que podemos agrupar, aunque de manera somera y global, bajo el título de *teología política*[237] y que nos permite aproximarnos con gran precisión a muchos de los conceptos que aquí hemos abordado y extraer nuevas conclusiones.

Como sabemos, existe una íntima relación entre la figura del profeta y el tiempo preciso del *hasta cuándo*, ya que es él mismo quien lo anuncia. Sin embargo, la tarea del profeta no se agota allí, recordemos que es a él a quien «Dios hace conocer su voluntad revelando lo que podría pasar si la catástrofe se desencadenase. La misión del profeta consiste entonces en predecir el castigo y señalar el camino de la conversión de la mirada hacia el Bien» (LUDUEÑA ROMANDINI, 2006: 35). Según la tradición, a partir del momento del anuncio «el tiempo comienza a acabar» (*ibíd*.: 30) hasta el momento en que llegue el fin del tiempo (*éschaton*) en el que «la historia rebasa sus límites y se vuelve ella misma visible» (TAUBES, 2010: 21) y se cumpla la llegada efectiva del Mesías (*parousía*) (AGAMBEN, 2006a: 69). La relación de ese tiempo «que se contrae» se encuentra explicitado –como bien señala Agamben– en las epístolas de Pablo a los corintios y sobre lo cual nos comenta que se trata de

---

237 Queremos significar así a un conjunto de estudios y disciplinas que, en su especificidad, exceden a la propia teología política. De esta manera, agrupamos tanto a la escatología o la apocalíptica como también a los aportes realizados por la sociología de la religión o de la teoría crítica.

un «tiempo que se contrae y comienza a acabarse (*ho kayrós synes-talmenos estín:* [...] "el tiempo se abrevia") o, si lo desean, el tiempo que resta entre el tiempo y su final» (*ibíd.*: 68). Pero lo que nos resulta más importante aun son algunas de las declinaciones que el *kairos* (en el contexto paulino) (TILLICH, 1963) adopta en relación al término *anakephalaiosis* (recapitulación), el cual viene a significar que esa expresión «*ho nyn kairós*, el tiempo presente, es una contracción del pasado y del presente, y que, en la instancia decisiva, debemos arreglar cuentas sobre todo con el pasado» (AGAMBEN, 2006a: 81). Ese «arreglar cuentas» y «la instancia decisiva» resumen la presencia ausente del pasado en un presente que es el momento preciso de la acción, una acción que debe, al mismo tiempo, hacer justicia al pasado, al presente y, según nuestra hipótesis, en un contexto secular, también al futuro. Ahora, sin la menor intención de equipararlos en su esencia, la comparación de la estructura y de los recursos del discurso político y del discurso teológico puede resultarnos de suma utilidad.

Si tenemos en cuenta las características del profeta, no caben dudas que, en su versión secular, Cicerón se comporta como aquel que revela las consecuencias que le espera a la humanidad ante el triunfo de aquellos a los que enfrenta. En el mismo sentido, su prédica no se limita a la revelación sino a señalar el camino a seguir para asegurar el bienestar de la obra común que han llevado a cabo dioses y hombres. Sobre el trato del tiempo y la historia, el discurso ciceroniano no deja lugar a dudas de que se trata de una retórica que gira en torno a tres ejes centrales: (i) un tiempo que se enfrenta ante un peligro que no puede significar otra cosa que el fin de la humanidad; (ii) el tiempo presente es el tiempo *preciso* de la acción que, con determinación, debe estar a la altura de las circunstancias; (iii) el tiempo presente es un tiempo contaminado, condensado, en el que constantemente se apela a la recapitulación como forma de movilizar al auditorio. Por otra parte, y si bien resulta casi trivial resaltarlo, es evidente que mientras el discurso teológico se centra en la figura del Anticristo como aquel que viene a poner fin a la Historia, su versión secularizada se corresponde con la figura del *hostis*. A pesar de esto, el paralelismo encuentra su límite en la figura del Mesías. En Cicerón encontramos una figura paradigmática ya que es él quien anuncia el eminente fin y al mismo tiempo actúa como la fuerza que retrasa la catástrofe (*katechon*). El discurso político demuestra que la acción eminentemente política se desarrolla en un tiempo que se pliega entre el anuncio (del fin) y el tiempo preciso de la acción que busca evitar que lo anunciado se concrete. La cuestión que surge aquí fue resaltada con gran agudeza por Ludueña Romandini, quien nos advierte acerca de la conexión que existe entre el tiempo mesiánico «que presta atención en forma obsesiva al *ho nun kairos*, el tiempo de ahora» con la «captación de lo heroico en el presente» (2005: 31). De esta manera, el filósofo argentino da cuenta de un hecho que encierra la clave de lo que hemos desarrollado en el presente capítulo y que no es otra cosa que el hecho de que la captación de lo heroico en el presente constituiría la forma secularizada del tiempo mesiánico, del tiempo ahora. Por otra parte, y en íntima relación con lo advertido por Walter Benjamin en su famosa tesis en la que asegura que el estado de excepción ha devenido en regla (Benjamin, s/a), debemos considerar que dicho estado de excepción

> no puede comprenderse plenamente sin tomar en cuenta el mesianismo que trabaja en ella y que implica que una de las tareas de la "filosofía [y de las historiografías] venideras" será pensar en qué ha de consistir un orden profano que guarda una relación sustancial con la intensidad mesiánica. (Ludueña Romandini, 2005: 31)

Probablemente nos encontremos ante la verdadera causa por la cual el discurso político adopta características apocalípticas: porque de esta manera genera el devenir de un tiempo en el que la política se vuelve plenamente acción y se muestra ella misma como es, en un tiempo puramente político. Si estamos en lo cierto, cualquier intento por comprender las grandes acciones políticas serán inútiles si no son inscriptas en un sistema de referencia que tenga en cuenta

Juan Acerbi

el tiempo propio de la política o, lo que es lo mismo, la conformación espaciotemporal propia de la acción verdaderamente política.

Tal vez hayamos llegado a formular aquí un aporte que contribuya a responder –aunque sea parcialmente– aquella pregunta formulada por Agamben al inicio de su *Estado de excepción*: «¿qué significa actuar políticamente?». Nuestra respuesta es que actuar políticamente es llevar a cabo aquella acción que se desarrolla de acuerdo al *kairos* y bajo la filosofía de la acción que de allí se desprende. Si consideramos, por una parte, que la práctica excelsa de la política se basa en la oportunidad que solo aquel que posee el conocimiento y la práctica necesaria puede evaluar y actuar en consecuencia y, por otra parte, que todo esto debe realizarse en el contexto propio de ese tiempo plenamente político, podemos ahora comprender las implicancias de aquello que afirma Agamben acerca de la creación voluntaria de un estado de emergencia permanente como práctica habitual de los Estados contemporáneos y por la que concluye que «el estado de excepción tiende cada vez más a presentarse como el paradigma de gobierno dominante en la política contemporánea» (AGAMBEN, 2005: 25). A la luz de nuestros aportes, podemos afirmar que, en realidad, el estado de excepción tiende a convertirse en regla debido a que el estado de excepción permanente es el signo de una época cuyo tiempo se ha transformado en un «tiempo ahora» permanente, lo cual significaría que vivimos en un tiempo plenamente político y mediante el cual se habilitan las condiciones propicias para ejercer ese arte que los hombres denominaron política y cuya verdadera esencia es la acción excepcional en un contexto también excepcional.

El estado de excepción coincide con el momento eminentemente político de la política y esto se comprueba en el propio concepto de *arte* político; el arte político se manifiesta (como todo arte) en el momento en que el verdadero artista se separa del manual de procedimientos y llega a desconocerlo en su totalidad, si es necesario, para hacer de su acción algo digno de admiración y encomio. En otros términos, deberíamos preguntarnos si en alguna época alguien fue considerado un genio por seguir, respetuosamente, un recetario o, más bien, por transgredirlo. En el plano de la política, acaso la historia de Occidente pueda dar fe por nosotros si constatamos el lugar que la historia, la liturgia y los ritos le albergan a aquellos próceres a los que la humanidad les rinde culto. Pero la historia también brinda testimonio sobre aquellos a los que la humanidad les teme y es a través de ella que podemos comprobar, haciendo uso de una pretendida suspensión de toda valoración axiológica, el hecho de que los grandes hombres de la política gozan de un mismo panteón; el panteón de aquellos que han actuado con maestría y, por ende, de manera excepcional, apartándose de toda guía que busque anticipar las acciones del hombre ante lo impredecible. Si la acción política no puede encontrarse sujeta a lo predecible, ello se debe a lo impredecible de las situaciones que debe enfrentar. Por lo tanto, parece una luctuosa ironía del lenguaje tener que concluir que si la política no puede someterse, en su totalidad, a lo predecible ello se debe a que hay situaciones que son impredecibles o, tal vez, indecibles. Que el arte político radique en última instancia en lo indecible no parece descabellado; indecibles son los secretos del Estado pero también muchas de sus acciones y sus consecuencias. De qué otra manera puede entenderse que se haya tenido que acuñar un nuevo término para dar cuenta de aquello que hoy queda delimitado por el concepto «genocidio».[238] Si hubo que crear una palabra es porque *eso* que la palabra determina era, antes de ella, algo indecible y es tal vez en este sentido en el que debemos entender aquel *dictum* que asegura que la política es el arte de lo posible. Tal vez la política sea el arte de lo posible y por ello también sea el arte de poner en palabras *eso* que hasta ese momento era, precisamente, indecible.

---

238   Recordemos que se trata de un neologismo latino acuñado por el jurista Raphael Lemkin. Al respecto, cf. LEMKIN, 1944.

Juan Acerbi

INTERLUDIO II

En la Tercer Parte nos centraremos inicialmente en las características de la dominación totalitaria y en las posibles formas que la misma adoptó, con posterioridad, en las sociedades democráticas. Para ello trazaremos un recorrido que comprenderá, por una parte, los aportes formulados por Hannah Arendt sobre el totalitarismo y, por otra, una perspectiva que no ha sido debidamente ponderada y que encuentra en el análisis de dos autores de diferentes tradiciones —como Foucault y Adorno— su punto de partida. La conjunción de los aportes de estos autores se cimentará sobre la denuncia de que existe una continuidad paradigmática entre totalitarismo y democracia, continuidad que será analizada a la luz de los análisis realizados y las perspectivas adoptadas en las partes anteriores.

El recorrido que aquí se inicia podría causar la impresión de que se trata de una deriva que nos alejará en demasía de la traza principal del camino recorrido; sin embargo esto será, precisamente, lo que nos permitirá profundizar los argumentos desarrollados hasta aquí. En consecuencia, la globalización, el terrorismo, los medios masivos de comunicación, los medios virtuales de pago así como la crisis de los refugiados y del derecho internacional mostrarán su profunda conexión con los temas abordados anteriormente y nos permitirán, a su vez, analizar aspectos de nuestro presente que guardan una estrecha y profunda relación con el republicanismo clásico.

PARTE III

El mundo se ha movido

1. Totalidad y soledad

Los orígenes del totalitarismo es, sin dudas, uno de los estudios más profundos y completos que se hayan producido sobre dicho fenómeno. Dentro de sus múltiples virtudes se encuentra la originalidad que le aporta el estilo de su autora quien, por otra parte, demostró que el totalitarismo tenía una historia y que la misma se extendía más allá del siglo XX excediendo, por lo tanto, los horizontes temporales en los que solía ser enmarcado. Las repercusiones y los diversos análisis que dicha obra ha suscitado hasta nuestros días son una muestra de la importancia que la misma guarda no solo para los investigadores interesados en la temática[239] sino también para aquellos que se dedican a la historia de los movimientos políticos y a la teoría política en general. Sin embargo, hay un aspecto de *Los orígenes* que parece haber pasado totalmente inadvertido hasta aquí; hacia el final de la obra, en las últimas páginas del tercer tomo dedicado al poder totalitario, Arendt desarrolla una de sus últimas reflexiones en torno a un pasaje de Cicerón. Entendemos que no debería ser considerada una tarea ociosa preguntarse acerca de las posibles razones por las cuales una obra dedicada al totalitarismo encuentra en un pasaje del mayor representante del republicanismo clásico a una de sus últimas notas de autoridad.

---

239 Algunos de los estudios que destacan son LAFAY, 2014 y BAEHR, 2010.

La referencia arendtiana a Cicerón corresponde a *Sobre la República* y se trata de aquel pasaje en el que se afirma que el abuelo de Escipión «nunca hacía más que cuando nada hacía, y nunca se hallaba menos solo que cuando estaba solo».[240] El pasaje con el que la filósofa alemana se encamina a finalizar su obra nos sitúa ante algunas cuestiones de suma importancia para la tradición política republicana, como lo es la noción del *cum dignitate otium*. Pero la cuestión que ahora nos interesa es esa aparente paradoja que se establece en torno al hecho de que el hombre puede encontrarse acompañado incluso encontrándose privado de la compañía de otros hombres. Por supuesto, el pasaje en cuestión viene a recordarnos que no se trata de un aspecto novedoso el hecho de que el hombre sea concebido como algo más que el conjunto de elementos que conforman su ser orgánico, su cuerpo, sino que hay *algo* más (espíritu o conciencia) o alguien más[241] en él que lo habita motivo por el cual se considera propio del hombre el ser capaz de dialogar consigo mismo. Pero el hecho del porqué Arendt nos remite a este pasaje no debería considerarse con liviandad debido a que, entre aquellas importantes conclusiones a las que arriba en su investigación se encuentra el hecho de que una de las máximas aspiraciones del poder totalitario no es aislar al hombre físicamente de sus semejantes sino aislarlo de sí mismo, dejando funcional su cuerpo pero suprimiendo su voluntad, es decir, dejando útil únicamente su capacidad productiva (cf. ARENDT, 2015: 636). Dicha forma de dominación solo es posible, en términos de la autora, eliminando la individualidad de la persona, lo cual se logra cuando se ha anulado en el hombre toda posibilidad de comportamiento espontáneo ya que «destruir la individualidad es destruir la espontaneidad» (*Ibíd.*: 610). Es en este sentido que se da una lucha por la dominación total

---

240 Rep. I 17,27.

241 En el sentido en el que Alain Supiot nos recuerda que: «Convertir en "*homo juridicus*"a cada uno de nosotros es la manera occidental de vincular las dimensiones biológica y simbólica que constituyen al ser humano. El derecho reúne la infinitud de nuestro universo mental con la finitud de nuestra experiencia física y cumple así en nosotros una función antropológica de instauración de la razón». Al respecto, cf. SUPIOT, 2007.

del hombre la cual no debe confundirse con la mera dominación por medio de la violencia sino como aquella que se logra por medio de técnicas que aspiran volver a los hombres superfluos (*Ibíd.*: 613), ya que de esa manera se elimina su individualidad o, lo que es lo mismo, su personalidad. Ahora, el texto ciceroniano nos ofrece, en las líneas que siguen al pasaje citado por Arendt, la esencia misma de lo que consideramos la cisura sobre la que el totalitarismo centró sus esfuerzos en pos de eliminar lo que de humano hay en el hombre: el logos primario del hombre, el diálogo del hombre consigo mismo. Y así, Cicerón pregunta «¿quién puede pensar en serio que Dionisio hizo más cuando arrebató la libertad a los ciudadanos apoderándose de todo el gobierno, que cuando Arquímedes, su conciudadano, *sin aparente actividad alguna*, fabricó esta esfera de la que se hablaba hace un momento?».[242] Este pasaje, que verdaderamente completa y le brinda sentido político a la cita de Arendt, expresa de manera clara y precisa la potencia atribuida al pensamiento, una potencia por la cual es posible equiparar las acciones producidas por la actividad del intelecto con las de la acción política. Pero también expresa la potencia del hombre quien, incluso aparentando una total inactividad, es capaz de producir acciones con efectos políticos. Así, el motivo por el que Arendt recurre al mencionado pasaje de Cicerón se debe a que nuestro autor percibió la importante diferencia que existe entre aquellos que, aun encontrándose solos, pueden dialogar consigo mismo (cf. ARENDT, 2015: 637)[243] de aquellos que están incapacitados para relacionarse con ellos mismos, lo cual sucede «cuando yo mismo soy abandonado por mi yo» (*Ibídem*).[244] La distinción arendtiana entre vida solitaria y soledad parece encontrar en nuestro autor un claro antecedente cuando este pregunta

> ¿quién dejará de pensar que los que en medio de la muchedumbre del foro no tienen el gusto de encontrar con quien hablar están más solos

---

242 Cic. Rep. I 17,28. El énfasis es nuestro.

243 Lo que coincide con el concepto de «vida solitaria» de Arendt.

244 Así define la autora el concepto de «soledad».

que los que hablan con ellos mismos sin nadie que los juzgue, y se deleitan con lo que discurrieron y escribieron los autores más sabios, como si estuvieran reunidos con ellos?[245]

Cicerón nos recuerda no solo al Maquiavelo que gustaba nutrirse del consejo de los Antiguos sino que también nos hace pensar que no es suficiente aislar a un hombre para impedirle relacionarse, en su humanidad, con otros hombres. Pero, concretamente, lo que revela Cicerón, y entendemos que allí radica la causa de la cita de Arendt, es que la mente activa de un hombre es tan potente como la acción más pura y eminentemente política, lo cual la torna igual de peligrosa. De allí que el desafío que enfrenta todo proyecto que se proponga dominar al hombre no es aislarlo físicamente sino lograr que el hombre viva en el desarraigo de un mundo en el que no tiene ya un lugar y para ello es necesario que lo haga con la superficialidad tal de aquel que siente «no pertenecer en absoluto al mundo» (ARENDT, 2015: 636). Diversas advertencias se lanzaron contra la vida superflua particularmente en relación a la influencia que la tecnología ejerce sobre los hombres en nuestros días debido a que «la humanidad hoy en día ha mejorado enormemente su tecnología hasta hacerse a sí misma esencialmente superflua» (LOWENTHAL, 1945/6: 6). En todo caso, y más allá de las distintas vertientes por las que diversos pensadores del siglo XX lanzaron advertencias sobre el carácter superficial que la vida iba progresivamente adquiriendo, todas ellas pueden circunscribirse a llamar la atención sobre la relación entre la vida superflua y la aspiración de ejercer una dominación absoluta sobre el hombre, la cual solo es posible si el yo abandona al yo, abandono que significa el fin de toda posibilidad de acción voluntaria.[246]

1.1 Divergencias convergentes

A pesar de la importancia de sus nombres parece haber escapado a la mirada de los investigadores el hecho de que pensadores como

---

245 Cic. Rep. I 17,28.
246 Además de las referencias arendtianas, cf. también AGAMBEN, 2010b.

Werner Sombart, Theodor Adorno y Michel Foucault coincidan, a pesar de sus diferencias tanto teóricas como de época, en un diagnóstico: que el hombre contemporáneo se encuentra imposibilitado no solo para relacionarse con otros hombres sino que también se encuentra privado de la posibilidad de establecer vínculos legítimos consigo mismo.

De manera esquemática podemos decir que el planteo consiste en que el hombre no puede establecer ningún tipo de relación, ni con otros ni con su propio yo, que escape a la lógica relacional que impone el capitalismo. Es por esto que desde el saludo en un *hall* hasta la fría relación que se establece entre un hombre que pide un café a la camarera (ADORNO, 2001: 122), desde el flirteo en un bar hasta la forma en la que se disfruta de la sexualidad (*Ibíd.*: 50 y ss.) o desde la forma en la que seleccionamos un regalo de cumpleaños (*Ibíd.*: 47 y ss.) hasta la manera en la que concebimos al matrimonio (*Ibíd.*: 35 y ss.) y la crianza de los niños, todo esto se encuentra permeado por la lógica del capitalismo que vuelve vacuos y estériles los vínculos que los hombres establecen entre sí. En definitiva, y a pesar de las realidades que separan a Sombart de Foucault, encontramos que estos autores han sostenido que el hombre se encuentra incapacitado para relacionarse humanamente con otros hombres.[247] La gravedad del asunto es tratado de muy diversas formas de acuerdo a las propias perspectivas de los autores pero consideramos que el centro de la cuestión puede encontrarse condensado en aquel pasaje de Adorno en el que nos dice que «el ámbito de lo privado es engullido por una misteriosa actividad que porta todos los rasgos de la actividad comercial sin que en ella exista propiamente nada que comerciar» (ADORNO, 2001: 27). Es por ello que el propio hombre desconfía de cualquier gesto humanitario debido a que «casi resulta sospechoso el que no "quiere" nada: no se le cree capaz de ayudar a nadie a ganarse la vida sin legitimarse mediante exigencias recíprocas» (*Ibíd.*: 28). Adorno escribe, en ese

---

247 Por supuesto no han sido los únicos. Entre tantos otros ejemplos, podemos citar la tan repetida sentencia benjaminiana acerca de la pobreza de experiencia o el gran escrito ya citado de Leo Lowenthal (1945/6) acerca de la atomización del hombre.

maravilloso trabajo titulado *Minima Moralia* que, en el mundo actual, existen pocas posibilidades de eludir las trampas que impone la sociedad contemporánea por medio de la cultura organizada y mediante la cual se les «corta a los hombres el acceso a la última posibilidad de la experiencia de sí mismos» (*Ibíd.*: 70). Es por esto que será el apartarse de la sociedad, en el planteo adorniano, el último refugio en el que la humanidad del hombre pueda tener aún alguna oportunidad ya que es en la «soledad no quebrantada el único estado en el que aún puede dar alguna prueba de solidaridad» y esto se debe a que «toda la práctica, toda la humanidad del trato y la comunicación es mera máscara de la tácita aceptación de lo inhumano» (*Ibíd.*: 22) que se ha vuelto el mundo. Para Adorno todo intento por hacer de este mundo un lugar amable, cordial, más humano no significa otra cosa que volverse cómplice de la barbarie; el mundo ha perdido su inocencia y

> las pequeñas alegrías, las manifestaciones de la vida que parecen exentas de la responsabilidad de todo reflexionar, no sólo tienen un momento de obstinada necedad, de tenaz ceguera, sino que además se ponen inmediatamente al servicio de su extrema antítesis. (*Ibídem*)

Lo interesante del planteo adorniano es su capacidad de relacionar aspectos propios de la vida cotidiana con otros que son propios de un proceso que se desarrolla a escala global. De esta manera se establece un vínculo entre cuestiones tan aparentemente nimias (como nuestras fórmulas de cortesía) con las formas en las que el capitalismo se vuelve cada vez más efectivo como sistema de dominación total.

Por su parte, Foucault denunciaba algunos años después la lógica que anima a la teoría del capital humano. La centralidad que posee dicha denuncia se encuentra en el hecho de que, gracias a la teoría del capital humano, y a la lógica en la que se sustenta, se ha hecho posible realizar un «análisis económico en un dominio hasta entonces inexplorado, y [...] la posibilidad de reinterpretar en términos económicos y nada más que económicos todo un dominio que, hasta ahora, podía considerarse y de hecho se consideraba como no económico» (FOUCAULT, 2008b: 255). El dominio que resultaba hasta ese momento inexplorado no es otro que el ámbito de la vida privada, lo cual posibilitará nuevas formas de concebir a la familia al afectar la forma en la que sus integrantes se conciben entre sí y cada uno de ellos a sí mismo. Esta nueva forma se centra en la lógica de que el hombre se concibe como un empresario o un inversionista de sí mismo llegando, por ejemplo, a planificar en términos bursátiles aspectos tan sensibles de su vida como la crianza y la lactancia de sus hijos, lo cual coincide con que hasta «el mero tiempo de afecto consagrado por los padres a sus hijos debe poder analizarse como inversión capaz de constituir un capital humano» (*Ibíd.*: 270). A su vez, Sombart (1995: 277-370) insiste en el hecho de que los hombres han sido arrancados de una comunidad natural para ser dispuestos, unos con otros, a la manera de una masa en la que se vuelve inútil todo intento de comunicación entre ellos. En su análisis, Sombart distinguía entre la vida en las ciudades que habían crecido de manera «orgánica» de aquellas creadas «artificialmente basándose en unos principios "racionales" [...] en la que –como diría Tönnies– se han extirpado todos los rasgos de comunidad» (*Ibíd.*: 282). En todo caso, y más allá de los momentos y las particularidades con que se realizan cada una de estas observaciones, una cuestión común surge con claridad y es que la vida privada, la vida familiar, sexual y lúdica del hombre no es ya, en el sentido etimológico del término, vida.[248]

No debemos pasar por alto el hecho de que las reflexiones formuladas por estos autores, a diferencia del estudio de Arendt sobre el totalitarismo, han sido realizadas teniendo a la sociedad democrática como centro del análisis. En este sentido podemos aseverar que, tanto en el totalitarismo como en las democracias occidentales del siglo xx, se ha mantenido constante el intento de eliminar del

---

248 Arendt precisa que el término latino «vivir» significaba «*inter homines esse*», «estar en compañía de los hombres». Al respecto cf. el ya citado ARENDT, 1996: 118. Por su parte, Agamben advierte que «quien emprenda una investigación genealógica sobre el concepto de «vida» en nuestra cultura, una de las primeras y más instructivas observaciones es que éste nunca ha sido definido como tal»; al respecto cf. AGAMBEN, 2006c (la cita corresponde a la citada edición, p. 31).

hombre todo el elemento humano que pudiera haber en él. Eliminar la posibilidad de que los humanos puedan establecer vínculos con sus prójimos significa poner en cuestión, precisamente, la propia esencia de lo humano. Si, al menos desde Aristóteles, hemos considerado al hombre como un *politikón zôion* debido a que es capaz no solo de producir sonidos sino también de «manifestar lo conveniente y lo perjudicial, así como lo justo y lo injusto»,[249] nos encontramos con que anular dicha capacidad significa anular el componente político del animal volviéndolo, así, un ser cuya vida se desenvuelve en un estrato biológico inferior. En este sentido, los campos de concentración cargan sobre sí el logro de haber producido en serie la deshumanización de millones de seres humanos. Con todo, la historia de los *campos* no es lo que requiere aquí nuestra mayor atención sino, precisamente, su pervivencia paradigmática más allá de sus límites espacio-temporales originales. Si confiamos en los diagnósticos que aseguran que se ha producido una continuidad entre totalitarismo y democracia (cf. AGAMBEN, 2006b), que hoy los *campos* sobreviven en nuestras propias ciudades, tal vez sea el momento de aceptar también las implicancias que dicha afirmación conlleva y considerar la posibilidad de que aquella figura de los *campos*, aquellos seres que habían perdido todo rastro de humanidad[250] han debido encontrar su figura equivalente en el hombre o la mujer que comúnmente habita en nuestras sociedades, es decir, en nosotros mismos. De la misma manera, y considerando los estudios realizados sobre el poder totalitario, se debe considerar la posibilidad de que el laboratorio de la dominación totalitaria haya brindado las bases mediante las cuales fue posible lograr que el hombre pierda su humanidad pero, ahora, en el contexto de nuestras sociedades autoproclamadas libres y democráticas. Si bajo el dominio totalitario se impedía la relación del hombre con sus semejantes, y fundamentalmente consigo mismo, aspirando a

---

249   ARISTÓTELES, *Política* I 1253a,11. La edición citada es la correspondiente a la traducción de Manuela García Valdéz (Madrid: Gredos, 1988).

250   Nos referimos a la figura del *musulmán*. Al respecto, cf. AGAMBEN, 2010b y, por supuesto, a LEVI, 2013.

volverlos superfluos al punto de hacerles perder su personalidad, todo parece indicar que dichas características encuentran fuertes ecos en el contexto de nuestras sociedades actuales.

1.1.1 Convergencias

Comúnmente se suele afirmar que «quebrar» la voluntad de una persona es quebrar su personalidad, su humanidad, que es vaciarlo de contenido. Pero cabría preguntarnos, ya no desde el punto de vista individual sino desde una perspectiva social, preocupada no por el caso de un hombre o una mujer en particular sino por la sociedad o la Humanidad en su conjunto, ¿qué significa vivir en una época en la que el hombre ha sido quebrado? Dicha pregunta nos remite rápidamente a considerar al hombre como especie y esto debido a que quebrar la personalidad de alguien es eliminar de él sus propios vestigios que son, al mismo tiempo, los que lo particularizan frente a otros y lo vuelven, de alguna manera, quien es. Esa particularidad es la esencia que extrañamos, por ejemplo, de aquel que ha muerto pero que sin embargo nos permite evocarlo por medio del recuerdo. Pero es también con la esencia que esperamos reencontrarnos en el futuro por medio de los rasgos fenotípicos de su descendencia. En este sentido la personalidad es, junto con los genes, algo inherente al individuo que puede sobrevivirlo o, en otros términos, es lo que «trasciende la naturaleza mortal de cada hombre para hacerlo partícipe de la inmortalidad del espíritu humano» (SUPIOT, 2007: 61). Así, nos encontramos frente a tres elementos que fueron sumamente sensibles para los regímenes totalitarios, particularmente para el nazismo: los genes, la personalidad y la eternidad que es el lugar donde, en este sentido, se realizan las dos primeras y que explica, al menos en parte, la constante obsesión que Hitler mostraba por ella.[251] Tal vez, el trasfondo de la dominación total deba ser repensado a la luz de la eternidad y

---

251 Recordemos la obsesión que se manifestaba, por ejemplo, en la arquitectura del *Reich* en relación al imperio de mil años y la eternidad. Al respecto, y además de los propios discursos de Hitler, cf. SPEER, 2001. Particularmente sobre la relación entre arte y tiempo en el nazismo, cf. MICHAUD, 2009.

de las formas que el hombre tiene –o puede encontrar– de participar en ella. Si la personalidad y la genética le permiten acceder al hombre a la eternidad sin dudas falta aquí un elemento clave y que, como tal, también ha obsesionado a los totalitarismos. Nos referimos al trabajo.

Una de las grandes lecciones que nos ha legado Karl Marx es aquella que afirma que en el capitalismo el trabajador no solo no es dueño del producto de su trabajo sino que tampoco se reconoce en él (cf. MARX, 1980). Esta incapacidad del hombre para reconocerse en su obra posee un estrecho vínculo con la eternidad, vínculo que ya había sido comprendido en la Antigüedad clásica a partir de la capacidad que poseen los mortales de trascender su propia existencia cada vez que el hombre conseguía

> dotar a sus trabajos, proezas y palabras de cierto grado de permanencia y detener su carácter perecedero, estas cosas, al menos en cierta medida, integran el mundo de lo perdurable y dentro de él ocupan un puesto propio, y los mortales mismos encontrarían su puesto en el cosmos, donde todo es inmortal a excepción del hombre. (ARENDT, 1996: 71)

Es decir, el hombre puede modificar la piedra o componer un poema y, a través de ellos, trascender su propia existencia e integrar «el mundo de lo perdurable». Pero toda posibilidad de trascendencia queda anulada cuando el hombre deja de reconocerse en su trabajo. De esta manera encontramos que, en lo que respecta a la posibilidad que el hombre tiene de trascender su propia existencia biológica, el capitalismo le ha hecho al trabajador lo mismo que el totalitarismo le hizo a los que bajo su égida vivían presas del terror: anular su personalidad y con ella toda forma de trascender la mera existencia biológica. Pero entonces surge la necesidad de reformular los términos con los que solemos conceptualizar al dominio totalitario, ya que no se trata de aislar al hombre de su entorno y de sí mismo, impidiéndole establecer vínculos legítimos y sinceros con otros seres de su propia especie, sino que el horizonte debe ser ampliado ya que también se encuentra imposibilitado de vincularse con cualquier otra época. Ahora, si el hombre ha sido privado de su posibilidad de trascender los límites de su existencia biológica, de vincularse con su descendencia por medio del recuerdo de su personalidad o de la pervivencia de su propio trabajo,[252] si se encuentra conjurado a habitar el presente al tiempo que no puede establecer vínculo alguno con su pasado o con su futuro, entonces podemos afirmar que por primera vez en la historia de la Humanidad, el hombre vive sin que la muerte tenga otro significado que el fin de la vida biológica. Esto significa, además, que se ha reducido la posibilidad de que se produzca una verdadera catástrofe en torno a la perdida de vidas humanas. En el mundo actual, la muerte de seres de cualquier especie no significa nada en términos individuales a menos que la misma se encuentre en peligro de extinción. Esto, curiosamente, puede graficarse si consideramos que cada día mueren millones de animales vacunos o avícolas en el mundo (bajo un estricto control estatal que supervisa y regula no solo los procedimientos mismos de la muerte sino también las cuestiones que hacen al cuidado sanitario y económico-comercial) y lo hacen, por así decirlo, de manera anónima. Por otra parte, observamos que cualquier campaña que se proponga llamar la atención sobre una especie en peligro de extinción suele hacerlo presentando públicamente al último ejemplar (o a uno de los últimos) e identificándolo por medio de un nombre. El nombre lo personaliza, lo separa de la especie y lo individualiza, volviendo su muerte, la muerte de un único individuo, en tragedia. A la inversa, en nuestras sociedades se verifica que cada vez en menor medida importan nuestros nombres, nuestras particularidades, y todo se suele reducir a ser identificados mediante códigos o parámetros estandarizados lo cual parece acorde para tratar con ejemplares de una especie como la humana, la cual, al menos por su número,

---

252 Se podrían mencionar las terapias génicas así como la manipulación genética incluso a la luz de algunas reconsideraciones técnico-legales que están poniendo actualmente en cuestión los propios conceptos tradicionales de padre o madre biológica. Por ejemplo, la reciente legislación aprobada en Inglaterra que habilita la posibilidad de contar con tres progenitores con el fin de evitar enfermedades congénitas. Cf., "El gobierno británico autoriza la fecundación de bebés de tres progenitores" en [http://internacional.elpais.com/internacional/2016/12/15/actualidad/1481806517_663304.html?id_externo_rsoc=TW_CM].

parece encontrarse lejos del peligro de extinguirse. Por lo tanto, podemos decir que en nuestros días no tiene un verdadero sentido hablar de la muerte debido a que, si la personalidad del hombre fue aniquilada al tiempo que se ha eliminado toda posibilidad de trascender su propia existencia por medio de su obra, aquello que hoy llamamos *hombre* no es otra cosa que mera existencia biológica que, como tal, se da exclusivamente en un instante presente, por lo que es de esperarse que una vez concluida su existencia se extingan todos los rastros de su existencia humana.

Desde una perspectiva sociopolítica es indudable que la imposibilidad del hombre a establecer cualquier forma de relación tanto con otros (presentes, ausentes o por venir) como consigo mismo, y más aun en la medida que sea consciente de que su existencia se limita al instante presente, posee importantes consecuencias. Una de ellas es la progresiva desactivación del individuo como sujeto político y cuyas consecuencias más visibles se reflejan en la creciente apatía política que sufren nuestras sociedades y en la progresiva desaparición de la masa como sujeto protagonista de las luchas sociales. La masa ha mutado y, en nuestros días, para constituir una masa ya no es necesario que hombres y mujeres se encuentren amuchados entre sí, hombro con hombro; a pesar de que esto no suponga la total desaparición de sus formas tradicionales, hoy la masa se conforma a partir de elementos que se encuentran aislados físicamente y su constitución se suele dar a partir de la así denominada virtualidad. En este sentido es de esperarse que, en un mundo donde el vínculo con el otro se encuentra imposibilitado, tienda a desaparecer todo espacio físico común, es decir, esos lugares en los que tradicionalmente el hombre perdía el temor a estar en contacto con otros hombres y se volvía uno más entre cientos o miles (cf. CANETTI, 2013: 13-26). En nuestros días resulta evidente la creciente preferencia por aquellos medios que evitan que las personas concurran o pasen más tiempo del necesario en espacios donde hay otras personas. El contacto con el otro es evitado a través de promociones que apelan a la variable económica

Juan Acerbi

como forma de expresar la racionalidad de priorizar, a través de la así denominada virtualidad, la comodidad del hogar, la seguridad o la maximización del tiempo libre. Al mismo tiempo se torna evidente que la audiencia de cualquier programa de televisión tiene una cantidad de público muchísimo mayor que la de cualquier tipo de evento o convocatoria *física* que se pueda realizar.

Adorno y Horkheimer (1998) habían anticipado hace más de medio siglo los elementos centrales de la tecnología del entretenimiento que nos acompañan en nuestros días. En otro texto de la época, Adorno sintetizaba sus observaciones con gran claridad, y en él leemos:

> mediante la televisión, la industria cultural se acerca a la meta de tener a todo el mundo sensorial en una copia que alcanza a todos los órganos, el sueño sin necesidad de soñar [...] fuera de la jornada laboral no se puede dar un paso sin tropezar con una manifestación de la industria cultural, sus medios están tan ensamblados que entre ellos *la reflexión no puede tomar aliento* y darse cuenta de que su mundo no es su mundo. (ADORNO, 2009: 445; el énfasis en nuestro)

De esta manera, el planteo adorniano hace explícita la relación que se establece entre el avance tecnológico y la capacidad que se verifica, en el contexto de las democracias contemporáneas, de anular todo acto reflexivo en el hombre. Es a partir de allí que puede comprenderse un fenómeno que muy bien ha sido caracterizado por Peter Sloterdijk (2002) cuando advierte que las masas ya no son capaces de reunirse de manera física sino que lo hacen a través de los medios masivos de comunicación, lo que implica que hoy se pueda constituir una masa sin que exista contacto físico entre los otros hombres. Esto no sería un aspecto particularmente relevante si no fuera por el hecho de que

> el resultado de todo ello es que las sociedades actuales [...] han dejado de orientarse a sí mismas de manera inmediata por experiencias corporales: sólo se perciben a sí mismas a través de símbolos mediáticos de masas, discursos, modas, programas y personalidades famosas. (*Ibíd.*: 17)

La consecuencia de este escenario no es otro que la pérdida de toda capacidad política por parte del hombre, el cual se convierte, de esta manera, en una masa sin potencial alguno y es por esto que

> siempre nos topamos con individuos desgarrados del cuerpo colectivo y cercados por los campos de fuerza de los medios de comunicación en una situación de pluralidad que permanece fuera del alcance de cualquier mirada. Individuos que, en su "desamparo organizado" como Hannah Arendt llamaba a las originarias situaciones psicológico-sociales en el marco de las situaciones de dominio totalitarias, forman la materia prima de todo experimento pasado y futuro de dominio totalitario y mediático. (*Ibíd.*: 17)

No debe pasarse por alto que el signo de una época que ha logrado hacer de la masa (política) una masa-audiencia tiene como contexto general el hecho de que tanto hombres como mujeres viven –conscientes o no– habiendo resignado la posibilidad de participar de la eternidad. Sus existencias se limitan a ser puro instante presente en una versión agustiniana del tiempo en la que no solo no existe el pasado o el futuro sino que tampoco existe ni Mesías, ni Salvación, ni Dios. La versión contemporánea del tiempo presente agustiniano no encuentra sujeción en ningún otro momento más que en el fugaz instante presente en el que le fue arrebatada al hombre la esperanza y se le clausuró toda relación con el pasado, con el futuro y con su propio presente. Si en 1919 Eugène Apert aún podía afirmar que el mundo era gobernado por los muertos, en la actualidad dicha afirmación carece de sentido. Es indudable que el peso del pasado ha perdido hoy prácticamente toda relevancia, las voces del *mos maiorum* tal como las conocieron los romanos (pero también como la conocieron nuestros abuelos) han perdido su fuerza espectral así también como los antecedentes genéticos ya no disponen su carácter determinante para la especie debido a las *terapias* que ya se encuentran disponibles en el mercado. Sin embargo, el hecho de que los muertos, la tradición o el *mos maiorum* hayan perdido gran parte de su influjo para dirigir nuestras conciencias no significa que las mismas se encuentren liberadas sino

Juan Acerbi

que cambiaron los valores y las instituciones que durante milenios se utilizaron para manipularla.

Resumidamente diremos que el hombre, hoy, por primera vez en nuestra historia, no aspira a la eternidad, desprecia toda temporalidad que no sea la propia y por ello vive interesado solo por el momento fugaz del presente al tiempo que su vida se pondera en clave de éxitos y fracasos. En este sentido, la pregunta que lanza Claude Lefort acerca de si no se debe a la permanente conexión que, a escala planetaria, mantiene a un habitante promedio de las grandes urbes conectado con cientos o miles de personas desperdigadas por el mundo, el hecho de que estos pierdan el sentimiento de compartir una existencia común con sus semejantes (cf. Lefort, 2011: 151) es aún optimista en tanto considera que los hombres todavía desearían compartir experiencias con otros seres semejantes. En otros términos, no considera el hecho de que el habitante típico de nuestras sociedades considera la noticia cotidiana que le comunica la muerte de decenas de cientos de humanos (entre los cuales pueden encontrarse varios de los que forman parte de su universo virtual) apenas como una molestia que debe soportar hasta que llegue el pronóstico del clima para saber si debe, o no, cargar con el paraguas durante la jornada. En este sentido deberíamos reflexionar sobre una cuestión que ya hemos mencionado y que es la posibilidad de que seamos las primeras generaciones de seres humanos que han desterrado de sus vidas a la muerte. Cuando Adorno sostenía que habitamos un mundo en el que hay cosas mucho peores que morir (2001: 32), una de las cosas que quería significar es que ya no es posible, simplemente, morir: habitamos un mundo que ha heredado de los campos de concentración el hecho de que la muerte no solo ha perdido importancia sino que ya no puede ser llamada muerte (cf. Agamben, 2010b: 72). Tal vez la Humanidad no se ha a animado a confesar que la muerte que la rodea es el precio que debe pagar por sobrevivir en el contexto de una Humanidad que ha perdido toda humanidad.

Tal vez hoy todo se reduzca a sobrevivir, se sobrevive en el día a día, se sobrevive un momento y el momento que le sigue supone, necesariamente, un nuevo riesgo de vida y no olvidemos que, como advertía Canetti, «en el sobrevivir cada uno es enemigo del otro» (2013: 321). Acaso también comprendamos que el éxito de la vida se reduce a los pequeños momentos en los que el hombre percibe que ha logrado sobrevivir aunque ese mismo instante coincida con el instante en el que toma conciencia que su condición de superviviente lo hace enfrentar nuevamente la posibilidad de morir. Así, la vida *humana* queda reducida a una especie de show frenético en el que las instantáneas de la muerte y la supervivencia se suceden, una tras otra, de manera tal que solo cobran sentido porque constantemente se nos repite, y nos repetimos, que todo esto debe tener sentido porque esa, *eso*, es la vida.

1.2 Imposibilidades

Giorgio Agamben ha formulado recientemente una serie de reflexiones que tienen como punto de partida el silencio que se levanta en torno al concepto de guerra civil. En términos del propio filósofo italiano, leemos al comienzo de su análisis que «mientras hoy parece estar ausente la posibilidad misma de distinguir la guerra entre los Estados de la guerra intestina, los especialistas en el tema continúan evitando con cuidado toda mención a una teoría de la guerra civil» (AGAMBEN, 2017: 11). Sin adentrarnos en los pormenores del trabajo de Agamben, tomaremos su acertada observación sobre la guerra civil a la luz de nuestra propia investigación. En todo caso, nuestro razonamiento nos lleva a considerar la inquietud inicial de Agamben como una consecuencia totalmente previsible si consideramos lo abordado hasta aquí. Pero tal vez podamos ampliar la inquietud del autor sobre la guerra civil considerando también las implicancias que pueden tener sobre aquellos que son contemporáneos a una época en la que no solo la muerte ha perdido sentido para el hombre sino también la guerra. Al fin y al cabo la guerra también es una cuestión de humanidad.

De todo lo analizado aquí, diremos a modo de síntesis, y actualizando la cuestión de manera esquemática, que el acto de declarar una guerra no se corresponde con cualquier tipo de conflicto sino con aquel en el que se tiene como protagonista, al menos, a un Estado, el cual debe estar dispuesto a llevar adelante un conflicto armado contra otro Estado.[253] Es decir que, para hacer una guerra, se necesitan dos partes, las cuales, a su vez, no pueden ser privadas. Ahora bien, llegados a este punto deberíamos preguntarnos si declarar una guerra es hoy verdaderamente posible; si consideramos, entre tantas otras posibilidades, la crisis que atraviesan los Estado-nación respecto al ejercicio de su soberanía, de su derecho y, fundamentalmente, de los pilares simbólicos que han servido para la conformación de las diferentes identidades nacionales, nos daremos cuenta que los elementos que caracterizan a dicha crisis no se limitan al ámbito de lo estatal sino que tienen profundas consecuencias sobre la sociedad. Si consideramos que, en la actualidad, ni el hambre ni la enfermedad ni la muerte de una buena parte de la humanidad resultan capaces de despertar (y, por lo tanto, de movilizar) sentimientos en el hombre, podremos arriesgar que dicha insensibilidad se produce como consecuencia de una incapacidad que padecen hombres y mujeres para entablar empatía con otros seres humanos. En este sentido, toda imagen, todo símbolo o referencia que apele –directa o indirectamente– a valores humanos o a entidades sociales o colectivas no despertará en el hombre otra cosa que un progresivo sentimiento de apatía, de indiferencia. Así comprenderemos porqué, en un proceso que se manifiesta de manera gradual, la apelación a valores tradicionales como la patria o la nación despierta escasos sentimientos y se vuelven cada vez más incapaces de movilizar masivamente a los individuos. Estos ya tienen suficiente con su propia supervivencia, y con su limita-

---

253   No desconocemos el hecho de que hoy existe un sinfín de posibilidades de llevar adelante una «guerra» (psicológica, informática, económica, publicitaria, blanda, etc.); sin embargo, y por motivos que serán debidamente precisados, preferimos referirnos a la guerra en su sentido tradicional como conflicto armado entre dos Estados o más. Sobre posibles definiciones del término guerra, su historia y posibles derivas contemporáneas sugerimos LINDLEY-FRENCH y BOYER, 2012.

ción vincular temporo-personal como para involucrarse en causas que le son completamente ajenas (un niño con hambre que se encuentra en África o a unos metros de su casa) o que solo afectaría de manera poco probable a su vida (el cambio climático o el cambio de la política exterior China). Pero lo importante es que, sin importar verdaderamente si se trata de noticias que se relacionan con nuestro futuro inmediato, cualquiera de nosotros que se enfrente cotidianamente a una cadena de noticias sabe –y muchas veces puede, incluso, contemplarlo– que los cadáveres se apilan no de a cientos sino de a miles. Ese conocimiento, y esa convivencia, constituye la superación de aquella condición que se debía atravesar, según Himmler,[254] para endurecerse al punto de volverse indiferente a la muerte. Debemos reconocer que esta condición se ha superado, curiosamente, de manera global y no en el contexto de la amenaza totalitaria sino en el de nuestras sociedades democráticas.

Teniendo aún presente la inquietud planteada por Agamben sobre la guerra civil, no debemos percibir como un hecho que se debe meramente al avance tecnológico las pruebas que actualmente realizan varias potencias con el objetivo de conformar ejércitos de robots teledirigidos. En este sentido, las bombas «inteligentes» sobre las que nos ilustraban los canales informativos hace algunos años no han sido más que el preludio de lo que vendría poco después: aviones y ejércitos controlados a miles de kilómetros de distancia a través de una pantalla de video en la que cada vez resulta más difícil discernir si se trata de un juego o de una aldea en la que un mando a distancia acaba de provocar la muerte de decenas de personas. Pero la cuestión que no podemos dejar de resaltar es que los ejércitos que combatirán en un futuro cercano no estarán conformados por hombres y mujeres sino solo comandados por ellos y así, paradójicamente, se enviarán al frente de batalla a cuerpos sin voluntad. Los portadores de aquellas insignias y banderas por las que, en muchos casos, han muerto millones de personas ya no

---

254 Cf. su discurso pronunciado el 4 de octubre de 1943 y dirigido a los *SS Gruppenfürers*. Al respecto cf. RHODES, 2003.

serán hombres y mujeres sino máquinas. Esto, seguramente, traerá algunos dilemas que en nada afectarán a su desarrollo pero que, sin embargo, mantendrán ocupados a los analistas de las Relaciones Internacionales, del Derecho Internacional y de los Organismos de Derechos Humanos. Pero el corolario es que la guerra, tal como se la ha conocido desde la Antigüedad hasta hace unos pocos años atrás, ya no es posible.[255] Las nuevas formas que están adquiriendo los ejércitos tendrán, entre algunas de sus consecuencias más promocionadas, el que ciertas naciones podrán atravesar un conflicto bélico con la seguridad de que no se contarán, entre sus filas, a víctimas *humanas*. Pero aceptar esta perspectiva acerca de las nuevas condiciones tecnológicas de la guerra es aceptar como cierto el barniz ético y humanitario con el que se intentará revestir el hecho de que se enviará a combatir a robots y no a hombres y que no es otro que el evitar la pérdida de vidas humanas o las que se consideren como tales. Pero las presuntas causas humanitarias que se esgrimen son las que permiten mantener oculta la verdadera razón por la que asistimos al incipiente surgimiento de los primeros ejércitos conformados enteramente por robots: que si bien la tecnología hace realidad esta posibilidad, la misma se da en una época en la que ya no es posible contar con grandes sectores de la población dispuestos a ser movilizados y a luchar por valores que ya no los representan. Si hemos aceptado que la muerte de una parte de la humanidad ya no conmueve al hombre, ¿por qué debería sentirse movilizado a marchar a una muerte casi segura por cuestiones tan ajenas como lejanas a sus intereses cotidianos y que en nada le conmueven?

Así, no debe sorprendernos que no solo el término guerra civil haya desaparecido del vocabulario de los especialistas y de la prensa internacional sino que, junto con la humanidad, también ha desaparecido la guerra, lo cual puede comprobarse hasta por un hecho que puede parecer meramente anecdótico pero no lo es,

---

255 De similar opinión es Herfried Münkler, quien además realiza interesantes consideraciones sobre el giro que habría tomado la guerra en los últimos años. Al respecto, ver MÜNKLER, 2003.

nos referimos a la desaparición de aquella figura que toda guerra producía. La muerte de la guerra, conocida como lo fue por miles de años, tiene su correlato en el hecho de que han desaparecido definitivamente los héroes. Una lectura atenta de las noticias demostrará que el término héroe es actualmente utilizado, casi con exclusividad, en el ámbito deportivo, lo cual no significa que el mismo deba ser considerado como un hecho ajeno a la política, aunque sí demuestra que el ámbito de producción del héroe dejó de ser el campo de batalla (o su rememoración a través de la épica) y se trasladó a los estadios deportivos. Por otra parte, y no casualmente, también encontramos al héroe en las ficciones orquestadas que ofrece el cine y en las pantallas de los noticieros, en los efímeros minutos dedicados al *héroe* que salvó a una mascota de la copa de un árbol o al que devolvió el dinero que había encontrado en el asiento trasero de un taxi. Es decir, el héroe se encuentra a la altura de la épica de nuestros tiempos, una épica en la que tanto la guerra como sus héroes se miden a la luz del rédito económico y de las mediciones de audiencias. Resuena aquí aquella tesis de Arendt en la que había anticipado que tanto la moral como todo componente anímico estaban desapareciendo de la guerra (cf. ARENDT, 2013) cuestión que parece haber sido concretada en los últimos años. Tal vez podamos agregar que dichas desapariciones no son más que el reflejo de lo que, desde hace décadas, está sucediendo con el hombre y su humanidad y de allí que dicha apatía forme un síntoma insoslayable para comprender –antes que condenar– el estado en el que se desarrollan nuestras vidas.

Es pertinente observar que la tecnificación de la guerra, mediante la cual las únicas bajas posibles para las grandes naciones serían potencialmente nulas, será válido en la medida en que no se enfrenten dos potencias cuyas fuerzas militares sean medianamente comparables. Sin embargo, este escenario se presenta como altamente improbable si tenemos en cuenta la reciente irrupción de un nuevo protagonista en el escenario social, político y bélico internacional.

Si consideramos la situación política internacional, el único escenario factible por el que hoy una de las grandes potencias podría sufrir numerosas muertes entre sus ciudadanos se da a partir del ataque de aquel que, recientemente, se ha constituido en el enemigo común de las grandes potencias armamentísticas: el terrorismo. En este sentido, el terrorismo cumpliría actualmente una doble función: por una parte, permite disminuir la hipótesis de conflicto entre las grandes potencias al constituirse en el enemigo común a todas ellas. Un enemigo al que, más allá de que se le declare una *Guerra contra el Terror* (y que dicha guerra técnicamente no pueda ser considerada una «guerra») sigue cumpliendo perfectamente su rol de enemigo externo. Por otra parte, el terrorismo estaría llevando a cabo una función sumamente sutil en el esquema del poder global, ya que por su intermedio se lograría desplazar el eje clásico de la guerra centrado en valores como la patria, el deber, el honor y la nación a un valor universal, la Humanidad (si se es parte de la Humanidad, se está en guerra) y a través de ella al ámbito de lo civil, y de allí a lo individual. No es nuestro país quien está en guerra sino nosotros, cada uno de nosotros puede ser la víctima del enemigo y eso nos ubica en la primer línea del frente de batalla. La abstracción que supone una guerra contra la Humanidad se particulariza de la manera más concreta en el atentado que sufre una señora en el subterráneo o en la bomba que explota en un bar en un barrio residencial. Ya no se trata, como ocurría hasta hace pocas décadas, de cuestionar al Estado como, por ejemplo, hacían los manifestantes norteamericanos al preguntar qué hacían sus hijos combatiendo en Asia. Los países ya no marchan a las guerras, ahora la guerra se traslada a las calles de sus principales ciudades. Esto diluye, a los ojos de Occidente, las responsabilidades que las potencias tienen sobre el surgimiento o el fortalecimiento de grupos terroristas como Al Qaeda o el Estado Islámico.[256] Pero también favorece que

---

256 Cf., por ejemplo, "Ties Between the Bush Family and Osama bin Laden" disponible en [http://www.truth-out.org/archive/item/69782:ties-between-the-bush-family-and-osama-bin-laden]; también "George W. Bush and the Bin Laden Family, Meeting at Ritz Carlton Hotel, NYC, One Day Before 9/11", el cual se encuentra disponible en [http://www.globalresearch.ca/george-w-bush-and-the-bin-laden-

los Estados-nación sean demandados como los únicos capaces de brindar seguridad. Por esto también se puede comprender el hecho de que el terrorismo venga a eliminar el último resquicio de carga moral que pudieran sentir aquellos que se preguntan qué hace su gobierno con el dinero de sus impuestos; el terrorismo es lo que viene a darle una nueva carga moral a la guerra en un mundo donde hombres y mujeres han perdido la capacidad moral y anímica de morir por sus patrias. Pero el terrorismo también vino a evidenciar una fractura con la tradición política iniciada por la Modernidad, ya que los Estados han perdido la iniciativa sobre la guerra. No es ya un Estado el que da la orden de invadir a otro sino que se ha puesto en evidencia la capacidad que posee hasta un único individuo para poner a un país –y hasta a una gran parte del mundo– en estado de alarma. Esta cuestión no puede dejar de ser considerada como un profundo cuestionamiento a la tradición inaugurada por la teoría de la soberanía del Estado moderno en la que aquel que decide sobre la guerra[257] es también quien decide sobre la vida de la población y, en este sentido, los Estados contemporáneos no gozan del monopolio de dicha potestad. Sin embargo, el terrorismo cumple una función elemental en la psicología del hombre y, por ende, en la política: permite mantener latente y direccionado el miedo en la población, lo cual posibilita, paradójicamente, reforzar la soberanía del Estado (cf. BUTLER, 2004: 39). Y es por este motivo que el terrorismo se vuelve esencial para sostener la estructura material, económica, política y psicológica de la guerra, incluso cuando la misma ya no exista como tal. El terrorista es lo único que puede producir temor a una población que ya no debería temer a las guerras, pues ningún familiar puede perder la vida allí porque en ellas solo puede morir

---

family-meet-in-new-york-city-one-day-before-911/5332870]; "Now the Truth Emerges: how the US fuelled the Rise of Isis in Syria and Iraq", disponible en [https://www.theguardian.com/commentis-free/2015/jun/03/us-isis-syria-iraq].

257 Cf., por ejemplo, en la parte II del *Leviatán*, cap. 18, donde afirma que «es inherente a la soberanía el derecho de hacer guerra y paz con otras naciones y Estados». También, en la parte II cap. 28, leemos «contra los enemigos a quienes el Estado juzga capaces de dañar, es legítimo hacer guerra». La edición citada corresponde a HOBBES, 1982.

Juan Acerbi

aquello que no pertenece a ningún estamento de lo humano y la única consecuencia a temer es una mayor tasa de impuestos –o el recorte del presupuesto de salud o de educación– para así poder cumplir con los gastos de *Defensa*, lo cual, a pesar de todo, puede llegar a estimarse como un precio irrisorio en comparación con las implicancias que ofrecía el escenario bélico tradicional.

1.3 Rupturas

Según Samuel Huntington, un aspecto fundamental que demarcaba el cambio del orden que surgía a inicios de la década del noventa, tras el fin de la Guerra Fría, era el hecho de que los países ya no debían responder a la pregunta ¿de qué lado te encuentras? ¿a qué lado te has aliado o por cuál sientes simpatía? Para él, en el nuevo escenario internacional, el hombre debía responder a otra pregunta «mucho más fundamental: "¿Quién eres?"», pregunta que presupone que «cada Estado debe tener una respuesta, su identidad cultural, que define el lugar del Estado en la política global, sus amigos y sus enemigos» (HUNTINGTON, 2015: 147). Sin intentar dilucidar si la teoría de Huntington era acertada, lo que resulta claro es que la misma ha sido superada por los hechos. Particularmente, la pregunta «¿quién eres?» carece verdaderamente de sentido debido a que la relación hombre-ciudadano-nación se ha interrumpido, motivo por el cual ya no podemos significar –ni certificar– qué significa que alguien responda a dicha pregunta. La pregunta que en términos de nacionalidad interroga «¿quién eres?» esperando respuestas como «soy francés, alemán o argentino» evidencia en realidad, más allá de que dicha pregunta no adquiere sentido con el fin de la Guerra Fría sino con el nazismo (cf. AGAMBEN, 1996), que no hay ninguna respuesta objetiva o subjetiva que pueda dar el individuo que tenga algún sentido político (cf. AGAMBEN, 2001).[258] Hoy nadie aseguraría que alguien que nació y fue criado y educado en

---

258 Resulta sumamente enriquecedor, y por demás actual, el análisis formulado por Agamben sobre la relación Estado-nación, ciudadanía y la situación de los refugiados.

París –de acuerdo a los valores culturales franceses– se encuentra totalmente exento de la posibilidad de ser un terrorista o de convertirse en uno. Una prueba de esto la encontramos en los incansables esfuerzos que los servicios de inteligencia llevan a cabo para intentar responder a la pregunta «quién eres» y cuya dificultad para ser respondida se expresa en lo burdo de los mecanismos que utilizan para dar con su respuesta: la recopilación masiva de información privada de la población mundial. Por otro lado, y como veremos a continuación, la verdadera pregunta que intentan responder los Estados no es «quién soy» sino otra que no se formula para no revelar la brutalidad a la que potencialmente podríamos ser sometidos. La verdadera pregunta no gira sobre nuestra identidad sino sobre nuestra naturaleza y la pregunta «quién eres» ha perdido vigencia y ha dejado paso a la pregunta «qué eres».

1.3.1 Identidades

Desde la Antigüedad clásica, los hombres se han identificado con sus pueblos por medio del territorio en donde habían nacido, por sus antepasados comunes, por su lengua, por sus dioses o por su historia y sus tradiciones. Particularmente en Roma esto quedaba expresado en el derecho, como bien nos lo recuerda Agamben (*ibídem*), a través del *ius soli* y el *ius sanguinis*. Dicha tradición llega, sin dudas, al menos hasta la época en la que el nazismo adopta la expresión, a través de su Ministro de Agricultura Walther Darré, *Blut und Boden* («tierra y sangre») (cf. BRAMWELL, 1985). Sin embargo, el proceso de ruptura entre los dos componentes del binomio había comenzado ya en épocas de la Primera Guerra Mundial debido a que en aquellos años era posible comprobar que el nexo nacimiento-nación ya no fuera capaz de «desempeñar su función legitimadora dentro de la Nación-Estado» (AGAMBEN, 1996: 45). Ahora, a pesar de que uno de los signos más significativos de dicho diagnóstico sea «la contemporánea introducción, en el ordenamiento jurídico [...] de normas que permiten la desnaturalización y desnacionalización masiva de sus propios ciudadanos» (*ibídem*), es probable que recién en años recientes se haya comenzado a manifestar su arista más compleja en el hecho de que los Estados se encuentran actualmente incapacitados para respaldar o responder por la identidad de sus ciudadanos. Vale aclarar que cuando afirmamos que hoy los Estados no pueden responder por la identidad de sus ciudadanos no nos referimos a la posibilidad de establecer relaciones entre una fotografía o una huella digital con un nombre, un apellido, un número de identidad y, en caso de que existiesen, con un historial médico, un informe fiscal, laboral o con los antecedentes escolares, policiales y hasta con sus gustos como consumidor de ropa, de música o de pornografía. Todas las preguntas que solían desvelar a los Estados y que implicaban aspectos tan amplios como la salud, la situación económica, la ocupación laboral, las amistades y las preferencias sexuales han perdido su carácter enigmático al haber dejado de pertenecer al ámbito privado (Servicios de Inteligencia, redes sociales, minería de datos con fines comerciales, etc.). Esto no significa que no haya preguntas por responder sobre cada uno de nosotros; significa que las preguntas cambiaron a pesar de que las mismas se sigan formulando en iguales términos. Es decir, las preguntas que se suelen formular tienen la función de comprobar nuestra veracidad, nuestra cordura y nuestra docilidad al sistema al tiempo que los algoritmos intentan descifrar las preguntas que verdaderamente se han convertido en los objetivos de los Servicios de Inteligencia: «¿qué piensas?», «¿qué haces?», «¿qué harás?». Esto fue explicitado sin reparos cuando, en relación al trascendido de que los Servicios de Inteligencia de los Estados Unidos habían intervenido el teléfono de la Canciller alemana Angela Merkel, Barack Obama brindó una entrevista a una cadena televisiva alemana[259] en la que insistió en que hay una responsabilidad con el pueblo norteamericano pero también con el resto del mundo debido a que los Estados Unidos posee el mayor sistema de inteligencia del mundo

---

259 La entrevista tuvo lugar el 18 de enero de 2014 y fue otorgada, en la persona de Claus Kleber, a la cadena televisiva ZDF. La entrevista ha sido transcripta por la propia cadena televisiva y se encuentra disponible en [http://www.heute.de/ZDF/zdfportal/blob/31540850/1/data.pdf].

y esa responsabilidad será ejercida de manera tal que no se realizarían recolecciones masivas de datos (cf. ZDF-Heute, 2014: 12) sino que se respetaría la privacidad de las personas salvo que hubiese sospechas de que la seguridad nacional estaba en riesgo, a lo cual agregaba la advertencia de que dicha responsabilidad no puede limitarse a leer o saber «las cosas que puedes leer en el New York Times o DER SPIEGEL» sino que «la verdad de los hechos es que, por definición, el trabajo de inteligencia es descubrir: bueno, ¿qué está pensando la gente? ¿Qué están haciendo?» (ZDF-Heute, 2014: 6). La cuestión que el entonces presidente Obama deja por demás en evidencia es, precisamente, que no hay dudas acerca de quién es quién –lo cual es deslizado en la entrevista– por lo que el problema no radica en la identidad de la gente sino en lo que ocultan para sus adentros, especialmente en lo que atañe a las preguntas «qué harás?», «¿qué piensas?».

Como sabemos, el fenómeno del terrorismo no es reciente. Desde 1898 se han celebrado reuniones o conferencias internacionales para intentar comprenderlo y prevenirlo (cf. Avilés y Herrerín, 2008). Así, su historia ha atravesado diversas etapas entre las que se destacan el inicio del terrorismo urbano a finales de la década del sesenta (cf. Laqueur, 2002) y a cuya impronta política se sumará también el componente religioso, aunque aún con accionares limitados por las fronteras nacionales (cf. Primakov, 2004). Pero más allá de las diversas teorías y formas de clasificar las etapas que ha atravesado el terrorismo, los especialistas destacan que, a principios del siglo XXI, el mismo adquiere una característica novedosa,[260] y esto debido a que

Los eventos del 11 de Septiembre claramente mostraron un nuevo y más peligroso tipo de terrorismo internacional: actos criminales cometidos por un grupo autónomo, sin afiliación con cualquier tipo de gobierno

---

260 En este punto no debemos pasar por alto la observación formulada por Pilar Calveiro cuando advierte que, si bien durante el gobierno de Reagan se concebía al terrorismo como una amenaza para los Estados Unidos, «fue a partir de los años noventa cuando los medios de comunicación *tematizaron el fenómeno terrorista como un asunto central que representaba una amenaza para la seguridad, ya no nacional sino global*» (CALVEIRO, 2012: 72).

nacional que resultó en la pérdida de miles de vidas inocentes. Este tipo de grupo terrorista irrumpió en el escenario internacional como un tipo completamente nuevo de actor. (cf. PRIMAKOV, 2004: 6)

Pero lo que aquí nos interesa destacar es un aspecto particular que ha adquirido el terrorismo en los últimos años y que viene a significar una nueva etapa en la historia del mismo. Esta etapa presupone un cambio profundo que puede ser conceptualizado a partir del ataque perpetrado el 11 de Septiembre de 2001 por un grupo que, de acuerdo a la versión oficial, estaba integrado por personas de nacionalidad afgana y pakistaní[261] ligadas al grupo Al-Qaeda. Precisamente el cambio al que nos referimos se pone en evidencia en este último aspecto que acabamos de mencionar: la nacionalidad de los terroristas. Un análisis de la prensa internacional mostrará que las noticias sobre terrorismo internacional involucran, cada vez en mayor medida, a personas que no responden a la nacionalidad o a los estereotipos con los que se solía identificar a los terroristas pertenecientes o simpatizantes de grupos terroristas islámicos. Incluso la sorpresa fue mayor cuando trascendieron casos en los que tanto sospechosos –de los que nunca se encontraron pruebas concretas que demostraran filiaciones con grupos terroristas– como responsables efectivos de haber llevado adelante atentados llevaban vidas que se revelaron como *normales* al punto que parecieran *indistinguibles* del resto de la población.[262] Esto pone en relieve aquello que hemos afirmado acerca de la forma en la que el terrorismo permite evidenciar la crisis de los Estados-Nación sin olvidar que

---

261   Nos guiamos, en todo lo referido al atentado, con el informe oficial titulado *National Commission on Terrorist Attacks Upon the United States* también conocido como *The 9/11 Comission Report* firmado, entre otros, por el *Chairman* de la Comisión, Thomas Kean y publicado en julio de 2004. No resulta ocioso insistir aquí en la gran cantidad de sospechas que rodean a dicho informe así como en todo lo referente al atentado y a la forma en la que obtuvo la confesión de Khálid Sheikh Mohammed de haber sido el *mastermind* del atentado.

262   Los casos han gozado de una amplia difusión mediática, de todas formas pueden consultarse casos como el de Jaelyn Delshaun Young, una joven norteamericana condenada a 12 años de prisión por planificar dar apoyo al Estado Islámico o las tres mujeres «fanáticas» detenidas en Francia quienes «muy probablemente» planificaban ataques. Ambas noticias pueden consultarse, por ejemplo en el enlace [http://edition.cnn.com/2016/03/30/us/mississippi-isis-guilty-plea-jaelyn-young/]; [https://actualidad.rt.com/ultima_hora/218286-francia-detiencio-mujeres-atentado].

---

esto involucra a todo el sistema de valores asociados a los mismos. Es por ello que en nuestros días cualquier Estado –y esto incluye a las mayores potencias del mundo– se encuentra incapacitado para dar garantías de que existe efectivamente un vínculo Estado-ciudadano basado en una mutua identificación, motivo por el cual cada una de las partes se vuelve, para la otra parte, una amenaza para su soberanía al tiempo que se evidencia el hecho de que ha perdido todo sentido real la apelación a la nacionalidad como forma políticamente válida de certificar la identidad de los ciudadanos.

Si el paradigma ha cambiado, si la identidad ya no es relevante, si la sangre y la tierra ya no resultan determinantes para responder a la pregunta «¿quién eres?», tampoco tendrá sentido custodiar todo aquello que en otros tiempos resultaba sensible para conformar, conservar y fortalecer la identidad nacional. El que se siga haciendo no es más que la manera en la que los Estados mantienen las formas frente a aquellos a los que se les continúa reclamando obediencia. Sin embargo los tiempos han cambiado. Hoy no hay fronteras que cerrar, lo cual no se debe a la dificultad evidenciada día a día, por ejemplo en la crisis migratoria europea, sino porque el enemigo se ha vuelto indistinguible. De alguna manera nos encontramos frente a la pesadilla de Cicerón: la de una sociedad plagada de catilinas en la que no hay herencia de sangre, educación o patria que pueda dar garantías acerca de que cada uno de los que deambulan por la calle no se volverá un *hostis* y así, ante la imposibilidad de detectar la verdadera identidad del enemigo, se recurre como única forma de contención al accionar preventivo. Una prevención que, en nuestros días, no puede adquirir otro tenor que el del control totalitario pero bajo la proclama de valores democráticos. Todo parece indicar que hemos cumplido las aspiraciones de los líderes totalitarios y, tal como lo soñaron, lo hemos hecho a escala planetaria.

1.3.2 *Prevención y anulación*

Si hoy resulta medianamente plausible anticipar las acciones que cada uno de los hombres, mujeres y niños podrían llegar a realizar, esto se debe al enorme avance de las tecnologías informacionales e informáticas.[263] Sin embargo, y dejando de lado la paradoja que supone el vulnerar cotidianamente la privacidad de cientos de millones de personas, y con ella sus derechos, con el argumento de protegerlos de males mayores, resulta pertinente considerar las necesidades que se nos imponen en nombre de nuestra seguridad y la forma en la que se corresponden con aquello que Elmar Alvater denomina geoingeniería. Es decir, la forma mediante la cual «con medios técnicos sofisticados se instituye una «administración planetaria», una gestión eficiente con poder general sobre el planeta Tierra para controlar no solo el flujo de información, sino también los múltiples procesos de crisis de nuestros tiempos» (ALVATER, 2014: 44). Procesos de crisis cuyos peligros pueden surgir de cualquier lugar del mundo, lo cual ocurre porque, según se sostiene, habitamos un planeta en el que ya no hay lugares seguros ni mucho menos amigables, lo cual constituye la principal razón para justificar la necesidad de extender el control y la vigilancia a escala global. Han desaparecido las fronteras pero no en el sentido prometido por los defensores de la globalización sino en el sentido de que el poder pueda prescindir de ellas e invadir cada rincón del planeta y de nuestras propias vidas. También asistimos aquí a una nueva ruptura de época: el peligro ya no puede ser exterior a nosotros, a nuestra sociedad globalizada, y esto nos recuerda aquel pasaje en el que Arendt advertía que

> Ya no es probable que surja para cualquier civilización ese peligro mortal desde el exterior. La Naturaleza ha sido dominada y ya no hay bárbaros que amenacen con destruir lo que no pueden comprender [...] Incluso la aparición de Gobiernos totalitarios es un fenómeno interior, no exterior, a nuestra civilización. El peligro estriba en que una civilización global e interrelacionada universalmente pueda producir bárbaros en su propio medio, obligando a millones de personas a llegar a condiciones que, a pesar de todas las apariencias, son las condiciones de los salvajes. (ARENDT, 2015: 427)

---

263   Cf., por ejemplo, GORDON, SHARAN y FLORESCU, 2017, [http://dx.doi.org/10.1016/j.techfore.2017.05.017]. También XU, ZHENG (et al.), 2016: 1283-1292.

Evidentemente el peligro sobre el que advertía Arendt se ha vuelto realidad, pero en una dimensión aun peor. Como hemos visto, gran parte de los países del mundo se encuentran en *guerra* contra el terrorismo, y el hecho de que las potencias bauticen a su bombardeos como «humanitarios» no es más que la muestra de que aquella advertencia realizada por Schmitt tiene un renovado interés para nosotros debido a que nos encontramos atravesando una nueva guerra realizada en nombre de la Humanidad contra *algo* que, como en Roma o como en la Alemania nazi, no podía ser definido más que por su carácter monstruoso e inhumano.

Sin embargo, a nuestro entender, el terrorismo ha sido situado fuera de la Humanidad de manera novedosa debido a que la identidad y hasta la naturaleza del terrorista (a diferencia de lo que ocurría con Catilina o con los judíos en el nazismo)[264] nos resulta imposible de ser precisada. En los últimos años se ha hecho evidente que no tenemos forma de caracterizar al terrorista, no poseemos parámetros que nos permitan identificarlo y esto da cuenta de que nos enfrentamos a *algo* que no comprendemos ni siquiera de manera funcional a nuestros intereses más genuinos como, por ejemplo, el deseo de evitar futuros atentados. En este sentido, y a diferencia de otras formas anteriores en las que se luchó contra el terrorismo, no debe resultarnos trivial el hecho de que se han abandonado todas las formas tradicionales de negociación que se han utilizado desde la Antigüedad Clásica, incluso en casos en que las formas de alteridad resultaban extremas. Ahora, tanto si se debe al presunto carácter monstruoso e inhumano o si es por ser considerados enfermos mentales (cf. BUTLER, 2004: 72), lo que resulta evidente es que no hay mediación posible entre nuestros Estados y las organizaciones terroristas, de lo cual parece desprenderse que la única solución posible es la de perseguir su eliminación. En este sentido llaman la atención posturas como las de Joseph Nye –ar-

---

264 Mientras que Catilina podía ser identificado por sus vicios, sus costumbres, sus actos y sus amistades, los judíos podían ser identificados por los oficiales nazis mediante sus antecedentes parentales. Estas formas de identificación (y otras como las utilizadas, por ejemplo por la Inquisición para dar con las brujas) se muestran obsoletas frente a las formas en las que se presenta el terrorismo en nuestros días.

Juan Acerbi

duo defensor de lo que denominó «*soft power*»– ya que pareciera mantener cierta esperanza en la efectividad del adoctrinamiento a través de los medios que apelan a la persuasión. Es por ello que Nye, ante los serios recortes presupuestarios que, bajo la presidencia de Obama, afectaron el presupuesto destinado al *smart power*,[265] afirmó que la paradoja de ser el país más fuerte desde los días de Roma *(the strongest country since the days of Rome)* se da en el hecho de que Estados Unidos no puede alcanzar sus objetivos actuando solo *(acting alone)*, y es por ello que no se debe abandonar el poder blando sino que debe combinarse con el *hard power* (cf. NYE, s/f). Esta combinación entre publicidad y becas de estudio con bombardeos sobre poblaciones civiles no debe sorprendernos si consideramos que el ala dura de los asesores de la Casa Blanca habían sentenciado años antes el fracaso del *soft power* en la lucha contra el terrorismo; de qué otra forma podrían interpretarse las palabras que, en boca de un analista internacional y asesor de la Casa Blanca, afirmaban que nada lograba cambiar las pautas de consumo y la publicidad cuando es posible encontrar a varios muchachos que pasan sus ratos entre música rap, hamburguesas y Coca Cola y que al mismo tiempo pueden «entre inclinación e inclinación hacia La Meca, montar una bomba para hacer estallar un avión estadounidense de pasajeros» (HUNTINGTON, 2015: 67). Admitir que el poder blando no es efectivo contra el enemigo de la Humanidad es, precisamente, admitir que se encuentra fuera del género humano.[266] Pero, entonces, ¿a quiénes va dirigido el *soft power* que continúa vigente en los presupuestos del Departamento de Estado?[267] La respuesta parece evidente y no es otra que aquella que da cuenta de que el

---

265 Al respecto ver el artículo aparecido en la Revista *Foreign Policy* de NYE, Joseph. «The War on Soft Power» disponible en [http://foreignpolicy.com/2011/04/12/thewaronsoftpower].

266 Una lectura detenida del libro de Huntington evidencia esta posición cuando, en las primeras páginas, explica su sorpresa al comprobar que su trabajo tocó las fibras íntimas de personas de todas las culturas. Si el terrorista no puede ser tocado en su fibra íntima no se debe, entonces, a que pertenezca a otra cultura sino a que no pertenece a ninguna. Al respecto, cf. HUNTINGTON, 2015, especialmente su «Prefacio».

267 Cf. *Congressional Budget Justification. Department of State, Foreign Operations, and Related Programs. Fiscal Year 2019,* disponible en [https://www.state.gov/s/d/rm/rls/ebs/2019/pdf/index.htm].

soft power no es utilizado contra aquellos que se encuentran fuera de los límites de la Humanidad sino, precisamente, sobre aquellos que aún están dentro de él. Se dirige a *nosotros*, a un *nosotros* fluctuante y cuyos límites se encuentran en constante redefinición.

1.4 Una conclusión parcial

Sin lugar a dudas la pregunta «¿qué piensas» es la pregunta que ha dominado, al menos, a esta primera parte del siglo XXI aunque se encuentra lejos de ser una innovación original si consideramos aquel intento por acceder al alma de hombres, mujeres y niños que se cristalizó en ese sutil artificio denominado confesión. En nuestros días, en un Occidente en el que la confesión ha perdido su eficacia para la política secular, es de esperarse que nuevos dispositivos hayan sido delineados con el fin de acceder y direccionar las conciencias. En este sentido debemos recordar aquello que Arendt observaba como característico de la burocracia totalitaria, la cual ya no se conformaba con «controlar solamente los destinos exteriores, dejando intacta toda la vida íntima del alma» sino que buscó penetrar «en el individuo particular y en su vida íntima» (ARENDT, 2015: 359). Admitiendo entonces que el totalitarismo fue capaz de llevar a otro nivel las formas de dominación sobre el hombre, y en el que parecen conjugarse los deseos ciceronianos de encontrar todo plagado de dioses con el control obsesivo implementado siglos después, ya en época cristiana, en el contexto monacal, deberemos aceptar que la continuidad de los *campos* en nuestras autodenominadas sociedades democráticas debió implicar también la adopción de dichos métodos de control bajo formas invisibilizadas o socialmente aceptadas. Y entre las razones para que ello ocurriese debemos considerar lo advertido por Foucault cuando explicaba que:

Del siglo XIII a comienzos del siglo XIX todas las sociedades occidentales esperaron, soñaron con la posibilidad de gobernar a la gente por medio de leyes, tribunales, instituciones jurídicas. Y la idea de redactar constituciones con los derechos del hombre, etc., el proyecto de redactar códigos que fueran universales para la humanidad o, al menos, uni-

Juan Acerbi

versales en el marco de la nación, era el sueño de un modo jurídico de gobierno. [...]. Y ahora sabemos –¿sabemos?–, nos han dicho que ya no es posible gobernar a la gente con estructuras jurídicas. El fenómeno totalitario es la primera y más peligrosa consecuencia del descubrimiento de que las estructuras jurídicas no bastan para gobernar a la gente. (FOUCAULT, 2016: 115)

«Ya no es posible gobernar a la gente con estructuras jurídicas», pero entonces, ¿cómo podemos pretender que el Estado –basado y fundado en estructuras jurídicas de ese tipo– no se encuentre en crisis? En este sentido podemos aceptar que la crisis de soberanía que atraviesan los Estados se deba al crecimiento del poder económico transnacional, al comercio ilegal de armas, al poder del narcotráfico o a los organismos supranacionales que imponen condiciones a los Estados nacionales (cf. CASTELLS, 1999), pero resulta evidente que todas estas causas no son más que males menores en comparación con el derrumbe de la eficacia de la estructura jurídica con la que se sustenta al Estado y mediante la cual se busca gobernar a la población. Así, el poder transnacional se vuelve un problema secundario si consideramos el hecho de que al interior de cada Estado los hombres no pueden ser gobernados por aquellos complejos jurídicos bajo los cuales se crearon y ordenaron sus instituciones sociales y políticas. En este sentido, tampoco caben dudas que el carácter obsoleto del aparato jurídico o la desaparición del nexo entre el hombre y el ciudadano también viene a significar que toda forma de derecho –desde los Derechos Humanos hasta el Derecho Internacional– ha perdido la base sobre la cual se ha forjado (cf. AGAMBEN, 2006b: 167). Este hecho pareciera hacerse evidente en cada una de las decisiones que las grandes potencias adoptan, especialmente cuando lo hacen contra la voluntad o el espíritu de los organismos multinacionales o las convenciones internacionales a las que ellos mismos adscribieron y que, en muchos casos, pregonan defender. Esto también pareciera haber sido advertido, al menos en su etapa incipiente, por Benjamin cuando, de acuerdo al curso que habían tomado los hechos para aquel entonces, llamaba la atención sobre las pocas probabilidades de que una guerra de gases fuese a comenzar con una declaración de guerra de acuerdo a los límites del derecho internacional debido a que «con la eliminación de la distinción entre civiles y combatientes, implícita en la guerra de gases, se desmorona el soporte principal del derecho internacional público» (BENJAMIN, 2001: 49). Acaso no hemos llegado a la «guerra de gases», pero no caben dudas que la panorámica general en torno a la guerra, por no ahondar en las características del terrorismo, se ha cumplido y sus efectos han alcanzado sin distinción a una enorme parte de la población mundial (hayan o no sido víctimas efectiva de un ataque) debido a que «el terror sistemático no deja en ningún momento de generar un clima de angustia, en el que la protección se adecúa a los ataques permanentes, mas sin poder detenerlos» (SLOTERDIJK, 2003: 59).

La crisis de la ficción de la soberanía que acompañó el surgimiento del Estado moderno, la ruptura de la continuidad hombre-ciudadano, la imposibilidad del Estado de asegurar la *verdadera* identidad de aquellos que habitan al interior de sus fronteras y la imposibilidad misma de contar con la prerrogativa legal a declarar la guerra hace que la única posibilidad que poseen los Estados para no aparecer como obsoletos es la de ser los únicos que, no pudiendo evitar los ataques, pueden prevenirlos y, aun en caso de que se produzcan, ser los únicos que pueden responder ante la población y la comunidad política internacional. Pero la prevención que actúa sobre un fenómeno tan inaprensible como el terrorismo debe, necesariamente, extender sus límites sobre todas las acciones de los hombres hasta alcanzarlos íntegramente a ellos mismos. Este accionar, prolongado indefinidamente en el tiempo, posee indudablemente una estrecha relación con el así denominado estado de excepción permanente, pero especialmente con ese estado que los romanos atravesaban en peores condiciones que una guerra, el *tumultus*. Tal vez resulte ilustrativo recordar que en materia de derecho penal existe un debate que puede esquematizarse en torno a la máxima *nullum crime, nullum poena sine praevia lege*, es decir que no puede considerarse que exista un crimen si previamente no se encuentra fijada la pena de acuerdo a la ley (cf. ZAFFARONI, ALAGIA y SLOKAR, 2002). La cuestión de fondo es la relación que se establece entre el delito y el autor y así, quienes creen que el delito es la prueba de la inferioridad moral de la persona, consideran que «la esencia del delito radica en una característica del autor que explica la pena» (ibíd.: 68). Lo interesante de aquellos que defienden el así llamado derecho penal de autor es que mediante dicho razonamiento se desencadena un procedimiento en el que se produce «la presunción de dolo, mediante una llamada *normativización*, que prescinde de la voluntad real» (ibíd.: 67; con énfasis en el original). Mientras que, por otra parte, los juristas inclinados al derecho penal de acto requieren que los conflictos se limiten «a los provocados por las acciones humanas (*nullum crime sine conducta*)» ademas de «una estricta delimitación de los mismos en la criminalización primaria (*nullum crime sine lege*) y la culpabilidad por el acto como límite de la pena (*nullum crime sine culpa*)» (*ibídem*) debido no solo a que de esta manera es posible realizar un juicio en función de bases más racionales y menos violentas sino debido a que consideran que

> no hay caracteres ónticos que diferencien los conflictos criminalizados de los que se resuelven por otras vías o no se resuelven, sino que éstos se seleccionan más o menos arbitrariamente por la criminalización primaria en el plano teórico jurídico y por la secundaria en la realidad social. (*Ibídem*)

Esta disquisición resulta aquí de lo más oportuna para dar cuenta de los términos en los que en nuestros días los Estados (y las personas, no olvidemos la criminalización secundaria) tratan, por ejemplo, a los refugiados o a los inmigrantes; en términos de las posturas penales antes delineadas diríamos que un refugiado o un inmigrante es una persona cuya presunta culpabilidad, siguiendo al derecho penal de autor, se centra en su persona (*es* un inmigrante) mientras que el derecho penal de acto aseguraría que no se puede juzgar a una persona por lo que ella es sino por sus actos. De esta manera, y en términos del jurista Luigi Ferrajoli, entendemos que «la penalización [...] no de un hecho sino de una condición de estatus, viola todos los principios que sostiene el estado de derecho en materia penal: en primer lugar, el principio de legalidad, en pos del cual se puede ser penado sólo por "aquello que se ha hecho y no por aquello que se es"» (Ferrajoli, en: ZAFFARONI, FERRAJOLI, TORRES y BASILICO, 2012: 48). Ahora podemos extender el debate hacia los casos en los que, por ejemplo, se busca prevenir un delito común, un crimen grave o un acto de terrorismo; sea el caso que sea, de lo que se trata es de una acción que aún no ha tenido lugar. En el caso particular del terrorismo, y considerando los aspectos particulares que hemos tratado hasta aquí, los juristas advierten que no son los Estados los que en la actualidad se dan su legislación penal sino que las mismas les son impuestas a partir de una situación externa que los obliga a «readaptar su legislación penal interna a "las nuevas formas de delincuencia"» (Torres, en: *ibídem*: 92). En este sentido es claro el hecho de que los Estados, al no tener claramente delineadas las figuras criminales que intentan combatir, atentan contra los derechos de los ciudadanos al producir «una mayor inflación penal caracterizada por el empleo de leyes penales en blanco [y] delitos de peligro abstracto» (*ibídem*). El término peligro abstracto sintetiza la dificultad que encierra luchar contra un enemigo del cual se desconoce con certeza cualquier característica, filiación o dato de su identidad por lo que se favorece el surgimiento de un estado en el que se mira con desconfianza al más inocente de los actos o a la más sutil de las actitudes buscando en el otro el gesto que podría delatarlo antes que desate el Apocalipsis. Este estado de situación nos conduce, en el derecho penal, a la figura de la «emergencia continua» (ZAFFARONI, 2001: 87), es decir, la fachada tras la cual se encubre, en un contexto democrático, la vigencia de un estado de excepción permanente pero también de un estado de *tumultus* continuo. Ante una amenaza que se define por caracteres progresivamente difusos al tiempo que su presencia aparece concreta y latente no quedan dudas que la emergencia se prorroga indefinidamente a la vez que se refuerza toda imposibilidad de que se establezcan vínculos verdaderos entre las personas: en una sociedad en la que los lazos humanos se encuentran permeados por la lógica deshuma-

Juan Acerbi

nizadora del capitalismo, la introducción de la idea de un enemigo que no podemos distinguir de nosotros mismos no hace más que reforzar el deseo de minimizar los riesgos que implica cualquier contacto con el otro, a la vez que dispone los ánimos para aceptar su muerte. La diferencia de atención que reciben en las cadenas de noticias algunas muertes sobre otras no solo lleva a interrogarnos qué vidas cuentan como humanas sino que nos advierte sobre lo próximo que nos encontramos a que una parte de la Humanidad decida o apruebe –formal y legalmente– la extinción de otras vidas que no estima dignas de ser consideradas como tales (cf. BUTLER, 2004: 20).[268] Lo público se vuelve peligroso, se debe evitar a aquel con el que nos cruzamos en la calle, se observa con temor al que no se puede evitar y de esta manera el bar, el subterráneo o el edificio público se vuelven sinónimos de una amenaza latente. El otro se nos vuelve alguien en el que ya no reconocemos a una persona sino a una amenaza y así se ha logrado que progresivamente no solo «el rostro del que comete un acto ilícito vaya perdiendo, en el espejo de parte de esa sociedad, sus caracteres de persona humana, hasta el punto de serle desconocidos irreparablemente»[269] sino que todos, hayan cometido un delito o no, han perdido sus caracteres de personas humanas.

Ahora, es menester destacar aquí un hecho particular. De las cientos de definiciones que se suelen ensayar sobre el terrorismo hay una –la empleada por el Departamento de Estado de los Estados Unidos– que establece que el terrorismo es la acción «premeditada, violencia políticamente motivada y perpetrada contra objetivos civiles (*noncombatant targets*) por grupos subnacionales o agentes clandestinos usualmente con la intención de influir sobre una audiencia».[270] Como bien ha sido señalado (cf. AVILÉS y HERRE-

---

268 Por otra parte, la idea no parece exagerada si consideramos que, al interior de nuestros países, imperan discursos a favor de instaurar penas o medidas extremas contra amplios sectores de la población civil.

269 Fallo 318:1894 (D.346 XXIV), Corte Suprema de Justicia de la Nación Argentina.

270 U.S Department of State, Office of the Coordinator for Countertorrorism, *Country Reports on Terrorism*, Title 22 U.S Code, Section 2656f(d), 30 de abril de 2007, [http://www.state.gov/j/ct/rls/crt].

RÍN, 2008) el hecho que el término «audiencia» se encuentre incluido en la definición (y de hecho es el término que viene a completarla y darle sentido) no es algo que deba ser pasado por alto ya que el terrorismo de nuestros días considera con especial atención no solo el impacto material y psicológico de sus acciones (cf. SLOTERDIJK, 2006) sino también, y especialmente, el impacto mediático. Recordemos las palabras que Jacques Derrida le dirigía a su auditorio cuando explicaba las causas por las cuales las cadenas televisivas repitieron hasta el hartazgo las imágenes del atentado del 11 de Septiembre:

> Cabe preguntarse cuál hubiese sido el sentido y cuál la eficacia de determinada operación así llamada de «terrorismo internacional» [...] si la imagen de los aviones reventando las *Twin Towers* [...] no hubiese sido [...] sino indefinidamente reproducible y compulsivamente reproducida, de inmediato, de arriba abajo de Estados Unidos, pero también, casi instantáneamente, por ejemplo, *via* CNN, desde Nueva York a París, desde Londres a Berlín, Moscú, Tokio, Islamabad, El Cairo, incluso Shangai [...]. (DERRIDA, 2010: 59)

Y, a continuación, no duda en responder a su propia pregunta afirmando que «sin el despliegue y la lógica de los efectos de la imagen, de ese hacer-saber, de ese supuesto hacer-saber, de esas "informaciones", el golpe asestado habría sido si no nulo al menos masivamente reducido». Es decir, tanto el Departamento de Estado como Derrida coinciden en el hecho de que la publicidad de la acción terrorista es un componente fundamental para extender sus efectos pero, a diferencia de Derrida, lo que el Departamento de Estado no denuncia es el hecho de que los medios de comunicación cumplen con su función de diseminar el miedo, lo cual parece resultar acorde a los intereses de los propios Estados si consideramos lo dicho anteriormente.

Por todo esto podemos aseverar que las consecuencias del atentado perpetrado el 11 de Septiembre seguirán siendo analizadas durante décadas no por la cantidad de muertos que produjo o lo que pudo (o puede) significar el mensaje (hacer-saber) de las Twin Tower derrumbándose, sino porque el atentado no deja de amplificarse en el más estricto de los sentidos dados por la *amplifica-*

tio retórica. Un hecho es dividido en cientos y hasta en miles de partes, pero cada una de ellas funciona a modo de una signatura que remite, desde sus diversas formas capilares, a la misma imagen. Pero si bien la amplificación retórica tiene como objetivo lograr mover al auditorio hacia una determinada opinión, la función de la amplificación del 11 de Septiembre es la de asegurarse que los trágicos hechos que lo envuelven no se dejarán de revivir con el único espíritu de mantenerlos vivos, lo cual es una necesidad imperante si lo que se pretende es que la población no cuestione los objetivos que persiguen los Estados que forman parte de la *War Against Terrorism* incluso cuando los mismos vayan en detrimento de los ciudadanos de dichas poblaciones. Es decir, al atentado del 11 de Septiembre se lo ha multiplicado en consecuencias siempre renovadas: estrategias de seguridad militar y civil pero también bajo formas de medidas financieras, jurídicas, políticas, culturales y sociales. Pero las formas que el terrorismo adoptó luego del 11 de Septiembre se han caracterizado por trasladar la sospecha del hombre estereotipado como terrorista a cualquier persona que circule por las calles independientemente de su nacionalidad, etnia, fisonomía o cualquier otro tipo de elemento que pudiera permitir distinguir *a priori* «quién es» una verdadera amenaza. También se modificó la escala del ataque terrorista pasando de la monstruosa magnificencia de los aviones y las Torres a la noticia de una mujer atacada con un hacha o un individuo que abre fuego con una pistola en un paseo de compras. El terrorismo y sus objetivos se han vuelto mínimos en comparación con los hechos que iniciaron su historia reciente y eso, precisamente, ha aumentado su efectividad sobre las poblaciones. Es claro que no desaparece el temor a las acciones más desmedidas y la sospecha sobre cualquier persona con alguna característica o rasgo de lo que Occidente entiende que puede ser un «musulmán»,[271] tanto si se encuentra próximo a abordar un avión o

---

271 Es decir, la ignorancia sobre el mundo musulmán (de la cual el igualar a cualquiera que abreva en la fe musulmana con el terrorista es una de sus tantas aristas) es funcional a crear un clima de paranoia y discriminación.

se encuentra en la playa con un determinado atuendo. Pero ahora también se incluye en la lista de los sospechosos a cualquiera que se encuentre merodeando un edificio público o ingresando a un bar porque cualquiera de nosotros puede ser aquel cuyo rostro, al otro día, se encuentre en todas las cadenas televisivas del mundo. Esto había sido observado por Butler en torno a un discurso en el que Donald Rumsfeld declara un estado de «alerta» sin darle a la población mayores precisiones sobre a qué se debía estar alerta. La respuesta de todas formas es obvia: se debe estar alerta a toda actividad sospechosa (cf. Butler, 2004: 76) es decir, se debe estar en estado de permanente alerta sobre cualquier cosa, lo cual nos conduce a un estado que la psicología conoce muy bien y que ha definido como paranoia, y esto no hace más que clarificar los efectos que provoca este tipo de discursos sobre la población. Es así que Occidente naturaliza progresivamente la posibilidad de que cualquiera de nosotros sea el peligro que hay que eliminar, lo cual debería hacernos reflexionar sobre las consecuencias, sobre lo que puede significar el poner bajo sospecha a nuestros vecinos y hasta a nuestros familiares. ¿Qué significa, verdaderamente, trasladar la figura del potencial terrorista a nuestros vecinos? Tal vez la respuesta la encontremos en nuestra más trágica historia reciente.

Matar, en la persona, a la persona jurídica y a la persona moral. Estas dos condiciones resumen, en los ideales del control totalitario, la *elaboración* de hombres y mujeres sumisos, sin el menor ánimo de cuestionar cualquier acto o decisión, incluso la que ordena tanto la muerte ajena como la propia (cf. Arendt, 2015: 627). Desde Walter Benjamin hasta Giorgio Agamben, aquellos que se dedicaron a escrutar los pliegues del poder totalitario, y sus efectos y continuidades en las democracias que les siguieron, advirtieron que el estado de excepción es hoy la regla. Entonces recordemos que, en los *campos*, la muerte de la persona moral se lograba de manera sistemática por métodos tan brutales como pedirle a una madre que escoja cuál de sus hijos iba morir en ese instante (cf. *ibídem*: 606-11). Si pudiéramos apartar por unos instantes el horror que dicho relato nos produce y fuésemos capaces de comprender la situación de manera esquemática, comprenderíamos que nuestras sociedades se encuentran mucho más próximas a haber aceptado dicha situación de lo que nosotros mismos nos atrevemos a admitir. El incorporar a nuestras vidas las variables del terrorismo ha permitido, por una parte, enmascarar el hecho de que el Estado como tal es una figura prácticamente obsoleta en relación a los valores, funciones y misiones que le atribuyó la Modernidad pero, al mismo tiempo, le ha dado una nueva razón de ser, la cual no es otra que la de intentar prevenir los actos que puedan realizarse en contra de dichos valores pero también de sus instituciones y de la población en general. Por otra parte, ha hecho posible que una buena parte de la población mundial se resigne a que cualquier acto cotidiano, incluso el más inocente, se transforme en una tarea sumamente riesgosa en un doble sentido: en la de volverse tanto víctima del terrorismo como del Estado que busca prevenirlo y eliminarlo.[272]

Ahora, si tantas veces se ha afirmado que el estado de excepción es la regla o que ya no es necesaria la existencia de los *campos* como tales debido a que, de alguna manera, su «matriz oculta [es] el *nómos* del espacio político en el que vivimos todavía» (AGAMBEN, 2006b: 212), no debería sorprendernos que al completar dicho diagnóstico tengamos que aceptar que la identidad y la muerte del posible terrorista coincide, potencialmente, con la de nuestro vecino, lo que significa que también coincide con nuestra propia identidad y, en consecuencia, con nuestra propia muerte. Y en este sentido diremos que aceptar la posibilidad no ya de la muerte sino de su versión violenta en un contexto en el que no existe ningún tipo de derecho que nos asista es lo que nos sitúa en las mismas condiciones de aquellos que en los *campos* fueron denominados como *musulmanes*. Bien nos recuerda Agamben que lo que caracteriza al musulmán no es el estar encerrado, desnutrido y vistiendo harapos sino que

---

272   La decisión, por parte de los Estados, de no negociar con «terroristas» ha llevado a que los mismos Estados eliminen a civiles que se encuentran en situaciones de tensión crítica. En este sentido ha resultado paradigmático el caso del Teatro Dubrovka, en Moscú, el 23 de octubre de 2002.

es aquel que «ha abdicado del margen irrenunciable de libertad y ha perdido en consecuencia cualquier resto de vida afectiva o humanidad» por lo cual, al igual que Höss lo hacía en los *campos*, es posible ser un musulmán «bien alimentado y bien vestido» (AGAMBEN, 2010b: 58). Por lo tanto, el primer paso que deberemos dar si deseamos realmente reflexionar sobre el mundo que habitamos será el aceptar nuestra verdadera condición y decirnos, mirándonos a los ojos unos a otros, somos musulmanes, «han corrompido toda solidaridad humana» (ARENDT, 2015: 606).

Cada uno de los aspectos abordados hasta aquí, así como las conclusiones parciales a las que hemos arribado, nos permitirán considerar, o mejor dicho reconsiderar, algunos aspectos del republicanismo clásico a la luz de los acontecimientos políticos del pasado siglo y del presente. Al fin y al cabo, es necesario preguntarse qué sentido puede tener *la cosa pública* y el bien común si aceptamos la imposibilidad que los humanos tienen para relacionarse con otros y consigo mismo.

2. Republicanismo sin república

Al igual de lo que ocurre con la democracia, el republicanismo parece haberlo invadido todo. Las características atribuidas a la forma de gobierno delineada por los romanos son tan variadas que hace parecer una tarea infructuosa el intentar decidir qué modelo o qué características se corresponden con el modelo clásico. El siglo xx ha sido testigo de la proliferación de muchas formas de pensamiento «republicano» resultando las posiciones neoromana, liberal y neoconservadora las más influyentes y reconocidas. Sin intentar realizar un análisis de cada una de ellas aludiremos, de manera esquemática, a algunas de sus principales características para así comprender la declinación y el lugar que han sufrido las instituciones propias del republicanismo clásico que hemos analizado anteriormente.

2.1 ¿Tradición republicana?

Recordemos aquella famosa sentencia de Petrarca: «¿Qué hay en la historia, entonces, que no sea la alabanza de Roma?». Si el gran poeta sintetizaba de esa manera la pervivencia de Roma en la historia de Occidente hasta el siglo XIV, tal vez sea suficiente citar a Karl Marx para dar cuenta del lugar que Roma ocuparía en las mentes y los corazones de los hombres que escribieron algunas de las páginas más significativas de la historia social y política de la Modernidad. Nos dice Marx, al comienzo de su Dieciocho Brumario:

> Camilo Desmoulins, Dantón, Robespierre, Saint-Just, Napoleón, los héroes, lo mismo que los partidos y la masa de la antigua revolución francesa, cumplieron, bajo el ropaje romano y con frases romanas, la misión de su tiempo: librar de las cadenas e instaurar la sociedad burguesa moderna. (Marx y Engels, 1981: 405)

La expresión de Marx nos brinda una síntesis de las conclusiones a las que se suele arribar cuando se abordan las formas en las que Roma ejerció su influencia sobre los líderes de la Revolución de 1789 y, por su intermedio, sobre nuestra propia tradición política.[273] A su vez, la misma tradición republicana le es adjudicada a los *Founding Fathers* de los Estados Unidos de América; en este sentido se afirma que la influencia de Cicerón sobre personajes como John Adams, Thomas Jefferson y Alexander Hamilton fue determinante en sus respectivas perspectivas políticas (cf. Wood, 1988; Adair, 2000). Arendt (2013: 329) no se priva de remarcar el hecho de que Madison concibiera al control judicial como una versión actualizada del *censor* romano o que Jefferson pensara en dividir los condados en centurias (*ibíd.*: 411). En resumen, Arendt pareciera repetir la frase de Marx pero teniendo en mente a los *Founding Fathers*, quienes, según la pensadora alemana,

> tuvieron conciencia de emular la virtud antigua. Cuando Saint-Just exclamaba que «el mundo ha estado vacío desde los romanos y solo

---

273   La bibliografía es realmente cuantiosa, sin embargo, cf., por ejemplo, PILBEAM, 1995; EDELSTEIN, 2009; SKINNER y van GELDEREN, 2002.

se llena con su recuerdo, que es ahora nuestra única profecía de libertad» estaba haciendo eco a John Adams, para quien «la Constitución romana conformó el más noble pueblo y el mayor poder que nunca ha existido». (*Ibíd*.: 323)

Y agrega que «se creyeron fundadores porque se habían propuesto de modo consciente imitar el ejemplo y el espíritu romano» (*ibíd*.: 334). En este sentido podemos afirmar que tanto aquellos que sentaron las bases de la que sería la mayor potencia mundial durante gran parte del siglo xx y los años hasta aquí transcurridos del xxi como el suceso que dio inicio a la Modernidad, se forjaron bajo la inspiración de la república romana, de sus líderes, instituciones e ideales. Pero a pesar del consenso que existe en atribuirle al pensamiento republicano (particularmente de raigambre ciceroniana) una enorme preponderancia sobre los grandes hombres que forjaron nuestra actual tradición política, jurídica, institucional y simbólica del poder justifican la necesidad de someter a examen algunas cuestiones sobre las que no se suele llamar la debida atención.

El republicanismo gozó durante el siglo xx de un particular interés por parte de especialistas, historiadores y teóricos políticos. Sin ánimos de reducir aquí las diversas e interesantes variantes que han ofrecido del republicanismo[274] figuras como Quentin Skinner, Philip Pettit, Leo Strauss, John Pocock o Maurizio Viroli, diremos que una gran parte de las diversas posiciones adoptadas por estos pensadores se aproximan o divergen entre sí de acuerdo a la concepción que los mismos sostenían del concepto de *libertas* así como también del núcleo normativo y del lugar reservado a la participación ciudadana y, por ende, a la *virtus*[275] de cada uno de los ciudadanos. Pero más allá de los planteos teóricos formulados por cada uno de los pensadores en cuestión, debe llamarse la atención, por

---

274 La bibliografía sobre este tópico resulta inconmensurable, de todas formas nos permitimos sugerir las siguientes obras que resultan indispensables para abordar la temática: MAYNOR, 2003; PETTIT, 2002; SKINNER, 2010b; HENT y SKINNER, 2010; ZUCKERT, 1994; POCOCK, 1975; STRAUSS y CROPSEY, 1989; VIROLI, 1999.

275 A modo de síntesis de las principales corrientes intelectuales se sugiere cf. RIVERA GARCÍA, 2002; RUIBAL, 2009; ALTINI, 2002.

Juan Acerbi

una parte, sobre la poca consideración con la que los teóricos políticos trataron al republicanismo. Un ejemplo de esto puede ser el caso de Robert Goodin (2003), quien concluye su análisis sobre la tradición republicana «en el mundo real y en la teoría académica» exclamando que «teníamos razón en echar una mirada y estábamos en lo correcto al rechazarla». Citamos aquí la posición adoptada por Goodin precisamente por su carácter explícito y radical, aunque creemos, junto a otros autores, que en realidad el mayor problema que ha afrontado el republicanismo clásico es el de no haber sido considerado seriamente.[276] No haber sido considerado seriamente no significa otra cosa que el hecho de que los investigadores se preocuparon más por asegurar cierta continuidad con la tradición romana a partir de un pequeño grupo de tópicos comunes sin reparar que, en muchos casos, las categorías o los conceptos utilizados no tenían nada en común con el antecedente romano excepto el nombre que empleaban. Por lo tanto, cualquier mención o alusión a algún término latino (*libertas, virtus, auctoritas*) pareciera identificar inmediatamente a su autor con la tradición republicana sin importar el sentido original del concepto ni la pertinencia con la que se lo aplica en la actualidad. En este sentido, aquellas observaciones formuladas por Foucault (2001) sobre la puja que se había establecido en torno a franceses, alemanes y turcos para ser reconocidos como herederos de Roma,[277] parece haberse trasladado al ámbito de la mayoría de los académicos interesados en cuestiones relacionadas con el republicanismo. Es decir, parece claro que se ha partido de presuponer la continuidad de Roma en lugar de cuestionar si dicha continuidad se ha producido más allá del nominalismo y el uso de términos comunes. En todo caso, investigaciones como las formuladas por Foucault, Agamben o Canfora nos han llamado la atención, precisamente, sobre las posibles continuidades allí donde resultan menos evidentes o, llamativamente, se aspira a ocultarlas.

---

276 Aunque diferimos con algunos de sus argumentos, cf. LABORDE y MAYNOR, 2008.

277 Cf. especialmente las lecciones del 28 de enero y del 11 de febrero de 1976.

2.1.1 República, no democracia

Seguramente no será necesario recordar lo abordado en la primer parte acerca de las características propias del republicanismo así como las consideraciones que poseía Cicerón en torno a cuestiones tales como la definición de la *res publica*, la *virtus* propia del hombre político, la importancia del *ius* y el *fas* o las particularidades de la participación de los sectores populares en los asuntos públicos. Por lo tanto no extrañará al lector que afirmemos que tanto Cicerón como la tradición republicana que ha forjado poseen una impronta profundamente antidemocrática. Esta conclusión (obvia, probablemente, para cualquier lector de las fuentes clásicas) nos sitúa frente a una pregunta incómoda: ¿por qué se suele identificar al republicanismo con la democracia y hasta con pensadores radicalmente opuestos a los ideales de dicha tradición? ¿Por qué es posible hablar de la tradición republicana *de* Cicerón *a* Madison, Smith, Kant y Marx (cf. Bertomeu y Domenech, 2004) sin formular mayores cuestionamientos acerca de lo que significa trasladar dicha categoría a autores tan disimiles? En una aparente respuesta a dicha pregunta existe la posición de aquellos que sostienen, por ejemplo, que circunscribir el republicanismo a la tradición republicana es «un planteamiento reductor» al no considerar el *Corpus iuris civilis* de Justiniano (cf. Andrés Santos, en: Bertomeu y Domenech, 2004: 210). Más allá de lo disparatado de un planteo que no considera las circunstancias históricas, políticas, religiosas (por no mencionar las metodológicas) que parecen ser lo suficientemente evidentes por sí mismas para invalidar al *Corpus* como fuente primaria del republicanismo[278] la cuestión no se agota allí. Tal vez una explicación de las causas por las que se produjo una apropiación poco fiel del republicanismo se deba a que se buscó en él una alternativa plausible al pensamiento liberal, aunque no son pocos los estudios que critican dicha posición debido a que, al analizar-

---

278 Sobre las particularidades aquí referidas cf. JOHNSTON, 2015, especialmente el capítulo 8, "Justinian and the Corpus Iuris Civilis". También resulta de interés, DINGLEDY, 2016.

las pormenorizadamente, no difieren del esquema del que buscaba diferenciarse.[279] Pero en este sentido deberíamos considerar si las observaciones realizadas por Foucault acerca de la puja en torno a la continuidad de Roma no debería ser extendida hasta nosotros mismos. En todo caso, a continuación esbozaremos los aspectos que, de acuerdo al *corpus* republicano clásico, podemos identificar como legítimamente republicanos en nuestros días a pesar de los profundos cambios que pudieron haber sufrido en su superficie.

2.2 *El republicanismo, hoy*

Si nos formuláramos sin más la pregunta acerca de qué elementos o características del republicanismo romano se encuentran presentes en la actual configuración del poder mundial, el intento por responder a dicha pregunta podría acarrear a una infinidad de análisis y especulaciones que podrían volver trivial e inconducente la formulación. En ese sentido, nos proponemos analizar aquellos elementos que, por considerarlos inherentes y co-constitutivos al pensamiento republicano, no pueden ser obviados de cualquier forma de gobierno que se considere fielmente deudora del modelo clásico. No obstante, una consideración de orden metodológico debe explicitarse aquí: si aspiramos a dilucidar los componentes del republicanismo que pueden encontrarse paradigmáticamente vigentes en nuestros días, no deberíamos pretender dar, por ejemplo, con algún equivalente al *fas* romano en nuestra actual matriz jurídico legal. En otros términos, en nuestras legislaciones y en nuestro derecho no existe una parte del mismo dedicada a oficiar como regulador y mediador entre las acciones de los hombres y la voluntad de los dioses. Realizar dicha comparación sería, por supuesto, una ingenuidad; pero diferente es la situación si intentamos comprobar si aquellos aspectos de la vida social y privada de los hombres que se encontraban regulados por esa rama del de-

---

279 Sobre dicha crítica, particularmente dirigida al planteo realizado por Pettit, cf. RUIBAL, 2009: 81. Sobre una crítica, desde esta perspectiva, al trabajo de Skinner, PATTEN, 1996.

recho poseen alguna forma en la que son regulados actualmente. Se trataría, esquemáticamente, de dar con algún dispositivo que, sin hacer hincapié en la política sino en nombre de algo superior a ella, sea capaz de ejercer los mismos efectos metapolíticos que la religión en la Roma republicana pero ahora sobre los sectores más amplios de nuestras propias sociedades.

2.2.1 La esencia

Como es de suponer, la bibliografía sobre republicanismo romano –así como la de sus declinaciones en el mundo moderno y contemporáneo– resulta cuantiosa. Parte del abundante material disponible nos permite comprobar lo escasos que resultan los análisis que han eludido la tendencia a asegurar, con cierta liviandad, la continuidad entre el republicanismo clásico y nuestras actuales formas institucionales, sociales y políticas. Una de las raras excepciones a dicha tendencia es el análisis realizado por el profesor chileno Cristóbal Orrego (2001) sobre el cual realizaremos nuestros comentarios y nos serviremos también para exponer nuestras diferencias.

El carácter que hace del trabajo de Orrego una lectura insoslayable es que el mismo se centra en las características que –con muy buen criterio– considera centrales del republicanismo clásico para denunciar que aquello que actualmente denominamos republicanismo no guarda una verdadera relación con el modelo romano.[280] El profesor Orrego no solo formula su análisis teniendo siempre a la vista las fuentes clásicas (Cicerón) sino que prioriza el eje de su análisis sobre aquellos aspectos que, a su entender, resultan ser los esenciales del pensamiento ciceroniano-republicano. De esta manera, Orrego aborda aspectos como la justicia y su relación con la igualdad y sobre cómo la misma se basaba en las diferencias que, gracias a la *dignitas* y al patrimonio, se establecían entre

---

280 Aunque su crítica se dirige al desvío que se observa en los pensadores neorepublicanos respecto a la tradición clásica, sin abordar específicamente a Cicerón, es de resaltarse también el trabajo de BOESCHE, 1998.

Juan Acerbi

los distintos estamentos sociales. También aborda a la democracia y la desconfianza que la misma despertaba en el Arpinate, quien prescribía impugnar la igualdad democrática de toda forma de ordenamiento político (cf. Orrego, 2001: 403). Otra virtud del análisis de Orrego es que no omite referirse a algunos de los componentes centrales que alimentaron el debate republicano durante el siglo xx como, por ejemplo, la ya mencionada *libertas*.[281] La centralidad de dicho concepto se debe a que se constituyó en el símbolo mismo de los planteos teóricos del neorepublicanismo, aunque de manera algo idealizada, y para demostrarlo Orrego recurre al por demás explícito pasaje ciceroniano en el que se afirma que «nuestra ley concede una forma evidente de libertad, se mantiene la autoridad de los hombres de bien y se suprime la causa del conflicto».[282] A este pasaje solo cabría agregar, por si quedaran dudas de que la *libertas* podía encontrarse vinculada a un profundo espíritu antipopular, aquellos pasajes en los que Cicerón prescribe que «la libertad resida en esto mismo, en que se le da al pueblo la posibilidad de mostrar honestamente su agradecimiento a los hombres dignos de bien»,[283] por no volver a citar aquí los mencionados pasajes del diálogo con su hermano Quinto sobre los tribunos de la plebe. Otra cuestión que resulta digna de ser resaltada es la imposibilidad que tiene el mundo contemporáneo de pensar un modelo de justicia de raigambre republicana si consideramos el hecho de que la ley asume, en Cicerón, las características de una ley natural que hunde sus raíces en la noción de bien común, en términos de Orrego se trata de que «la vinculación entre la ley natural o la moral racional y la pertenencia de los seres humanos a una comunidad se ha perdido casi por completo de vista [...] pero sucede que, en Cicerón [...], no puede explicarse lo natural de la ley natural desligándola de un bien

---

281   La piedra angular del debate en torno al republicanismo y la libertad la brinda Skinner, 2013.

282   Leg. III 17,39.

283   Leg. III 17,39. No debe olvidarse aquí es sentido dado al término «dignos».

común –el fin especificador de toda ley– y de una razonabilidad práctica que se ejerce en un contexto social» (Orrego, 2001: 419).[284]

Por último, el otro elemento que quisiéramos resaltar del análisis realizado por el profesor chileno es aquel que, como hemos visto, resulta caro no solo a los sentimientos republicanos sino a la propia identidad romana; nos referimos a la primacía de la vida activa por sobre la vida contemplativa. Este punto resulta de sensible importancia debido a que la vida activa, la vida dedicada a los asuntos públicos, es la forma en la que en el republicanismo clásico el hombre se vuelve verdaderamente virtuoso y se aproxima a la esencia divina de la humanidad. Por todo lo tratado hasta aquí, no será necesario insistir en lo inconducente que puede resultar, en nuestros días, intentar dar con alguna forma equivalente de aquello que los romanos definían como vida activa, por lo cual nos remitimos a recordar únicamente las reflexiones que establecimos en torno a los nombres de Foucault y Adorno sobre la imposibilidad que el hombre sufre para relacionarse consigo mismo. Por último, y apartándonos de la lectura propuesta por Orrego, quisiéramos centrarnos en algunos aspectos de la forma mixta de gobierno, descripta en el primer libro de la *República*, de la que creemos que pueden desprenderse interesantes consecuencias en su correlato actual.

Cicerón expresa, hacia el final del libro primero de su *República*, que preferiría la monarquía como forma de gobierno salvo por el hecho de que la misma resulta proclive a la tiranía[285] y es por esto que recomienda una forma de gobierno mixta en la cual, recordémoslo una vez más, «[...] conviene que haya en la república algo superior y regio, algo impartido y atribuido a la autoridad de los jefes, y otras cosas reservadas al arbitrio y voluntad de la muchedumbre».[286] Mediante esta combinación de componentes se busca introducir el elemento característico de cada uno de los estamentos más re-

---

284 En Cicerón una muestra de dicha relación se observa en *Sobre los deberes,* por ejemplo en Off. III V,22.

285 Cf. Rep. I 42,65.

286 Rep. I 45,69. En el mismo sentido cf. Rep. II 33,57 y ss.

Juan Acerbi

presentativos de Roma a la vez que se intenta reducir la tendencia que cada uno de ellos, en sus formas puras, muestra hacia la tiranía logrando, de esa manera, mayor estabilidad. Es comprensible que, a partir de allí, y de la autoridad y el prestigio del que gozaron las instituciones romanas, se haya identificado al modelo republicano con la división de poderes, la representación de los distintos sectores de la sociedad y los mecanismos de pesos y contrapesos.[287] Sin embargo, hemos podido comprobar que Cicerón recomendaba una forma institucional de gobierno que podríamos caracterizar como inclinada a la división de poderes solo de manera formal, como una forma de guardar las apariencias en un esquema de poder que debía permitir la inclusión de los sectores más amplios de la población con el fin de controlar sus ánimos y sus expectativas sin la menor intención de que dicha inclusión implicase una verdadera representación en términos electorales o una participación decisiva en términos políticos. El pensamiento de Cicerón no ofrece matices y el Arpinate se muestra profundamente conservador de aquel *status quo* que le permitió acceder al consulado. En este sentido su impronta política es la de un aristócrata y de allí su profunda desconfianza hacia los sectores populares a los cuales, sin embargo, no desprecia como actores políticos sino todo lo contrario; reconoce que deben ser considerados, y hasta beneficiados por alguna medida, si lo que se desea es mantener el orden social y político. Podríamos afirmar, por lo tanto, y en términos contemporáneos, que en el campo propiamente de la acción política Cicerón es el primero que ha plasmado no solo una teoría de la gobernabilidad sino también el primero que la ha llevado a la práctica. A través tanto de sus palabras como de sus acciones se hace evidente que la inclusión política de los sectores más amplios del pueblo romano resultaba ser una condición de estabilidad social y política al tiempo que el orden aristocrático encontraba su reaseguro en la posibilidad de

---

287 Arendt llama la atención sobre lo escasamente asociados con el sistema de pesos y contrapesos que resultan los nombres de aquellos que lo idearon como Aristóteles y Polibio. Al respecto cf. ARENDT, 2013:242.

influir en las conciencias de los hombres y, más importante aún, en manipular una serie de instituciones que eran incuestionadas en sus dictámenes llegando a imponerse, incluso, a las máximas instituciones políticas y jurídicas. Es decir que detrás de la fachada de las instituciones, los funcionarios y las magistraturas se escondía la posibilidad de ejercer una verdadera suma del poder público aunque la reticencia romana sobre cualquier forma de poder que se asentara sobre una sola persona hacía necesario que esto solo fuese posible por medio de la manipulación de las distintas voces que conformaban el complejo entramado de dispositivos metapolíticos. Es decir, nos encontramos aquí frente a algo que parece no querer ser reconocido por los investigadores a pesar de las evidencias: que aquel que brindara las bases del pensamiento y de la tradición política republicana no solo era profundamente antidemocrático sino que creía en el carácter aristocrático de la política (al punto de asimilar al político virtuoso con un dios) y en el carácter indivisible del poder. Es por ello que es sencillo demostrar que la apelación a las instituciones, la división de poderes y el respeto por la ley solo pueden atribuirse como las características propias de la tradición republicana si decidimos eliminar de la historia a quien fuera tanto su padre intelectual y su referente histórico como su mayor figura política. En otros términos, el republicanismo solo responde a los ideales que comúnmente le son atribuidos en nuestras sociedades si nos mantenemos en el nivel superficial de su discurso. Sin embargo, en sus profundidades, el republicanismo apela a lógicas y mecanismos que se encuentran en abierta contradicción respecto de aquellos valores y virtudes con los que se lo suele caracterizar. De todas formas, dicha fachada es más que una mera ficción, ya que quien gobierna debe encontrarse verdaderamente dispuesto a hacerlo de manera virtuosa, en favor de la *salus rei publicae* y manteniendo el *consensus bonorum,* el cual, como hemos visto, se sustenta en la persuasión antes que en la dominación violenta. Este aspecto resulta central para no confundir la teoría republicana del poder con la tiranía. Es decir, que la distinción no radicaría en lo

Juan Acerbi

normativo o en lo institucional sino en el carácter virtuoso de aquel que gobernando puede distinguir qué es lo conveniente para la República –y actuar en consecuencia–. De esta manera es en él, y solo en él, donde radica la verdadera distinción entre república y tiranía.[288] Ahora podemos finalmente afirmar que algunas cuestiones que suelen inquietar tanto a los especialistas como a la prensa y a la población en general, y que hacen al supuesto resguardo de los valores y las prerrogativas republicanas pero también democráticas (como la erosión de la división de poderes) no deberían por sí solos ser considerados como desviaciones hacia la tiranía o el totalitarismo sino como uno de los más legítimos y vigentes legados del republicanismo.[289] No se trata de una desviación sino, precisamente, de la verdadera continuidad que se verifica entre republicanismo, totalitarismo y democracia. El republicanismo se revela como una teoría del poder, un poder que se debe mantener único e indivisible en pos de asegurar el bien común y para lo cual debe valerse de recursos que necesita mantener ocultos para garantizar su efectividad. Los valores que comúnmente le son atribuidos al republicanismo son aquellos que tienden, precisamente, a asegurar que la verdadera esencia del mismo permanezca invisibilizada. Con todo, insistimos una vez más que no se debe confundir fachada con ficción ni republicanismo con totalitarismo.

Mantener la fachada que resguarda la esencia del republicanismo conlleva que se deban respetar las formas institucionales, jurídicas y políticas y eso representa una clara diferencia respecto a los regímenes en los que dichas formas ha sido revocadas o suspendidas. No hay dudas de que el acceso de los Tribunos a la vida política se hizo como una forma que encontró la élite política romana para evitar lo que ellos consideraban males mayores. Tampoco hay dudas de que se los buscó controlar mediante sobornos y presiones (a veces, incluso, violentas) pero también resulta innegable que el pueblo dispuso de una herramienta política que le significó la posi-

---

288   Cf. Rep. II 25,45 y ss. y también Rep. II 29,51.
289   Para una opinión opuesta, cf. ROSLER, 2016.

bilidad de negociar –incluso con la élite senatorial– sus posiciones o, directamente, vetar las leyes que iban en contra de sus intereses, cuestiones propias de la vida republicana e impensadas en una tiranía. A su vez, la diferencia entre republicanismo y totalitarismo no se reduce a la representación de los ciudadanos y al respeto por sus derechos y las diversas instituciones jurídicas y políticas. El republicanismo clásico da suficientes muestras de que todo esto puede quedar relegado, suspendido o revocado en nombre de la razón de Estado y de la *salus rei publicae;* no debemos olvidar que la máxima *neccesitas non leget habet,* la necesidad no tiene ley, pertenece a la tradición republicana y no al nazismo. Por lo tanto, las coincidencias entre nuestras democracias y los totalitarismos pueden sorprendernos solo si aceptamos acríticamente la fachada republicana y la confundimos, aunque no sin fundamentos, con características propias de la democracia. Los especialistas deberían reconsiderar el verdadero significado de las coincidencias que se verifican entre nuestras democracias y los totalitarismos sin dejar de atender a la esencia última en la que descansa el republicanismo: el líder, el político virtuoso. Este aspecto esencial es, como veremos en el último apartado, inviable en nuestros días y, por lo tanto, afirmaremos que el republicanismo se encuentra condenado a ser verdaderamente una mera fachada (lo cual deberíamos evaluar si no representa su variante más peligrosa) en tanto no se modifiquen las condiciones que le impiden al hombre acceder a la posibilidad de dar consigo mismo.

3. Meta(im)política

3.1 Recapitulación

A lo largo de nuestro recorrido hemos abarcado épocas muy diversas y no han sido menos diversas las dimensiones de nuestro análisis. A pesar de la complejidad que supone el intento de sintetizar los principales aspectos y las conclusiones a las que hemos arribado, consideramos que resulta pertinente el esfuerzo especialmente como ejercicio para enfrentar los argumentos y las conclusiones que se presentarán a continuación.

En la Primer Parte hemos visto que el republicanismo no debería ser considerado como una forma de gobierno cuya esencia radica en la división de poderes sino en su capacidad para incluir a la mayor cantidad posible de ciudadanos dentro del juego de la representación política a través de muy diversas instituciones (no siempre *políticas*) para así mantener un poder único e indivisible que permita conducir los destinos de la ciudad hacia el bien común precaviéndose, especialmente, de la tiranía. Hemos caracterizado a las instituciones que permiten emitir discursos e influir sobre las subjetividades de los hombres sin una aparente relación con el ámbito de la política como metapolítica; término que también alude a la capacidad que poseen dichos discursos (a través de palabras pero también a través de símbolos e instituciones) de determinar los propios rumbos de la política de manera tal que, a pesar de existir una suerte de subordinación entre ellos, se muestren como independientes entre sí. En este sentido, y comprendiendo que tanto la religión como los dioses romanos representan verdaderos *arcana imperii* de la Republica, nos habíamos preguntado qué otra cosa podía significar el que Cicerón sugiriese que todo debía estar lleno de dioses sino el haber comprendido que esa era la mejor manera de regular la vida de hombres, mujeres y niños, tanto más en la medida en que la penetración de las deidades alcanzaba los ámbitos más capilares de la cotidianeidad.

En la Segunda Parte hemos visto cómo resultaba posible apartar de una comunidad a diversos integrantes de la misma a partir de la puesta en juego de discursos e instituciones metapolíticas y, en este sentido, cómo los dioses eran capaces de intervenir para pronunciarse y determinar los destinos –la vida y la muerte– de los ciudadanos. También ha resultado esencial comprender que tanto la manipulación del tiempo (en función de propiciar las condiciones de un tiempo-ahora, un tiempo propio de la acción política) como el hecho de que dicha manipulación se relaciona con una fenomenología –y por ende con una psicología– del tiempo que condensa el trinomio pasado-presente-futuro en un instante presente, favorecen la concentración de poderes y la tendencia a aceptar como inevitables los hechos más brutales. Por último, hemos abordado la relación entre las características de la dominación totalitaria y la posibilidad de impedir que el hombre pueda establecer un diálogo, un vínculo, consigo mismo y, en este sentido, han resultado sugerentes las convergencias que apreciamos en el pensamiento de aquellos autores que alertaban sobre la capacidad que posee la lógica capitalista, expresada en la visión que los hombres adoptan de sí mismos de permear todas las relaciones sociales incluidas aquellas que se consideran reservadas al ámbito de la intimidad o de los sentimientos más nobles y puros. También hemos afirmado que progresivamente la guerra ha llegado a su fin tal como se la ha conocido por miles de años, y esto no solo debido al avance tecnológico sino a que en el hombre contemporáneo han dejado de influir de manera determinante tanto el conjunto de elementos y valores tradicionales que fueron capaces de movilizar a poblaciones completas a luchar como los valores relacionados con cualquier ideal comunitario o humanitario. En el plano institucional, dichas cuestiones se reflejan en la crisis de los valores tradicionales con los que los Estados-Nación conformaban la identidad ciudadana. Este hecho se expresa en la crisis de la relación hombre-ciudadanía-nación que se hace evidente, a su vez, en la imposibilidad que tienen los Estados para responder ante el mundo, pero especialmente ante ellos mismos, quiénes son *esos* que portan un documento de identidad o un pasaporte y reclaman «*ser*» sus ciudadanos. La pregunta *qué piensas* viene a certificar el quiebre en torno a los valores tradicionales asociados a la pregunta «¿quién eres?» y que interrogaba por su intermedio sobre oficios, enfermedades, sexualidades, nacionalidades y abolengos familiares.

También hemos dado cuenta de las formas bajo las que se proclama y se concibe al republicanismo como forma de garantía y de transmisión de valores morales, sociales y políticos, lo cual nos condujo a concluir, luego del análisis de diversos pasajes y categorías clave, que Roma, Cicerón y el republicanismo (cada uno en las proporciones que le corresponda según el caso) han sido desmembrados y de sus restos se han tomado partes que han sido posteriormente desvirtuadas, lo cual explica la poca relación que mantiene el pensamiento republicano contemporáneo con su antecedente romano. En resumen, diremos que se han tomado conceptos o características (la libertad, la participación ciudadana, la división de poderes, etc.) sin contemplar no solo las particularidades que cada una de ellas poseía originalmente sino que se las ha tratado como si fuesen capaces, por sí mismas, de mantener su esencia más allá del contexto del que provienen y de transformar «en republicano» todo aquello con lo que tomaran contacto.

Llegados a esta instancia, es posible avanzar ahora sobre una cuestión que queda aún por revelar. Una rápida lectura de la literatura especializada así como cualquier repaso por las editoriales y las columnas periodísticas evidenciará que al aludirse al republicanismo la atención se dirige centralmente hacia las instituciones soslayando, de este modo, el lugar y la importancia del elemento sobre el que, en última instancia, descansa la República misma y que no es otro que aquel que en su accionar político se aproxima a la divinidad: el líder, el *vir*, el político. Como hemos visto, y de acuerdo a lo que nos han revelado las fuentes clásicas, las instituciones republicanas se encontraban perfectamente delineadas y definidas en todo lo que hacía a su ordenamiento jurídico, político y burocrático, pero su buen funcionamiento se encontraba condicionado a la *virtus* de aquel hombre que ejercía el gobierno (*gubernator*)[290] de los destinos de la *res publica*. Recordemos lo que ya hemos expresado en torno a las observaciones de D´Ors y aquello que hemos sintetizado como la razón centrípeta del poder que

---

290   El uso de *gubernatio* lo encontramos, por ejemplo, en Cat. III 8,18 y *gubernator* en un pasaje como Rep. II 29,51 en el que leemos: «Debe contraponérsele el otro tipo de rey, bueno, sabio y conocedor de lo que es conveniente y digno para la ciudad, que es como un tutor y administrador de la república: así deberá llamarse, en efecto, a cualquiera que rija (*rector*) y gobierne (*gubernator*)».

requería de las condiciones materiales y simbólicas que le proveía lo que hoy denominaríamos el institucionalismo republicano. Es en este sentido que la impronta republicana resulta profundamente aristocrática, porque fiel al sentido que el término adopta en Cicerón y que se corresponde con la etimología de su término griego, la aristocracia es el gobierno de los mejores. Y es por esto que se deposita el gobierno de la república en sus manos y la única precaución que puede tomarse, en última instancia, contra la tiranía es velar porque aquellos que gobernarán resulten dignos de aquellos grandes hombres que los precedieron hasta llegar, mediante sus nombres y sus obras, hasta los mismos dioses. Ahora, si la esencia última del republicanismo descansa en la noción de bien común y en la *virtus* del líder político, podemos entonces asegurar que el republicanismo se muestra, tanto en sus valores como en los hombres sobre los que descansa su gobierno, como opuesto a los valores y al hombre que el capitalismo produce y, por lo tanto, impone. Así, republicanismo y capitalismo se vuelven mutuamente excluyentes: la tradición republicana se basa en las características de los hombres mejores y el capitalismo necesita –y produce– hombres imposibilitados de toda capacidad de raciocinio y de compromiso con lo común debido, antes que nada, a que se encuentran incapacitados para establecer vínculos entre sí. Ahora quisiéramos abordar, a modo de conclusión, la relación de estos elementos y la imposibilidad de dar con una forma de gobierno esencialmente republicana en nuestros días.

3.2 Meta(im)política – A modo de conclusión

Recordemos dos cuestiones que ya hemos tratado: por una parte, que en una de sus últimas reflexiones en torno al totalitarismo, Hannah Arendt recupera el pasaje de Cicerón en el que éste advertía sobre la capacidad del hombre de dialogar con otros hombres aun encontrándose a solas, capacidad que, por otra parte, podía traducirse en acciones que resultaban equiparables a las acciones políticas más relevantes. También hemos visto que diversos autores han planteado que en la sociedad capitalista se ha eliminado toda posibilidad de estar a solas con uno mismo, lo cual implica que se ha anulado toda capacidad política del hombre. Ahora bien, tampoco hay dudas de que el republicanismo clásico se revela como profundamente antidemocrático y que puede –y debe– ser caracterizado como esencialmente aristocrático. Es decir, lo que debería identificar a dicho ordenamiento político es que el mismo se concibe y estructura a partir de la figura de aquel hombre que se corresponde con los ideales del hombre virtuoso y cuyas características lo equiparan con un ser próximo a la divinidad. Ese hombre era aquél cuya vida activa se encontraba entregada a los asuntos públicos y, por ende, desligado de los quehaceres cotidianos y abocado plenamente a la tarea de convertirse, a hacer de sí, un hombre digno a llevar adelante los asuntos públicos. Dicha tarea no era llevada adelante de cualquier manera sino con la guía que otorga el estudio y el conocimiento de las distintas artes y ciencias que posibilitan llegar a conocer la forma en la que se vincula el hombre con la naturaleza. La sensibilidad de dicho vínculo, expresado a través del concepto de naturaleza universal, lo encontramos en la importancia que Cicerón le atribuye a la física, tanta como la que le asigna a la dialéctica,[291] lo cual se explica por su vínculo con la justicia y la amistad y de todas ellas, a su vez, con el derecho.[292] En sus propios términos, Cicerón explica que

> quien desee vivir de acuerdo con la naturaleza debe partir del estudio de todo el mundo y de su gobierno. Nadie puede juzgar rectamente sobre los bienes y los males, sin haber conocido antes todos los principios que rigen la naturaleza e, incluso, la vida de los dioses, y si está o no de acuerdo la naturaleza del hombre con la universal.[293]

---

291   Cf. Fin. III 21,72.

292   Leemos en Fin. III 21,71: «En cuanto al derecho, el que puede decirse y llamarse tal, está [...] fundado en la naturaleza, y es ajeno al sabio no sólo cometer injusticia contra cualquiera, sino incluso causarle algún daño. Ni tampoco sería recto asociarse o unirse con amigos [...] para cometer injusticia». La edición citada corresponde a CICERÓN, Marco Tulio. *Del supremo bien y del supremo mal* (traducción de Víctor José Herrero, Madrid: Gredos, 1987).

293   Fin. III 22,73.

Sin lugar a dudas nos encontramos frente a un pasaje que pone en evidencia una relación sutil. Nos referimos a la relación que existe entre la física (como estudio del mundo y su gobierno), la naturaleza del hombre y la naturaleza universal; relación que se impone, en el conocimiento de cada una de sus partes y de cada una de ellas con el todo, a modo de *conditio sine qua non* para «juzgar rectamente sobre los bienes y los males». Ahora bien, sabemos sin dudas –con cierto eco proveniente del estoicismo– que el supremo bien no es otro que la virtud[294] y que la misma solo le corresponde al sabio; en palabras del mismo Cicerón leemos que «la vida basada en el supremo bien, porque está unida a ella la virtud, sólo corresponde al sabio, y éste es el fin de los bienes»[295]. De esta manera comprobamos que el hombre verdaderamente virtuoso es aquel que se encuentra capacitado para «vivir aplicando el conocimiento de lo que sucede por ley natural»[296] ya que debe «vivir gozando de todas o, al menos, de las principales cosas que están de acuerdo con la naturaleza»[297]. En estos pasajes se contempla con toda claridad la relación entre las leyes de la naturaleza y las pautas de vida que debe llevar el hombre virtuoso, ya que en dicha conjunción se encuentra la posibilidad de ejercer correctamente su juicio sobre las cosas que suceden en el mundo, lo cual incluye –no lo olvidemos– a los mismos dioses. Esta necesidad de dominar por medio del conocimiento y que presupone, en una primera instancia, el conocimiento de las leyes naturales (física), se expresa luego en el conocimiento de aquello que versa sobre las cosas universales pero también en el conocimiento que el hombre debe tener de las cosas referentes al hombre, en general, y de sí mismo en particular. De esta manera, el conocerse a sí mismo guarda una sensible relación tanto con los asuntos divinos como con los naturales ya que los mismos conforman el conjunto de tópicos que el hombre debe do-

---

294   Cf. Fin. III 22,76.

295   Fin. IV 6,15.

296   Fin. IV 6,14.

297   Fin. IV 6,15.

minar para ser sabio. Las múltiples relaciones a las que acabamos de aludir encuentran en el siguiente pasaje una enunciación tan clara como reveladora. En él Cicerón advierte que

> en cuanto a los viejos preceptos de los sabios, que ordenan obedecer al tiempo, tomar por modelo a la divinidad, conocerse a sí mismo, evitar todo exceso, nadie puede comprender, sin la ayuda de la física qué valor tienen (y lo tienen grandísimo).[298]

El hombre debe conocerse para así poder dar cuenta de ese principio según el cual

> hemos nacido y hemos sido conformados de tal modo que llevamos dentro los principios que nos mueven a hacer algo, a amar a algunos, a ser liberales y agradecidos, y tenemos un espíritu apto para la ciencia, la sabiduría y la fortaleza.[299]

Entendemos (aunque dicha afirmación pueda resultar algo temeraria) que la importancia de dicho pasaje, y las implicancias que de él se desprenden, resultan más sensibles para el hombre del siglo XXI que para el contemporáneo a Cicerón. Es decir, no hay dudas de que vivimos en una época en la que tanto el conocimiento de las leyes universales como el de aquellas leyes naturales que rigen nuestro planeta han logrado un nivel de desarrollo, alcance y difusión insospechado hasta hace unas pocas décadas atrás[300]. Sin embargo, este nivel de conocimiento no parece haber encontrado ningún parangón en el conocimiento que el hombre tiene de sí mismo no en tanto ser biológico sino en tanto ser humano. En todo caso, si las ciencias sociales y humanas avanzaron no lo hicieron en el sentido prometido por la Ilustración sino en el de haber estado al servicio del proceso que generó una sociedad en la que el hombre vive en las condiciones que aquí hemos tratado. Ahora, si el conocerse a sí mismo resulta ser una condición insoslayable que debe cumplir

---

298 Fin. III 22,73.

299 Fin. V 15,41.

300 Haber hallado el Bosón de Higgs, haber recreado a escala el proceso del *Big Bang* en la así denominada «Máquina de Dios» o realizar, literalmente, impresiones de objetos o de órganos humanos son algunos de los ejemplos que pueden citarse entre tantos otros.

el hombre virtuoso, el hombre republicano, nos encontramos en nuestros días ante un problema insalvable debido a que aquel sobre el que descansa todo el poder y la decisión soberana no puede ser capaz de juzgar los asuntos de la *res publica* de manera recta por medio del conocimiento de las leyes universales y naturales ya que se encuentra impedido de acceder a ellas porque, antes que nada, no puede acceder al conocimiento de sí mismo.

Desde la Antigüedad sabemos que el conocimiento de sí se relacionaba con el conocimiento del alma. Por supuesto, el alma no entendida en el sentido dado por el cristianismo sino como aquello que es capaz de movilizarnos,[301] de conducirnos a realizar una determinada acción. Es en este sentido que Cicerón recomendaba conocer el alma, porque es ella la que reflexiona y el producto de su reflexión se hace presente en nuestra mente permitiéndonos mediar, por medio del raciocinio y la inteligencia, con cuestiones que nos trascienden pero que no por ello resultan ajenas a los asuntos del hombre[302]. Es por esto que el conocimiento del alma nos permite afrontar de manera virtuosa la conducción de los destinos de la República. La síntesis de dicha relación la encontramos una vez más en el libro VI de la *República*, cuando en sus últimas líneas leemos «ejercita tú el alma en lo mejor, y es lo mejor los desvelos por la salvación de la patria».[303] El mismo Cicerón nos previene a continuación de no confundir el conocimiento de sí con la preocupación por el cuerpo[304] –el cual no es más que una simple vasija– ni con lo que sucede en el mundo exterior a él sino que, en consonancia con la tradición estoica, el hombre debe dirigir su mirada hacia el interior de sí mismo, hacia «los comienzos primeros de su origen y de su nacimiento, [el cual] "no se busca fuera"»[305]. Esta relación entre

---

301 Nos dice Cicerón, en *El sueño de Escipión*, que «todo lo que es impulsado desde fuera carece de alma, y lo que tiene alma es excitado por un movimiento propio interior», la cita corresponde a Rep. VI 26,28.

302 Cf. Tusc. V 25,70.

303 Rep. VI 26,29.

304 Cf. Rep. VI 26,29.

305 MACROBIO. *Comentario al* «Sueño de Escipión de Cicerón» (traducción de Fernando Navarro Antolín, Madrid: Gredos, 2006); la cita corresponde a I 9,2. En el mismo sentido también cf. Off. I 4,13.

un volverse hacia sí y la capacidad de ejercer el gobierno de sí (y de los otros) ha sido abordado por Foucault, quien se interesó por el vínculo entre el *gnothi seauton* con el principio que ordena *ocúpate de ti mismo (epiméléi sautáu)* (cf. FOUCAULT, 2010: 21) y la relación de estos con la inquietud de sí[306] *(epimeleia heautou)* como esa práctica que nos exige renunciar a toda forma de exterioridad a nosotros mismos para procurar el bien de la ciudad[307].

El maravilloso estudio realizado por Foucault en su curso en el Collége de France del año 1982, se centró en las derivas e implicancias que tuvo el *conócete a ti mismo* tanto en la conformación del sujeto occidental como en la relación que dicha conformación guarda con la verdad[308]. Lamentablemente para nosotros, Foucault se centró en dos períodos que no coinciden con el de nuestro autor, aunque uno de ellos resulta sumamente cercano a él, se trata de aquel que fue considerado por el pensador francés como «la verdadera edad de oro en la historia de la inquietud de sí» (FOUCAULT, 2011: 90), la Roma de los siglos I y II d.C. Por este motivo, que posee sus justos fundamentos, Foucault nos privó de un análisis de la época republicana con el que habría sido maravilloso contar considerando nuestros intereses, aunque nada nos impide avanzar algunos pasos en dicha dirección[309].

Como sabemos, el análisis que Foucault propone en su *Hermenéutica del sujeto*, comienza centrando su atención en el *Alcibíades* de Platón y en la figura de Sócrates, la cual constituye un punto de partida esencial para comprender algunas declinaciones que su-

---

306   La cual "se define esencialmente como la renuncia a todos los lazos terrestres; es la renuncia a todo lo que puede significar amor a sí mismo, apego al yo terrestre" (FOUCAULT, 2011: 28; la cita está tomada de *Dits et Écrits* IV, n.356, p.716).

307   Al menos, en un primer momento del estadio histórico del concepto. Sabemos por Foucault que en un segundo momento, se reveló «poco a poco como un fin que se basta a sí mismo», es decir que «el yo la meta definitiva y única de la inquietud de sí» (FOUCAULT, 2011: 176 y 177 respectivamente).

308   Cf., por ejemplo, la lección del 6 de enero de 1982.

309   Debido a que exceden nuestros objetivos, no abordaremos aquí la hipótesis que afirma que es posible encontrar en Cicerón —quien se encuentra ubicado entre medio de los períodos considerados por Foucault en su curso de 1982— características propias de uno y otro momento de la inquietud de sí. De todas formas, y teniendo dicha hipótesis en mente, nos permitimos extrapolar algunas de las conclusiones formuladas por Foucault, como veremos a continuación.

frirá la inquietud de sí a partir de allí (cf. también FOUCAULT: 2003). Foucault observa, en base a un pasaje de la *Apología de Sócrates* (36 c-d), que la inquietud de sí posee un sesgo positivo y que implica tres aspectos, los cuales pueden resumirse de la siguiente manera: (a.) se trata de una tarea divina por la cual (b.) no se esperan retribuciones personales debido a que la misma es (c.) algo útil para la comunidad (cf. FOUCAULT, 2011: 23). El hecho de que sea útil para la comunidad implica que se deben dejar de lado tanto las cuestiones del cuerpo como las de los bienes y así el conocimiento de sí mismo y la inquietud de sí coinciden en su relación con lo divino al buscar el beneficio de la comunidad. De esta manera la retribución no es entendida en términos personales sino comunitarios. Esto se refleja más claramente en un pasaje seleccionado por Foucault en el que al preguntársele a Alexandrides las razones por las cuales los lacedemonios no se ocupaban del cultivo de sus tierras, aquel respondió «para poder ocuparnos de nosotros mismos» (FOUCAULT, 2011: 45). Más allá de la connotación moral (y económica) que dicha respuesta contiene, la misma no debe confundirse con el simple desentendimiento de las tareas manuales sino, precisamente, con esa cercana relación que resalta Foucault entre la *epimeleia*, como una actividad regulada, como un trabajo que posee sus procedimientos y objetivos bien claros (*ibíd.*: 469), con una noción indudablemente cara a la figura de Cicerón como es el *cum dignitate otium*[310]. Ahora, en el vínculo existente entre el *otium* y la *epimeleia* es posible también rastrear –a pesar de que Foucault no lo mencione– la relación que una noción como la de *askesis*[311] guarda en los ecos de virtudes altamente valoradas por Cicerón como aquellas que debe poseer el hombre virtuoso y que se expresan a través de la necesidad de atender a los deberes propios del hombre de bien,[312] en contar con las herramientas necesarias para la previsión de lo que pudiera

---

310 Recuérdese aquí la importancia atribuida por Cicerón al *cum dignitate otium* y la importancia del «ocio estudioso» en la relación entre Séneca y Lucilio. Al respecto cf. FOUCAULT, 2011: 359.

311 En el mismo sentido en el que Foucault lo trata en su curso (en cuanto «ejercicio de sí sobre sí mismo»), intentando evitar la *stultitia* y como forma de estar preparado para lo que puede llegar a ocurrirnos.

312 Cf. Off. especialmente su libro primero.

suceder así como con el buen juicio y la determinación para actuar en consecuencia en caso de que se produzcan y la templanza suficiente para enfrentar las máximas penurias cosas que, por supuesto, no pueden lograrse si el hombre se deja arrastrar por sus pasiones. Pero así como la *askesis* se relaciona con el conocimiento de sí, no olvidemos la que podría considerarse su forma opuesta, la *stultitia*. Y no debemos olvidarla debido a que se trata de ese estado en el que el hombre se encuentra «expuesto a todos los vientos, abierto al mundo externo, es decir, quien deja entrar a su mente todas las representaciones que ese mundo externo puede ofrecerle» (FOUCAULT, 2011: 135). Representaciones que, al igual de lo que ocurre con el hombre contemporáneo son aceptadas de manera acrítica deviniendo de esta manera, según el canon tradicional, en *stultus*, en aquel que «está disperso en el tiempo». No olvidemos que *stultus*

> es quien no se acuerda de nada, quien deja que su vida pase, quien no trata de llevarla a una unidad rememorando lo que merece recordarse [...]. El *stultus* deja que la vida pase y cambia de opinión sin respiro. Por consiguiente, su vida, su existencia, transcurre sin memoria ni voluntad. (*Ibíd.*: 136)

No resulta necesario, en estas instancias, insistir en que Cicerón se oponía y condenaba toda forma de vida que pudiera volver al hombre un *stultus*[313]. Tampoco parece necesario resaltar las similitudes que se presentan entre el *stultus* y el hombre atomizado, incapacitado para vincularse con toda otra persona (y con él mismo) que describían Adorno y Foucault por no mencionar la nutrida cantidad de publicidades que insisten que la vida debería ser un constante «dejar fluir» las cosas, que las cosas sucedan sin más. Tal vez nos sirva como ejercicio imaginar la reacción de hombres como Cicerón o Maquiavelo al decirles que el hombre republicano (o el príncipe) debería despreocuparse y dejar que las cosas fluyan sin intentar imponerse sobre los avatares de la coyuntura. El discurso

---

313   En su obra el término aparece de manera frecuente para dar cuenta de aquel cuyo comportamiento fue estúpido, propio de un estado de locura o de necedad. Al respecto, cf. Cat. II 2,3; II 5,10; Leg. I 19,51; N.D. I 9,23; Inv. 58.

del *dejarse llevar* es, como todo discurso que busca anular la toma de decisiones en el hombre, un discurso que tiende a calmar cualquier inquietud virtuosa por parte de los ciudadanos y, por lo tanto profundamente antipolítico y, particularmente, antirrepublicano. Pero esto vale también para el actual discurso -autodenominado-republicano que previene contra toda política que sea conducida por la figura de un líder y que aboga, en su lugar, por el imperio de las instituciones. Es por todo esto que el verdadero republicanismo resulta medularmente anticapitalista, porque mientras que uno necesita al hombre como dueño de sí, dispuesto a tomar en sus manos las riendas del destino de la República el otro busca que devenga en *stultus*, un ser vacío, acrítico y sin memoria ni voluntad. Tal vez aquí radique la verdadera causa por la cual el republicanismo clásico ha sido rodeado por una parafernalia que lo anula políticamente[314] volviéndose una mera fachada.

En definitiva, mientras el carácter metapolítico del republicanismo clásico permitía mantener unido el poder, a la vez que se favorecía la estabilidad social y política, cuidando que el mismo se encontrara concentrado en las manos del verdadero hombre político, en nuestros días el hombre ha sido eliminado y se ha transferido el mayor peso de la responsabilidad a las leyes y al respeto por las instituciones como si un vacío pudiese ocupar el lugar de aquel que debiera gobernar. No podría ser de otra manera, no hay forma de apelar al hombre virtuoso en una época donde el único virtuosismo que el hombre conoce es el de un pseudo bienestar individual incluso a expensas del bien común y del propio. Los dioses romanos hablaban de política, del bienestar de la *res publica*, de héroes, guerras y antepasados y, a pesar de las apariencias, estaban al servicio de la República. Los dioses del capitalismo no necesitan hablar, se muestran en la inmediatez de cada una de nuestras necesidades, urgencias y deseos y se vuelven, de esta manera, estrictamente

---

314 Tal vez en esta clave también podamos explicar la llamativa ausencia que se verifica, en torno a los autores y a la propia tradición republicana clásica, en los programas de estudio de teoría política en nuestras universidades.

personales. Así, en la sociedad capitalista contemporánea aquella metapolítica republicana deviene, necesariamente, en meta(im)política al tiempo que los dioses romanos fueron sustituidos por los dioses de la nueva religión, la religión que permea con sus dioses y su liturgia todos los resquicios posibles de la vida humana hasta anular los últimos estertores que puedan quedar de ella.

Bibliografía

Nota:
Se consigna a continuación sólo la bibliografía moderna y contemporánea citada a lo largo de este estudio. Para las fuentes de la antigüedad grecorromana, la Edad Media y el Renacimiento, el lector encontrará las referencias correspondientes en las respectivas notas al pie. Las traducciones pertenecen al autor salvo en los casos en los que una edición castellana es mencionada.

9-11 Comission Report.
National Commission on Terrorist Attacks Upon the U.S. Disponible en: [http://govinfo.library.unt.edu/911/report/index.htm].

ADAIR, Douglas.
The Intellectual Origins of Jeffersonian Democracy. Republicanism, the Class Struggle, and the Virtous Farmer. Maryland: Lexington Books, 2000.

ADORNO, Theodor.
Crítica de la cultura y sociedad II. Intervenciones entradas. Obra completa, 10/2. Madrid: Akal, 2009.

ADORNO, Theodor.
Minima moralia. Reflexiones desde la vida dañada. Madrid: Taurus, 2001.

ADORNO, Theodor. [et al].
The Authoritarian Personality en Vol. I de Studies in Prejudice, New York: Harper & Brothers, 1950.

AGAMBEN, Giorgio.
El sacramento del lenguaje. Arqueología del juramento. Homo sacer, II,3. Buenos Aires: Adriana Hidalgo editora, 2010a.

AGAMBEN, Giorgio.
Lo que queda de Auschwitz. El archivo y el testigo. Homo Sacer III. Valencia: Pre-Textos, 2010b.

AGAMBEN, Giorgio.
El reino y la gloria. Una genealogía teológica de la economía y el gobierno. Buenos Aires: Adriana Hidalgo editora, 2008.

AGAMBEN, Giorgio.
El tiempo que resta. Comentario a la carta a los romanos. Madrid: Editorial Trotta, 2006a.

AGAMBEN, Giorgio.
Homo sacer. El poder soberano y la nuda vida. Valencia: Pre-Textos, 2006b.

AGAMBEN, Giorgio.
Lo abierto. El hombre y el animal. Buenos Aires: Adriana Hidalgo editora, 2006c.

AGAMBEN, Giorgio.
Estado de excepción. Homo sacer II,1. Traducción de Flavia Costa e Ivana Costa. Buenos Aires: Adriana Hidalgo, 2005.

AGAMBEN, Giorgio.
Infancia e historia. Destrucción de la experiencia y origen de la historia. Buenos Aires: Adriana Hidalgo editora, 2003.

AGAMBEN, Giorgio.
Medios sin fin. Valencia: Pre-Textos, 2001.

AGAMBEN, Giorgio.
"Política del exilio". Archipiélago. *Cuadernos de crítica de la cultura.* Barcelona, Nro. 26-27, 1996.

AGAMBEN, Giorgio.
Teología y lenguaje. Del poder de dios al juego de los niños. Buenos Aires: Las Cuarenta, 2012.

AGAMBEN, Giorgio.
Signatura rerum. Sobre el método. Buenos Aires: Adriana Hidalgo editora, 2009.

AGAMBEN, Giorgio.
Stasis. La guerra civil como paradigma político. Homo Sacer II,2. Buenos Aires: Adriana Hidalgo editora, 2017.

APERT, Eugène.
L'hérédité morbide, París: Ernest Flammarion, 1919.

ALFÖLDY, Géza.
Historia social de Roma, Madrid: Alianza, 1996.

ALLEN, Walter Jr.
«Cicero´s House Libertas». *Transactions of the American Philological Association,* Vol. 75, 1944, pp. 1-9.

ALTINI, Carlo.
«Libertad republicana y filosofía política moderna». *Res publica,* 9-10, 2002, pp. 171-187.

ALVATER, Elmar.
«El control del futuro». *Revista Nueva Sociedad,* Nro. 252, julio-agosto 2014, pp. 43-54.

APERT, Eugène.
L'hérédité morbide. París: Ernest Flammarion Editeur, 1919.

ARENDT, Hannah.
Los orígenes del totalitarismo. Madrid: Alianza, 2015.

ARENDT, Hannah.
Sobre la revolución. Madrid: Alianza, 2013.

ARENDT, Hannah.
La promesa de la política. Barcelona: Paidós, 2008.

ARENDT, Hannah.
Entre el pasado y el futuro. Ocho ejercicios sobre la reflexión política. Barcelona: Península, 1996.

AVILÉS, Juan y HERRERÍN, Ángel [eds].
El nacimiento del terrorismo en Occidente. Anarquía, nihilismo y violencia revolucionaria. Madrid: Siglo XXI editores, 2008.

BAEHR, Peter.
Totalitarism, and the Social Sciences. Stanford: Stanford University Press, 2010.

BALSDON, John.
"Auctoritas, Dignitas, Otium". *The Classical Quarterly,* New Series, Vol. 10, Nro. 1, 1960, pp. 43-50.

BAUMLIN, James.
"Ciceronian Decorum and the Temporalities of Renaissance Rhetoric". *Rhetoric and Kairos. Essays in History, Theory and Praxis.* Philip Sipiora y James Baumlin [Eds.], New York: State University of New York Press, 2002.

BEARD, Mary; NORTH, John; PRICE, Simon.
Religions of Rome. Volume I: A History. Cambridge: Cambridge University Press, 1996.

BERTOMEU, María Julia; DOMENECH, Antoni; FRANCISCO, Andrés DE [comps.]
Republicanismo y democracia. Buenos Aires: Miño y Dávila editores, 2004.

BENJAMIN, Walter.
Para una crítica de la violencia y otros ensayos. Iluminaciones IV. Madrid: Taurus. 2001.

BENJAMIN, Walter.
Discursos interrumpidos I. Buenos Aires: Taurus, 1989.

BENJAMIN, Walter.
La dialéctica en suspenso. Fragmentos sobre la historia. Santiago de Chile: ARCIS, s/a.

BENVENISTE, Emile.
Vocabulario de las instituciones indoeuropeas. Madrid, Taurus, 1983.

BOESCHE, Roger.
Thinking About Freedon. Political Theory, Vol.26, Nro. 6, 1998, pp. 855-873.

BRAMWELL, Anna.
Blood and Soil. Richard Walther Darre and Hitler´s Green Party. Buckinghamshire: Kensal Press, 1985.

BUTLER, Judith.
Precarious Life. The Power of Mourning and Violence. London-New York: Verso, 2004.

CALVEIRO, Pilar.
Violencias de Estado. La guerra antiterrorista y la guerra contra el crimen como medios de control global. Buenos Aires: Siglo XXI, 2012.

CANETTI, Elias.
Masa y poder. Barcelona: Alianza, 2013.

CANFORA, Luciano.
Ideologías de los estudios clásicos. Madrid: Akal, 1991.

CASTELLS, Manuel.
La era de la información 1. Buenos Aires: Alianza, 1999.

CORTE SUPREMA DE JUSTICIA DE LA NACIÓN ARGENTINA.
Fallo 318:1894. Disponible en [http://old.csjn.gov.ar/jurisprudencia.html].

COWELL, Richard.
Cicero and the Roman Republic. Baltimore: Penguin Books, 1961.

CONNOLLY, Jon.
The State of Speech. Rhetoric & Political Thought in Ancient Rome, Princeton: Princeton University Press, 2007.

DAVIDSON, Jorge.
"De Cicerón a Apiano: Los conceptos de orden y desorden en la sociedad romana (siglos I a.C. II d.C.)". Prácticas religiosas, regímenes discursivos y el poder político en el mundo grecorromano. Ed. Julián Gallego. Buenos Aires: Facultad de Filosofía y Letras UBA, 2001.

DAVIDSON, Jorge.
Concepciones ideológicas acerca del derecho en la obra de Cicerón en Espacio, Tiempo y Forma. Historia Antigua, T. 12, 1999, pp. 203-216.

DEPARTAMENTO DE ESTADO DE LOS ESTADOS UNIDOS.
Congressional Budget Justification. Department of State, Foreign Operations, and Related Programs. Fiscal Year 2019. Disponible en: [https://www.state.gov/s/d/rm/rls/ebs/2019/pdf/index.htm].

DEPARTAMENTO DE ESTADO DE LOS ESTADOS UNIDOS.
Office of the Coordinator for Countertorrorism, Country Reports on Terrorism, Title 22 U.S Code, Section 2656f(d), 30 de abril de 2007. Disponible en: [http://www.state.gov/j/ct/rls/crt].

DERRIDA, Jacques.
Seminario La bestia y el soberano, V.1 (2001-2002). Buenos Aires: Manantial, 2010.

DERRIDA, Jacques.
La diseminación. Madrid: Fundamentos, 1997.

DIGESTO.
Cuerpo del Derecho Civil Romano. Primera Parte Instituta-Digesto. Barcelona: Jaime Molinas Editor, 1889.

DINGLEDY, Frederick.
The Corpus Juris Civilis: A Guide to its History and Use. *Legal Reference Services Quarterly*, 2016, DOI: 10.1080/0270319X.2016.1239484.

D´ORS, Álvaro.
"Cicerón, sobre el estado de excepción". *Ensayos de teoría política*. Pamplona: Eunsa, 1979, pp. 11-31.

DUGAN, John.
Making a New Man. Ciceronian Self-Fashioning in the Rhetorical Works. New York: Oxford University Press, 2005.

DURKHEIM, Émile.
Las formas elementales de la vida religiosa. Madrid: Alianza, 2008.

EDELSTEIN, Dan.
The Terror of Natural Right. Republicanism, the Cult of Nature and the French Revolution. Chicago: The University of Chicago Press, 2009.

EINSTEIN, Albert.
Sobre la teoría de la relatividad especial y general. Madrid: Alianza, 1992.

ELIADE, Mircea.
Aspectos del mito. Madrid: Paidós, 2000.

ELIADE, Mircea.
Mito y realidad. Madrid: Ediciones Guadarrama, 1968.

ELIAS, Norbert.
El proceso de civilización. Investigaciones sociogenéticas y psicogenéticas. Madrid: Fondo de Cultura Económica, 1987.

ESPOSITO, Roberto.
Immunitas. Protección y negación de la vida. Buenos Aires: Amorrortu, 2009.

ESPOSITO, Roberto.
Communitas. Origen y destino de la comunidad. Buenos Aires: Amorrortu, 2007.

FLOWER, Harriet [comp.].
The Cambridge Companion to The Roman Republic. Cambridge, Cambridge University Press, 2006.

FOUCAULT, Michel.
El origen de la hermenéutica de sí. Conferencias de Dartmouth, 1980. Buenos Aires: Siglo XXI editores, 2016.

FOUCAULT, Michel.
La hermenéutica del sujeto. Buenos Aires: Fondo de Cultura Económica, 2011.

FOUCAULT, Michel.
El coraje de la verdad. El gobierno de sí y de los otros II. Buenos Aires: Fondo de Cultura Económica, 2010.

FOUCAULT, Michel.
El orden del discurso. Buenos Aires: Tusquets, 2008a.

FOUCAULT, Michel.
Nacimiento de la biopolítica. Buenos Aires: Fondo de Cultura Económica, 2008b.

FOUCAULT, Michel.
Seguridad, territorio, población. Buenos Aires: Fondo de Cultura Económica, 2006.

FOUCAULT, Michel.
Discurso y verdad en la antigua Grecia. Buenos Aires: Paidós, 2004.

FOUCAULT, Michel.
Historia de la sexualidad. La inquietud de sí. Buenos Aires: Siglo XXI editores, 2003.

FOUCAULT, Michel.
La arqueología del saber. Buenos Aires: Siglo XXI editores, 2002.

FOUCAULT, Michel.
Defender la sociedad. Buenos Aires: Fondo de Cultura Económica, 2001.

Fox, Matthew.
Cicero's Philosophy of History.
Oxford: Oxford University Press,
2007.

GALIANO, García.
La imitación poética en el Renacimien-
to. Deusto: Reichemberg, 1992.

GALLEGO, Julián.
La democracia en tiempos de trage-
dia. Asamblea ateniense y subjetivi-
dad política. Buenos Aires: Miño y
Dávila editores, 2003.

GALLEGO, Julián [ed.].
Prácticas religiosas, regímenes dis-
cursivos y el poder político en el mun-
do grecorromano. Buenos Aires: Facultad de Filosofía y Letras - UBA,
2001.

GLOBAL RESEARCH.
Centre for Research on Globali-
zation: "George W. Bush and the
Bin Laden Family, Meeting at Ritz
Carlton Hotel, NYC, One Day Before 9/11". Disponible en: [http://
www.globalresearch.ca/george-
w-bush-and-the-bin-laden-family-
meet-in-new-york-city-one-day-
before-911/5332870]

GOODIN, Robert E.
"Folie Républicaine". *Annual Re-*
view of Political Science. Vol. 6, 2003,
pp. 55-76.

GORDON, Theodore; SHARAN, Yair; FLORES-
CU, Elizabeth.
"Potential measures for the pre-
detection of terrorism" en *Techno-*
logical Forecasting & Social Change,
2017, [http://dx.doi.org/10.1016/j.
techfore.2017.05.017].

GRANGE, Ninon.
"Cicéron contre Antoine: la désig-
nation de l'ennemi dans la guerre
civile". *Mots. Les langages du politi-*
que, 73 (2003), pp. 9-23.

GUIRAO, Miguelina.
Los sentidos. Bases de la percepción.
Alhambra: Alhambra Universidad,
1980.

HALBWACHS, Maurice.
La memoria colectiva. Zaragoza:
Prensas Universitarias de Zara-
goza, 2004.

HALKIN, Léon.
"La supplication d'action de gra-
ces chez les Romains". *Revue belge*
de philologie et d'histoire, n° 4, Vol.
32, 1953.

HEIDEGGER, Martin.
El concepto de tiempo. Madrid:
Trotta, 1999.

HEISENBERG, Werner.
Physics and Philosophy: The Revolu-
tion in Modern Science. New York:
Harper and Brothers Publishers,
1958.

HELLEGOUARC'H, Joseph.
Le vocabulaire latin des relations et
des partis politiques sous la Républi-
que. París: Les Belles Lettres, 1963.

HENT, Kalmo y SKINNER, Quentin [eds.].
Sovereignty in Fragments. The Past,
Present and FUTURE of a Contested
Concept. Cambridge: Cambridge
University Press, 2010.

HERNÁNDEZ VALENCIA, Manuela.
"Cicerón creador de su imagen política: Fam., V,12". *Faventia* 19/1,
1997, pp. 17-33.

HOBBES, Thomas.
Leviatán o la materia, forma y poder
de una república eclesiástica y civil.
México D.F.: Fondo de Cultura
Económica, 1982.

HORKHEIMER, Max y ADORNO, Theodor.
Dialéctica de la Ilustración. Fragmen-
tos filosóficos. Traducción de Juan
José Sánchez. Madrid: Editorial
Trotta, 1998.

HUNTINGTON, Samuel.
  El choque de civilizaciones y la recon-figuración del orden mundial. Buenos Aires: Paidós, 2015.

HUSSERL, Edmund.
  Lecciones de fenomenología de la con-ciencia interna del tiempo. Madrid: Trotta, 2002.

JAEGER, Werner.
  La teología de los primeros filóso-fos griegos. México D.F.: Fondo de Cultura Económica, 1952.

JOHNSTON, David.
  Roman Law. Cambridge: Cambridge University Press, 2015.

KELSEN, Hans.
  Teoría pura del derecho. Buenos Aires: EUDEBA, 1999.

KENNEDY, George.
  A New History of Classical Rhetoric. Princeton: Princeton University Press, 1994.

KINNEAVY, James.
  "*Kairos* in Classical and Modern Rhetorical Theory". *Rhetoric and Kairos. Essays in History, Theory and Praxis.* Philip Sipiora y James Baumlin [Eds.], New York: State University of New York Press, 2002.

KLAPPROTH, Florian y WEARDEN, John.
  "Why do Temporal Generalization Gradient Change When People Make Decisions as Quickly as Possible?". *Quarterly Journal of Experimental Psychology*, 2011, pp. 1-19.

KRESS, Gunther.
  Multimodality. A Social Semiotic Approach to Contemporary Communication. Routledge: New York, 2010.

KOSELLECK, Reinhart.
  Futuro pasado. Para una semántica de los tiempos históricos. Barcelona: Paidós, 1993.

KUNKEL, Wolfgang.
  Historia del derecho romano, Barcelona: Ariel, 1972.

LABORDE, Cecile y MAYNOR, John [eds.]
  Republicanism and Political Theory. Oxford: Blackwell Publishing, 2008.

LAFAY, Marilyn.
  Hannah Arendt and the Specter of Totalitarism. Nueva York: Palgrave Macmillan, 2014.

LAQUEUR, Walter.
  A History of Terrorism. New Jersey: Transaction Publishers, 2002.

LEFORT, Claude.
  Democracia y representación. Buenos Aires: Prometeo, 2011.

LEMKIN, Raphael.
  Axis Rule in Occupied Europe: Laws of Occupation, Analysis of Government, Proposals of Redress. Washington, D.C.: Carnegie Endowment for International Peace, 1944.

LEVI, Primo.
  Si esto es un hombre. Buenos Aires: El Aleph, 2013.

LÉVI-STRAUSS, Claude.
  Antropología estructural: Mito, sociedad, humanidades. México D.F.: Siglo XXI editores, 2004.

LÉVI-STRAUSS, Claude.
  Antropología estructural. Buenos Aires: Paidós, 1995.

LINDLEY-FRENCH, Julian y BOYER, Yves [eds.].
  The Oxford Handbook of War. Oxford: Oxford University Press, 2012.

LINTOTT, Andrew.
  Cicero as Evidence. A Historian´s Companion. Oxford: Oxford University Press, 2008.

LORAUX, Nicole.
  La ciudad dividida. El olvido en la memoria de Atenas. Madrid: Katz, 2008.

LOWENTHAL, Leo.
　　"Terror´s Atomization of Man".
　　Commentary, 1 (1945/1946), pp. 1-8.

LOWENTHAL, Leo y GUTERMAN, Norbert.
　　*Prophets of Deceit. A Study of the
　　Techniques of the American Agita-
　　tor.* New York: Harper & Brothers,
　　1950.

LUDUEÑA ROMANDINI, Fabián.
　　*Arcana Imperii. Tratado metafísi-
　　co-político.* Buenos Aires: Miño y
　　Dávila editores, 2018.

LUDUEÑA ROMANDINI, Fabián.
　　*La comunidad de los espectros. An-
　　tropotecnia I.* Buenos Aires: Miño
　　y Dávila editores, 2010.

LUDUEÑA ROMANDINI, Fabián.
　　*Homo oeconomicus. Marsilio Ficino,
　　la teología y los misterios paganos.*
　　Buenos Aires: Miño y Dávila edi-
　　tores, 2006.

LUDUEÑA ROMANDINI, Fabián.
　　"Marsilio Ficino y Martín Lutero
　　entre ley mesianismo". *Tiempos
　　Modernos*, V. 12, 2005/2.

MARRAMAO, Giacomo.
　　*Cielo y tierra. Genealogía de la secu-
　　larización.* Buenos Aires: Paidós,
　　1998.

MARX, Karl.
　　Manuscritos económico filosóficos.
　　Madrid: Alianza, 1980.

MARX, Karl y ENGELS, Friedrich.
　　Obras escogidas en tres tomos, Edi-
　　torial Progreso, Moscú, 1981.

MAYNOR, John W.
　　Republicanism in the Modern World.
　　Cambridge: Blackwell Publishing,
　　2003.

MICHAUD, Éric.
　　*La estética nazi. Un arte de la eter-
　　nidad.* Buenos Aires: Adriana Hi-
　　dalgo editora, 2009.

MOMMSEN, Theodor.
　　Derecho penal romano. Madrid: La
　　España Moderna, 1905.

MÜNKLER, Herfried.
　　*Viejas y nuevas guerras. Asimetría y
　　privatización de la violencia.* Madrid:
　　Siglo XXI editores, 2003.

NIETZSCHE. Friedrich.
　　Los filósofos preplatónicos. Madrid:
　　Trotta, 2003.

NILSSON, Persson Martin.
　　Historia de la religión griega. Buenos
　　Aires: EUDEBA, 1961.

NYE, Joseph.
　　«Obama´s Foreign Policies Must
　　Combine Hard and Soft Power»
　　disponible en [http://www.
　　huffingtonpost.com/joseph-
　　nye/obamas-foreign-policies-
　　m_b_147108.html].

NYE, Joseph.
　　«The War on Soft Power» dispo-
　　nible en [http://foreignpolicy.
　　com/2011/04/12/the-war-on-
　　soft-power/].

O´HALLORAN, Kay.
　　*Multimodal Discourse Analysis. Sys-
　　temic Functional Perspectives.* Con-
　　tinuum: Londres, 2004.

ORREGO, Cristóbal.
　　"Cicerón descuartizado, Cicerón
　　en un fractal. Notas sobre el repu-
　　blicanismo contemporáneo". *Anua-
　　rio Filosófico*, 2001 (34), pp. 395-432.

PATTEN, Alan.
　　The Republican Critique of Libe-
　　ralism. *British Journal of Political
　　Science.* 1996, Vol. 26, n° 1, pp. 25-
　　44.

PAULI, Wolfgang.
　　Theory of Relativity. New York: Per-
　　gamon Press, 1958.

PEASE, Arthur.
　　"The Conclusion of Cicero´s *De
　　Natura Deorum*". *Transactions and*

Proceedings of the American Philological Association, n° 44, 1913.

PERELMAN, Chaïm y OLBRECHTS-TYTECA, Lucie.
Tratado de la argumentación. La nueva retórica. Madrid: Gredos, 2006.

PERSKY, Richard.
Kairos: A Cultural History of Time in the Greek Polis. Michigan: University of Michigan, 2009.

PETTIT, Philip.
Republicanism. A theory of Freedon and Government. Oxford: Clarendon Press, 2002.

PILBEAM, Pamela M.
Republicanism in Nineteenth-Century France, 1814-1871. Londres: MacMillan Press, 1995.

PINA POLO, Francisco.
"Mos maiorum como instrumento de control social de la nobilitas romana". *Revista Digital de la Escuela de Historia*. Universidad Nacional de Rosario, Vol. 3, n° 4 (2011), pp. 53-77.

PINA POLO, Francisco y SIMÓN, Marco.
"Concordia y *libertas* como polos de referencia religiosa en la lucha política de la república tardía". *Gerión*, n° 18, 2000a, pp. 261-292.

PINA POLO, Francisco y SIMÓN, Marco.
"Mario Gratidiano, los *compita* y la religiosidad popular a fines de la república", *Klio*, Murcia (España), Universidad de Murcia, Volumen 82, 2000b.

POCOCK, John.
The Machiavellian Moment. Princeton: Princeton University Press, 1975.

PRIMAKOV, Yevgemy M.
A World Challenged. Fighting Terrorism in the Twenty-First Century. Washington, D.C.: The Nixon Center and Brookings Institution Press, 2004.

PRODI, Paolo.
Una historia de la justicia. De la pluralidad de fueros al dualismo moderno entre conciencia y derecho. Buenos Aires: Katz, 2008.

RHODES, Richard.
Amos de la muerte. Los SS Einsatzgruppen y el origen del holocausto. Barcelona: Seix Barral, 2003.

RIVERA GARCÍA, Antonio.
"Libertad, democracia y religión en el debate neorrepublicano". *Res publica*, 9-10, 2002, pp. 205-237.

ROSLER, Andrés.
Razones públicas. Seis conceptos básicos sobre la república. Buenos Aires: Katz, 2016.

RUIBAL, Alba M.
"El neo-republicanismo y sus implicancias para las instituciones legales y políticas". *Isonomía. Revista de Teoría y Filosofía del Derecho*, Nro. 30, abril 2009.

RUPKE, Jorg.
A Companion to Roman Religion, Oxford: Blackwell, 2007.

SCHIAVONE, Aldo.
Ius. La invención del derecho en Occidente, Buenos Aires, Adriana Hidalgo editora, 2012.

SCHMITT, Carl.
El concepto de lo político. Madrid: Alianza, 2014.

SCHMITT, Carl.
Teología Política. Madrid: Trotta, 2009.

SCHNIEBS, Alicia.
"El Estado soy yo: Salus rei publicae e identidad en Cicerón". *Minerva: Revista de Filología Clásica*, N° 16 (2002-2003), pp. 107-117.

SCHUTZ, Alfred.
El problema de la realidad social. Buenos Aires: Amorrortu, 2003.

SCHUTZ, Alfred.
 Fenomenología del mundo social. Introducción a la sociología comprensiva. Buenos Aires: Paidós, 1972.

SFERCO, Senda.
 Foucault y kairós. *Los tiempos discontinuos de la acción política*. Quilmes: Universidad Nacional de Quilmes, 2015.

SHAPIRO, Susan.
 O Tempora! O Mores! Cicero´s Catilinarian Orations. A Student Edition with Historical Essays. Oklahoma: University of Oklahoma Press. 2005.

SIPIORA, Phillip y BAUMLIN, James [eds.].
 Rhetoric and Kairos. Essays in History, Theory and Praxis, New York: University of New York Press, 2002.

SKINNER, Quentin.
 Los fundamentos del pensamiento político moderno I. El renacimiento. México D.F.: Fondo de Cultura Económica, 2013.

SKINNER, Quentin.
 Hobbes y la libertad republicana. Quilmes: Universidad Nacional de Quilmes editora, 2010a.

SKINNER, Quentin.
 Liberty Before Liberalism. Cambridge: Cambridge University Press, 2010b.

SKINNER, Quentin y VAN GELDEREN, Martin [eds.].
 Republicanism. A Shared European Heritage. Volume I. Republicanism and Constitucionalism in Early Modern Europe. Cambridge: Cambridge University Press, 2002.

SKY-NEWS.
 "SuperRobot With Twin Guns is Unveiled". Disponible en: [http://news.sky.com/story/ super-robot-with-twin-guns-is-unveiled-10474438].

SLOTERDIJK, Peter.
 "La guerra del gas o el modelo atmoterrorista". *Historia, antropología y fuentes orales*, n° 35, 2006, pp. 21-46.

SLOTERDIJK, Peter.
 Temblores de aire. En las fuentes del terror. Valencia: Pre-Textos, 2003.

SLOTERDIJK, Peter.
 El desprecio de las masas. Ensayo sobre las luchas culturales de la sociedad moderna. Valencia: Pre-Textos, 2002.

SMETHRUST, S.E.
 "Politics and Morality in Cicero". *Phoenix* Vol. 9, Nro. 3 (Autumn, 1955), Classical Association of Canada, pp. 111-121.

SOMBART, Werner.
 "¿Por qué no hay socialismo en los Estados Unidos?". *Reis*, 71-72, 1995, pp. 277-370.

SOURIAU, Étienne.
 Diccionario Akal de Estética. Traducción de Ismael Grasa Adé, Xavier Meilán Pita [y otros]. Madrid: Akal, 2010.

SPEER, Albert.
 Memorias. Barcelona: Acantilado, 2001.

STRAUSS, Leo y CROPSEY, Joseph [eds.].
 History of Political Philosophy. Chicago: Rand McNally, 1989.

STRUEVER, Nancy.
 The Language of History in the Renaissance: Rhetoric and Historial Consciousness in Florentine Humanism. Princeton: Princeton University Press, 1970.

SUPIOT, Alain.
 Homo juridicus. Ensayo sobre la función antropológica del derecho. Buenos Aires, 2007.

TAUBES, Jacob.
Escatología occidental. Buenos Aires: Miño y Dávila editores, 2010.

TECHNOLOGY REVIEW.
"China is Building a Robot Army of Model Workers". Disponible en: [https://www.technologyreview.com/s/601215/china-is-building-a-robot-army-of-model-workers/].

TELLEGEN-COUPERUS, Olga.
Law and Religion in the Roman Republic. Leiden: Brill, 2012.

TEMPEST, Kathryn.
Cicero. Politics and Persuasion in Ancient Rome. New York: Continuum, 2011.

THE GUARDIAN.
"Now the Truth Emerges: how the US fuelled the Rise of Isis in Syria and Iraq" por Seumas Milne. Disponible en: [https://www.theguardian.com/commentisfree/2015/jun /03/us-isis-syria-iraq].

TILLICH, Paul.
Systematic Theology. Chicago: University Chicago Press, 1963.

TRUTH OUT ARCHIVES.
"Ties Between the Bush Family and Osama bin Laden" por Lucy Komisar. Disponible en: [http://www.truth-out.org/archive/item/69782:ties-between-the-bush-family-and-osama-bin-laden].

VALPY, Francis.
Etimology of the Latin Language. Londres: Baldwin, Longman and Whittaker, 1828.

VERNANT, Jean-Pierre.
Entre mito y política. México D.F: Fondo de Cultura Económica, 2002.

VIROLI, Maurizio.
Repubblicanesimo. Roma: Laterza, 1999.

WARBURG, Aby.
El renacimiento del paganismo. Aportaciones a la historia cultural del Renacimiento europeo. Madrid: Alianza, 2005.

WEARDEN, John.
The Psycology of Time Perception. Londres: Palgrave Macmilan, 2016.

WEARDEN, John y JONES, Luke.
"Is the growth of subjective time in humans a linear or non-linear function of real time?". Quarterly Journal of Experimental Psychology, 60, 2007, pp. 1289-1302.

WHATELY, Richard.
Elements of Rhetoric. Nashville: Duke University, 1861.

WISSE, Jacob.
Ethos and Pathos from Aristotle to Cicero. Ámsterdam: Adolf Hakkert Publisher, 1989.

WOOD, Neal.
Cicero´s Social and Political Thought. Berkeley: University of California Press, 1988.

XU, Zheng, [et al.]
"The big data analytics and applications of the surveillance system using video structured description technology". Cluster Comput, 19 (2016), pp. 1283-1292.

ZAFFARONI, Eugenio Raúl; ALAGIA, Alejandro y SLOKAR, Alejandro.
Derecho penal. Parte general. Buenos Aires: EDIAR, 2002.

ZAFFARONI, Eugenio Raúl; FERRAJOLI, Luigi; TORRES, Sergio y BASILICO, Ricardo.
La emergencia del miedo. Buenos Aires: Ediar, 2012.

ZAFFARONI, Eugenio.
"Naturaleza y necesidad de los consejos de política criminal" en Justicia penal y sobrepoblación penitenciaria, respuestas posibles. México D.F.: Siglo XXI editores, 2001.

ZDF-Heute.

Interview US-President Barack Obama, Claus Kleber. 18 de enero de 2014. Disponible en: [http://www.heute.de/ZDF/zdfportal/blob/31540850/1/data.pdf].

Zuckert, Michael P.

Natural Rights and the New Republicanism. New Jersey: Princeton University Press, 1994.

Índice de nombres ■

AGRADECIMIENTOS

Como suele decirse, todo libro es, a pesar de la firma de un único autor, una obra colectiva. En este sentido, las menciones y los agradecimientos que siguen deben entenderse como un gesto que trasciende la mera formalidad.

En primer lugar, quisiera agradecer a Fabián Ludueña Romandini tanto por la confianza depositada en este proyecto como en su autor y, especialmente, por su generosidad intelectual y su gran humanidad.

También quisiera agradecer a Hernán Borisonik por los planes y los proyectos compartidos pero, fundamentalmente, por su amistad (y por los planes y los proyectos futuros).

Quisiera agradecer particularmente a Jorge Lulo por su amistad y su ayuda en momentos que fueron -laboral y políticamente- difíciles. A Alejandrina Filipuzzi y Claudia Robles por alentar esta investigación. Iván Dalmau ha sido testigo del origen de muchas de las ideas aquí desarrolladas, vaya mi agradecimiento por su escucha y su paciente lectura.

De la Facultad de Ciencias Sociales de la Universidad de Buenos Aires (UBA) quisiera agradecer a Miguel Rossi y a Cecilia Abdo Ferez por haberme brindado, en momentos diferentes de mi vida académica, la oportunidad de formar parte de sus respectivos equipos.

Inquietudes y azares me llevaron a la Facultad de Filosofía y Letras (UBA). Allí encontré, en las personas de Alicia Schniebs, Gustavo Daujotas, Jimena Palacios y Daniel Torres, una cálida recepción y un excelente ámbito de intercambio y aprendizaje sobre el mundo grecoromano.

Una mención particular merece la Editorial Miño y Dávila la cual no sólo lleva adelante la noble tarea de publicar libros de filosofía en los tiempos que corren sino que, además, lo hace con gran compromiso y seriedad.

Algunas de las ideas aquí desarrolladas fueron previamente expuestas en las revistas *Anacronismo e irrupción, Ideas y Crítica Contemporánea*, gracias a ellas me fue posible intercambiar opiniones que ayudaron a corregir algunas perspectivas de la investigación y a incorporar lecturas que me eran desconocidas hasta ese momento.

Por último, considero oportuno mencionar que la presente investigación no ha contado con ningún tipo de beca o apoyo institucional y, en este sentido, valga mi doble agradecimiento a mi familia, Eliana y Helena, por haber confiado en mí y haber soportado que «Cicerón» lo invadiera todo, todo el tiempo.

Nota tipográfica

A fines de 1467 los impresores Arnold Subiaco Pannartz y Conrad Sweynheim publicaron en Roma las *Epistolae ad familiares*, de Marco Tulio Cicerón. Para ello implementaron un índice de cuerpo tipográfico que podía ser subdividido en 12 puntos, y cuyo resultado visual fue tan apreciado que, desde ese momento, se conoció a esta medida tipométrica bajo el apelativo de "cícero". De este modo, el nombre de Cicerón quedó vinculado para siempre con la historia de las artes gráficas.

Dos años después, otro impresor alemán, Johannes de Spira, realizará en Venecia una nueva edición de esta obra, utilizando para su confección un tipo romano elegante, de serifs fuertes y proporcionados, que inspiró al diseñador y tipógrafo Hermann Zapf, a mediados del siglo XX, para el desarrollo de la tipografía Palatino –llamada así en honor al sitio de residencia de Cicerón–, y que, como no podía ser de otro modo, hemos utilizado en la puesta en página de la presente edición.

G. Miño

FINIS.

Compuesta y diseñada en Suipacha, Provincia de Buenos Aires, por Gerardo Miño, esta edición se terminó de imprimir en diciembre de 2018 en los talleres de Imprenta Dorrego, ubicados en Av. Dorrego 1102, Ciudad Autónoma de Buenos Aires, Argentina.

www.ingramcontent.com/pod-product-compliance
Lightning Source LLC
Chambersburg PA
CBHW021616270326
41931CB00008B/728